千年定光古佛

主　编／邓穗明

执行主编／林善珂

社会科学文献出版社
SOCIAL SCIENCES ACADEMIC PRESS (CHINA)

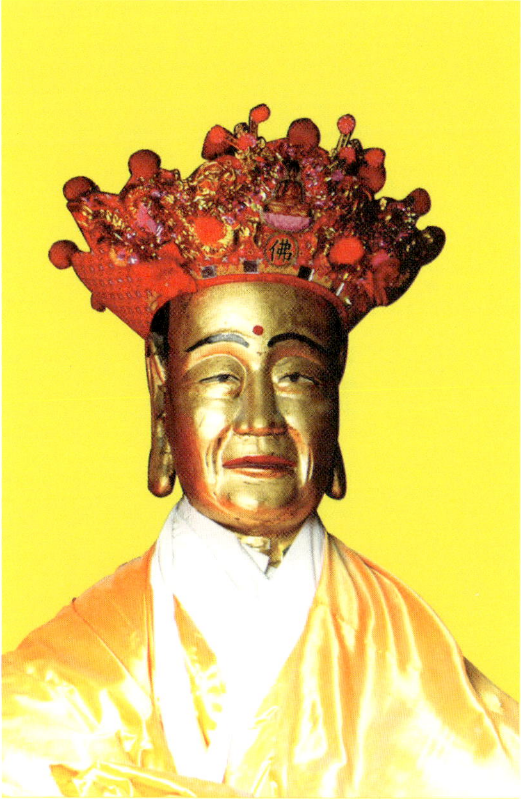
佛

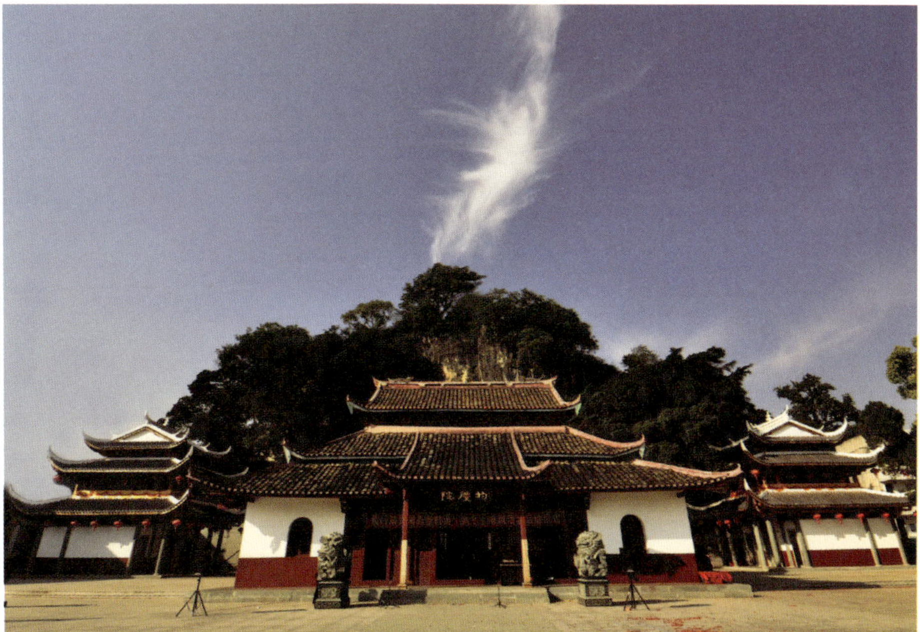

定光古佛文化源远流長

張克輝

2014年9月，原全国政协副主席张克辉为本书题词

编委会

顾　　问：王建生　廖卓文

主　　任：邓穗明

副 主 任：梁昌和

编　　委：吴兆荣　谢素英　修金华　刘立明　方锦兴
　　　　　林善珂　何煌远　钟和平　刘贵光　温新华
　　　　　张自贤　林国纲　郑福信　邱坤亮　王正和
　　　　　钟太华　饶美英　冯永玉　邱瑞生　罗炳星
　　　　　林文峰

主　　编：邓穗明

执行主编：林善珂

副 主 编：钟和平　郑福信　李国潮

特约编辑：罗炳星

序

佛教在传入中国后的发展过程中，出现了一些特定的信仰，这些信仰深入民众生活中，发挥了广泛而深远的影响，定光佛信仰就是其中之一。由于客家社会形成的特定历史条件和特殊环境，定光古佛的影响越来越大，信众越来越多。定光佛的信仰主要分布在闽西、粤东北、赣南的客家地区，其他地方也不乏见。明清之际，随着客家人移入台湾，定光古佛信俗也一同传入台湾，遍布台湾客家地区，拥有几百万信众。台湾信众一直与武平县岩前狮岩均庆院祖庙保持着密切联系。因此，定光古佛信俗在闽台客家和非客家中具有广泛持久的影响力，是两岸客家同胞联系的精神纽带和桥梁，是海峡两岸"五缘"的非物质文化情缘的见证，对于海峡两岸的历史、文化、民族、宗教、血缘认同，国家统一具有特殊的作用。至今，定光古佛已成为海内外近一亿客家人共同的民间宗教信仰。

定光佛是客家人的保护神，也是中华客家的文化品牌。近年来海内外众多学者、业余爱好者对定光古佛的研究，包括对其基本史料的整理、宗教思想的阐述以及历史地位的评估等方面。2011年，武平县政府推出《定光古佛文化研究》一书，收录了多篇有关定光古佛郑自严的生平身世、弘法传道、神异传说、信仰传播、文化内涵等内容的论文，对弘扬定光古佛优秀文化遗产和定光古佛的相关研究工作起到了积极的推动作用。民间社会也兴起了一股"定光佛文化热"。2011年6月，首届定光佛文化节在武平县岩前镇均庆院举行。此后"定光佛文化节"也成为一个固定的文化节日活动。

  为更全面地把定光古佛的"过去"呈现于"当下"，武平县政府再次集结人才，组织编写《千年定光古佛》一书。本书收集了关于定光古佛的大量的第一手资料，对于定光古佛的深入研究具有很高的史料价值。同时又收录了近年来关于定光古佛的代表性研究论文，深度解析了定光古佛的文化内涵。本书中所收录的有关定光佛的神奇故事，不仅为我们研究客家人崇拜定光佛的社会环境和心理提供了依据，同时也进一步加强了海内外客家人的情感维系。此外书中还收录了有关定光佛的大量图片素材，为我们了解定光佛信仰的情况以及各界人士对定光佛信仰活动的关注，提供了具体而形象的资料。全书通过翔实的资料、缜密的考证不仅全方位地介绍了雄伟大气的"定光古佛"，而且揭示了民间定光古佛信仰在社会文化史和地域社会的结构中所体现的独特精神价值，对于充分挖掘和发挥定光佛信仰在促进当地经济文化发展和闽台交流中的作用也具有重要的意义。

  2015年是定光古佛圆寂1000周年，国务院台湾事务办公室等相关部门届时将在台湾策划举办"海峡两岸定光佛第五届文化节"等系列活动。《千年定光古佛》的出版无疑将为系列活动的开展增光添彩，本书也将是对定光古佛文化内涵最好的阐释。

  作为一个学术出版人和社会学者，我出生于福建武平，人生的前22年都是在家乡生活成长的，从儿时在大人口中获取的关于定光古佛的种种传说、故事，作为客家文化的一种基因深植于心中，并时常被唤起。在此，当林善珂主编提出要我为此书出版作序时，内心只能慨然应声写下上述文字，羞称为序。

谢曙光

2014年11月于北京马甸

目 录

史书记载

定光事迹、受封年表 …………………………………………… 3
志书记载 ………………………………………………………… 5
现存碑记 ………………………………………………………… 37
闽、粤、赣、台、浙的定光古佛部分寺庙、遗迹概况表 ……… 42
清代岩前均庆寺图 ……………………………………………… 45

艺文概览

赞颂定光古佛的古诗、词选 …………………………………… 49
定光古佛寺庙楹联选 …………………………………………… 63
岩前均庆寺祖庙及台湾彰化定光古佛庙清代部分存匾 ……… 67
岩前定光古佛祖庙阡文 ………………………………………… 69
定光古佛救劫醒世经 …………………………………………… 83

学术研讨

定光古佛与伏虎禅师 ……………………………… 汪毅夫 / 91
宋代莅汀官师与定光佛信仰的形成 ………… 谢重光　卢秀文 / 101
定光古佛郑自严 …………………………………… 林国平 / 110

定光古佛信俗调查与研究
　　——以闽粤赣边界部分信俗区为例 ……………… 林善珂 / 117
浅谈定光佛信仰在两岸交流中的桥梁纽带作用 ………… 张世良 / 127
传扬古佛信仰的典范载体
　　——闽西四座具有代表性的定光寺庙的人文分析 …… 吴福文 / 137
定光佛信仰的民间文化基础及其现实意义 ……………… 林清书 / 150
"南安岩定光佛"文献初步研究 …………… 张木森　邹文清 / 160
岩前定光大师"金身留浙水"楹联考辨 ………………… 罗炳星 / 179
从"左道""妖僧"到定光大师
　　——宋代宗教信仰政策与定光古佛信仰的形成 ……… 周雪香 / 185
圣人、圣物与圣地：闽西武平县
　　定光古佛神迹崇拜研究 ……………………………… 刘大可 / 195
论定光佛弘法胜地的选择 ………………… 俞如先　张雪英 / 223
定光佛信仰在台湾社会变迁下的现况：以彰化为例 …… 林秀芳 / 236

轶闻传说

观音偈 ……………………………………………………………… 247
梅州异僧 …………………………………………………………… 248
岩前旧时庙会醮会概况 …………………… 李坦生　林善珂 / 249
清代闽台客家的交往
　　——以彰化定光佛庙为例 …………………………… 杨彦杰 / 265
自严禅师初临南安岩 ……………………………………… 清　亲 / 270
乌石庵供奉的定光古佛 …………………………………… 宋　客 / 273
自严大师与梅州玉甲墓 …………………………………… 邓一笑 / 275
定光古佛勇斗李傩公 ……………………………………… 刘永泰 / 277
自严法师赴京城打醮 ……………………………………………… 280
范振喜炸石遇险佛急救 …………………………………… 练康豪 / 281

自严禅师缚住水牛精 …………………………………… 罗炳星 / 284
"三千罗陂"与自严大师 ………………………………… 练康豪 / 286
民间传说 ………………………………………………………… 288
民间故事 ………………………………………………………… 290
祖庙当代奇闻三则 ……………………………………………… 295

影像印记

神态各异的定光古佛塑像 ……………………………………… 301
播衍各地的定光古佛庙宇 ……………………………………… 314
扎根民间的定光古佛信俗 ……………………………………… 329
两岸关注的定光古佛信仰 ……………………………………… 345

编后记 …………………………………………………………… 359

史书记载

定光事迹、受封年表

帝号纪年	公元纪年	年　龄	事　迹
后唐应顺元年	934	1岁	生于五代闽国泉州同安县令家中
后晋开运元年	944	11岁	离家到泉州建兴卧像寺，依契缘法师为童子，法名自严
后汉乾祐三年至北宋乾德元年	950～963	17～30岁	①17岁前往豫章（今南昌）、庐陵（今吉安）西峰，依云豁法师（圆净大师）5年，成为云门宗第四代传人；②过太和县（今江西泰和县）怀仁江，投偈为民除蛟害，其地因名"龙洲"；③过梅州黄杨峡，以杖得水（或迁溪流数里之外），其地因号"乾（干）溪"；④前往上杭来苏团（今中都）东安岩
乾德二年	964	31岁	①到汀州南安岩，发普度众生大誓愿，开石窟修行；②伏虎降蛇，百姓以为神人，为之建庵。
乾德三年至至道元年	965～995	32～62岁	①因焚化邻寺僧人遗体，官吏为之大怒；②60岁前后离开南安岩十里创"草庵"，与一猴相伴牧牛3年，其间书偈毙虎，猴死，为之建庵；③因同道者惧其太厉害，沉默6年
咸平四年至景德四年	1001～1007	68～74岁	①70岁前后，因输纳布匹事件，与郡守欧阳程发生冲突，从此穿白衣；②受南康郡百姓之邀，乘船前往盘古山，应500年前波利禅师之谶，途中江中槎桩，在盘古山凿泉。创丛林，共三年。
大中祥符元年	1008	75岁	因海南郡（广州）僧人来南安岩请助，写偈助其拨动惠州河源县沉船运砖造塔南海郡。

续表

帝号纪年	公元纪年	年龄	事迹
大中祥符四年	1011	78岁	①郡守赵遂良在州后建庵，延请定光往来谈话； ②在汀州投偈凿"金乳泉"，在龙潭投偈除害； ③赵遂良上表，朝廷赐郑自严"均庆护国禅师"，赐"南安均庆院"额匾； ④赵遂良请下雪，果然下雪。
大中祥符六年至八年	1013~1015	80~82岁	①宋真宗诏宴定光，前往京都东京； ②郡守胡咸秩入京，历言朝列，丞相王钦若、参政赵安仁、枢密学士刘师道寄诗美赠； ③82岁圆寂于南安岩。
熙宁八年	1075		郡守许尝上表祷雨感应，诏赐号"定应"。
崇宁三年	1104		①郡守陈粹上表定光真相生白毫，加号"定光圆应"； ②名公巨卿苏轼、黄庭坚等，大篇短章致赞叹意。
约宣和六年	约1124		诗僧惠洪作《南安岩严尊者传》，是为现知第一部定光详实传记。
南宋绍兴三年	1133		显灵助虔化县令刘仅击退"虔寇"李敦仁，江西漕司上表，加"普通"二字。
乾道三年	1167		朝廷加号"慈济"，累封至八字大师。
绍定三年	1230		与伏虎大师一起显灵汀州，惊退宁化盐商"磜寇"。
嘉熙四年	1240		朝廷赐"定光院"匾，定为"定光圆应普慈通圣"大师。

（原载张木森、邹文清《"南安岩定光佛"文献初步研究》，陈厦生主编《定光古佛文化研究》，社会科学文献出版社，2012）

志书记载

1. 宋《临汀志》（胡太初修、赵与沐纂）第77~167页中有关定光佛寺庙和定光佛神迹的记载

武平县

梁野山　在武平县东35里。俗传高五千余仞，分十二面，绝顶有白莲池。昔乡民采茗，误至一岩，见垂龙须草幕其门。披蒙茸而入，中有佛像、经帙、钟磬、幢盖，俨然如新。欲再往，迷失故路。按《梁野山》记："古迹，有素书三百卷。瀑布奔入千秋溪，旁垂石如覆釜。"

蛟湖　侧又有石龛、铁冢。唐开元中，福僧持铁钵驻锡三峰侧，毒蟒恶象为之扰伏。大历中，泉州僧灵悟驻山间，演法导俗，自后龛岩遂芜。

十二峰　在武平县南安岩前。定光偈云"一峰狮子吼，十二子相随"是也。玉华孙璋有诗云："苍峰十二碧岩限，岂是飞从海上来。灵境莫将巫峡比，但令云雨下阳台。"

南安岩　在武平县八十里。形如狮子，旧为龙鼍窟宅，俗呼为"龙穿洞"。后定光佛卓锡于此。书偈云："八龙归顺起峰堆，虎啸岩前左右回，好与子孙兴徒众，他时须降御书来。"中有二洞：南岩为止，窈窕虚旷，石室天然，又有石门、石窗、石床、石鼓、石虎、龙、龟、猫之属，即佛之正寝；东岩差隘，而石龛尤缜密，即佛宴坐之地。详见《均庆院》。

绿水湖　在武平县南安岩数十里间。水色深绿，可以彩画。旧传定光佛创院岩中，彩画大绿，皆取诸此。

圣公泉　在武平县北一百二十里黄公岭上。泉迸石中，旧传定光佛过此偶渴，卓锡而出。视其所有，仅杯勺一日，千兵过之，饮亦不竭。

龙泉井　在武平县禅院佛殿后，乃定光佛所凿。水色澄澈，重于他水。旧志云："后因欲行经界，造薄院中，或有污浊触之，一夕，龙斗于井，飞腾而去，自是色味俱变。庆元间，龙复见，水泉汹涌，少顷莹彻。尝之，果甘洌如故。"

《舆地纪胜》载："蛟塘，在武平县。其水无源，其深无际。昔常有蛟为民患，泊南安师建院于岩下，其毒遂殚。"

清流县

灞涌岩　在清流县东北七里。有深泉怪石，茂林修竹，为一方胜概。旧有精舍，创于未县之前。岩乃定光古佛命名。邓远举有诗云："翠云卧石千岩冷，黄叶呼风万里秋"。

连城县

滴水岩　在连城县东北角七里。石窦有线溜，直透泻岩下。又有石井，深不盈尺，储不溢，汲不竭。旧传定光古佛尝驻锡于此。

郡城内

定光院　在州治后正北。大中祥符间，师与郡守赵遂良厚善，结庵为师往来栖息之所。后师示寂于均庆院。元祐间，郡守曾公孝总重修，塑像于中。淳熙间，郡守吕公翼之迎奉均庆院定光真身、广福院伏虎真身于州治后庵，以便祈祷。嘉泰间，郡守陈公晔谓雨旸之应如响，是佛与守分治汀民也，湫隘不足仰称，遂加广辟，绍定寇叛交讧，岿然孤城能保守者，人力不至于此，士民条显应状，丐郡奏请于朝，加二佛师号，仍赐"定光院"为额。嘉熙间，郡守戴公挺助俸率众鼎创，从民志也。未几，均庆院烬于劫火，郡迎御书及衣钵等入州，创阁于院后安奉之。近南剑人士金饰十八尊者像附置阁上。淳祐间，郡守卢公同父前创拜亭，每岁正月六日乃定光坐化之晨，四方敬信辐辏，名香宝炬，幡盖庄严，难以数计，虽隘巷亦成关市，可见人心之皈向云。

长汀县

定光堂　在长汀县西颁条门外。嘉定间创，郡守赵公崇模书额。尼居之。

武平县

南安岩均庆禅院　在武平县南八十五里，乃定光圆应普慈通圣大师道场也。先是，一岩嵌空险僻，神怪所宅，虎蟒所会，绝无人迹。宋朝乾德二年，师至岩，趺坐其间，旁近望见祥烟腾覆，异而往观，咸起敬信，相与披榛畚土，筑室岩中，遂为一方精舍。师慈悯众生，无求不应。祥符四年，郡守赵公遂良状其灵异闻于朝，赐额"均庆禅院"。转运王公赞行部过岩，以雪请，果大雪。赞遂奏福州开元寺所得太宗皇帝御书百二十幅奉安岩中，岁度僧一人。诏可。仍命郡守胡公咸秩躬护至院。有诗云："迎得御书归洞壑，烟霞一路馥天香。"祥符八年正月六日，师卧右胁示寂岩中。每岁是日，诸路云集，几不可容。郡守陈公轩有古风略云："南安岩近南斗旁，乾坤缔结雷电守；云寒木老洞穴古，巨鳌露脊鲸呀口。"郡倅郭公祥正古风末云："嗟予俗缚未能往，愿得结草倚岩松，遂登彼岸达正觉，月落岩下松生风。"丞相李公纲经过留诗云："满山泉石有吾意，十里松筠生昼寒。"其余大篇短章，殆难殚记。嘉熙间，烬于劫火。郡奉御书、佛牙、衣钵等安奉于州后，敕赐"定光院"。

南安廨院　在武平县东北二里。大中祥符间，定光古佛亲创，后三折寨附其侧。绍定寇后，寨官寓此，军马践踏颓弊，令赵汝讑重修。

古佛道场　端平间创。在武平县东门外，即旧大观庵基也。郡守黄公亲书匾。

伏虎庵　在武平县七十里。旧传定光拓岩初，民有献牛助耕，师结庵亲牧，夜常有虎柔伏庵外。后师归岩，一日，忽云："虎伤一牛矣。"暮有报如师言。师乃削木书偈云。明日，忽毙于路，因号"伏虎庵"。

连城县

定光庵　在连城县治后西北隅。乾道间，令黄中立创。嘉泰间，令刘晋重创。

仙佛

敕赐定光圆应普慈通圣大师　　郑姓，法名自严，泉州同安县人。祖仕唐，为四门斩斫使。父任同安令。师生而异禀，幼负奇识。年十一，恳求出家，依本郡建兴寺契缘法师席下。年十七，得业游豫章，过庐陵，契悟于西峰圆净大师，由此夙慧顿发，遂证神足，盘旋五载。渡太和县怀仁江，时水暴涨，彼人曰："江有蜃为民害。"师乃写偈投潭中，水退沙雍，今号龙洲。又经梅州黄杨峡，渴而谒水，人曰"微之"，师微笑，以杖遥指溪源，遂涸，徙流于数里外，今号乾溪。乾德二年届丁，之武平，睹南岩石壁峭峻，岩冗嵌嵌，怃然叹曰："昔我如来犹芦穿于膝，鹊巢于顶而后成道，今我亦愿委身此地，以度群品；若不然者，当使殒碎如微尘。"发誓已，摄衣趺坐。数夕后，大蟒前蟠，猛虎旁睨，良久，皆俯伏而去。乡人神之，争为之畚土夷堑，刊木结庵。民有祈祷，辄书偈付与，末皆书"赠以之中"四字，无愿不从。淳化间，去岩十里立草庵牧牛，夜常有虎守卫，后迁牧于冷洋径。师还岩，一日倏云："牛被虎所中。"日暮有报，果然。师往彼处，削木书偈，厥明，虎毙于路。复感一青□猴，为牧三年，后忽抱木毙，师梦来乞名，与名曰"金成王"，仍为建庙。民有询过去未来因者，师皆忠告，莫不悚然。同道者惧其大甚，师曰："只消吾不语耳。"遂不语。一年，岩院输布，师以手札内布中，监临郡倅张公晔见词，闻于郡守欧阳公程，追摄问状，师不语。守、倅愈怒，命焚其衲帽，火烬而帽如故；疑为左道，以彘血蒜辛厌胜，再命焚，而衲缕愈洁，乃遣谢使归。自是白衣而不褐。初，南康盘古山波利禅师从西域飞锡至此,山有泉从石凹出,禅师记云:"吾灭后五百年,南方有白衣菩萨来住此山。"其井涌泉,后因秽触泉竭,舆议请师主法度以符古谶,师许之,乃泛舟而往。江有槎桩,常害人船,师手抚之曰:"去!去!莫为害。"当夕无雨,水暴涨,随流而逝。至山,观井无水,遂以杖三敲云:"快出!快出!"至中夜,闻有落泉溅崖之声,诘旦涌出满溢。终三年,复返南岩。祥符初,有僧自南海郡来告曰:"今欲造砖塔,将求巨舰载砖瓦,惠州河源县沙洲有船插沙岸,无能取者,愿师方便。"师曰:"此船已属阴府。"僧复致恳,师乃书偈与僧,僧持往船所,船应手拔。运塔砖毕,有商假载木,俄恶风飘荡,莫知所往。四年,郡守赵公遂良闻师名,延入郡斋,结庵州后,以便往来话次。遂良曰:"庵前枯池,劳师出水。"投偈而水溢,今名"金乳"。复曰:"城南有龙潭害民,望师除害。"亦投偈而祸去。于是遂良表闻于朝,赐"南安均庆院"额。遂良授代以晴请,运使王赟过岩以雪请,皆如答应。真宗朝,尝斋于僧,对御一榻无敢坐者。上命进坐,僧答曰:"佛祖未至。"少顷师至,白衣衲帽,儒履擎拳,即对御就坐。上问:"师从何来,甚时届道?"答曰:"今早自汀州来。"问守为谁?曰:"屯田胡咸秩。"斋罢,上故令持伊蒲供赐咸秩,至郡尚燠。咸秩惊悚,表谢。上乃谓师为见世佛,御赐周通钱一贯文,至今常如新铸。咸秩闵雨,差吏入岩祈祷,师以偈付来吏,甫至郡而雨作,岁乃大熟。胡解印入觐,历言诸朝列丞相王公钦若、参政赵公安仁、密学刘公师道皆寄诗美赠。八年正月六日申时,俄集众云:"吾此日生,今日正是时,汝等当知妙性廓然,本无生灭示有去来,更言何事?"言讫,右胁卧逝,春秋八十有二,僧腊六十有五。众收舍利遗骸骼塑为真相。遗偈凡百一十七首,其二十二首乃亲书墨迹临刊,文义雅奥,不可思议而得也。师见在,民呼曰"和尚翁",亲之也。师灭度,民皆曰"圣翁",尊之也。名公巨卿,大篇短章致赞叹意,无虑数百篇。东坡苏轼云:"定光石佛,不显其光,古锥透穿,大千为囊。卧像出家，西峰参道，亦俗亦真，一体三宝。南安石窟，开甘露门，异类中住，无天中尊。彼逆我顺，彼顺我逆，过即追求，虚空鸟集。驱使草木，教诲蛇虎，愁霖出日，枯旱下雨。无男得男，无女得女，法法如是，谁夺谁与？令若威怒，免我伽梨，既而释之，遂终白衣。寿帽素履，发鬓蟠蟠，寿八十二，与世同波。穷崖草木，枯腊风雨，七闽香火，家以为祖。萨埵御天，宋有万姓，乃锡象服，名曰定应。"山谷黄鲁直云："石出山而润自丘壑，松不春而骨立冰霜。今得云门拄杖，打破鬼窟灵床。其石也将能万里出云雨，其松也欲与三界作阴凉。此似昔人，非昔人也，山中故友任商量。"熙宁八年，郡守许公尝表祷雨，感应，诏赐号"定应"。崇宁三年，郡守陈公粹复表真相荐生白毫，加号"定光圆应"。绍兴三年，虔寇猖獗，虔化宰刘仅乞灵于师，师于县塔上放五色毫光，示现真相，贼遂溃。江西漕司以闻，绍兴三年，嘉"普通"二字。乾道三年，又嘉"慈济"，累封至八字大师。民依赖之，甚于慈父。自淳熙元年，郡守吕公翼之迎真相入州后庵，以便祈祷，从民请也。后均庆屡请还岩，郡不能夺，百夫舆至中途，莫能举，遂留于州。绍定庚寅，磜寇挺起，干犯州城，势甚岌岌，师屡现显。贼驻金泉寺，值大雨水不得渡，晨炊粒米迄不熟，贼众饥困。及战，师于云表，见名旗，皆有草木风鹤之疑，遂惊愕奔溃，祈哀乞命。汀民更生，皆师力也。嘉熙四年，州人士列状于郡，乞申奏赐州后庵额。有旨，赐额曰"定光院"。续又乞八字封号内易一"圣"字，仍改赐"通圣"。今为"定光圆应普慈通圣"大师。详见《行实编》。定光，泉州人，姓郑名自严。乾德二年，驻锡武平南安岩。淳化二年，别立草庵居之。景德初，迁南康郡盘古山。祥符四年，汀守赵遂良即州宅创后庵延师。至八年终于旧岩。见周必大《新创定光庵记》。定应大师，《鄞江集》云："初，波利尊者自西土来住盘石，即有谶曰：'后五百岁，有白衣菩萨自南方来居此山。'"即是定光佛也。至定光大师乃应谶。

2. 据清曾曰瑛等修、李绂等纂，清乾隆十七年修，同治六年刊本影印的《汀州府志》（全）中有关定光大师神迹的记载和题辞

定光大师，姓郑名自岩（自严），泉州同安人。年十一出家，十七游豫章，除蛟患。乾德二年，来汀之武平南岩。郡城南潭有龙，为民害，师投偈，沙涌成洲。郡守赵遂良以闻，赐南安均庆院额。真宗朝，因御斋赴谒，上问："何来？"答曰："今早自汀州来。"问："守为谁？"曰："屯田胡咸秩。"斋罢，上命持馔食往赐，至郡尚温。咸秩惊，表谢。淳化八年坐化，邑人塑其肉身以祀。绍定庚寅，磜寇起，围州城，师灵显助国，贼众奔溃。州人列状，奏请赐额，曰"定光院"。国朝顺治三年，大图章京率大兵至百步铺，见二僧云："城即开，幸勿伤民。"言讫不见。明日，复见二僧，从卧龙岭洒水。章京召郡民询之，且述二僧形状，民曰："郡有定光、伏虎二古佛者近是。"章京乃诣寺，揭帐视之，即前二僧也，命阖郡新其宇。

（原载《汀州府志》，第803页）

重修梁野山定光禅院题辞

黎士弘

佛氏之盛，精蓝绀宇遍海内，而汀之禅院独称定光。定光禅院于临安、于泉南、于江右无弗有，而汀为最著。郡城在府署之东，

在武平者去县治六十里之岩前。考郡志,定光大师成道在宋太宗、真宗时,迹至灵异。历宋至元明近八百年,祀事不绝。元时所颁诰勒,亦尚存寺中。近甲申来,屡罹兵燹,赖天幸,不大致残毁。里党哄传:当大兵驻郡时,有见两巨僧同立城头者,又见两巨僧从空洒甘露灌城中者。人以为,巨僧即定光与今所奉伏虎禅师也。事传布远近,汀人月朔望、岁时持香灯诣院稽礼足者,男女常及万人;而梁野山以远,独不闻。募僧宗学数来请,谓山为大师习定地,高数千尺,耸入云霄,为江右、闽粤之望。树木蒙密,云烟亏蔽,亭午始得辨日色。佛殿石柱皆合抱,亦不知始何年。今梁栋就倾,非急修恐旧迹亦遂湮没。予尚未即应。而大师遂凭于乩,谓:首缘也,当得某某;倡缘之疏则必诣郡而请之黎氏。夫神既灵矣,灵则无不之,在梁野犹之郡城,亦犹之岩前也。况感应之迹为人所传述者,又章章如是乎?落成日,予仍请缀一言,以终大师之辱命。

[原载旧《汀州府志》(再版)第 952 页]

3. 1968 年 12 月台湾重版《长汀县志》(第 856 页)中有关定光大师事迹的记载

定光大师(934~1015)本姓郑,法名自严,泉州同安人。父任同安令,11 岁即出家,皈依本郡建兴寺契缘法师。17 岁游访南昌、庐陵等地,参拜西峰圆净大师学佛五载,后又经太和、梅县,于乾德二年(964)到达武平南岩。见石壁峭峻,岩洞罗列,立誓在此传教,摄衣趺坐数日,传说大蟒猛虎见之，皆俯伏而去，乡人神之，争为筑庵。景德初（1004）住南康盘古山数年。郡守赵遂良闻之，敬请入汀郡，为其建庵于州衙后，以便往来交谈。遂良表闻于朝，赐"南安均庆院"匾额。真宗在汴京（河南开封）设御宴斋僧，定光应邀赴宴。大中祥符八年（1015）正月六日，定光坐化。终年82岁，僧腊65年。僧众收其舍利遗骸塑为真相。遗偈有117首。

定光、伏虎圆寂后，僧众尊崇为神佛，与观音合称"三太祖师"。信徒遍布汀州各县，后传至台湾，今彰化有定光国佛庙，淡水有鄞山寺，均由汀州移民创建，长汀近百年来每年正月十三、九月十四日为迎送定光、伏虎的会期，颇为隆重。正月十三日佛像由汀城抬往平原山，九月十四日由平原山抬至汀城。

南宋开庆年间（1259）全县有名的寺、院、庵、堂达47座，连同私人自建的庵、堂不下百座。其中宋代兴建的主要有定光院、护国塔院（塔高十丈）、文殊院、南安廨院、广福院等。

定光寺在府治左，宋大中祥符间建，有定光、伏虎禅师，勒命二道，文皆元字，内夹译文，一纸为至正二十六年。考之，元世祖顺帝以至正纪号，未详何属，今为祝圣院金事。高明诗："居民咸道儒生灵，应是山川秀露形；双涧其澄天色碧，千峰齐献佛头青。空中飞锡摇云影，座后谈经列石屏。珍重宋朝宸翰在，夜深吐焰射文星。"崇祯六年筌□良修（见晋江张之奂禅院小记）。国朝嘉庆五年，郡守庆保倡修。九年邑人吴文佳独立重修，又捐油灯租米十三石有奇。

（原载旧版《长汀县志》卷之二十七，第456页。文中标点符号为编者加注，□为原文缺字）

4.《闽书》有关内容摘编

关于《闽书》

"闽书是一部著名的明代福建省志。它是福建现存最早的完整省志……由于它保存了许多有关福建地方史以及中国古代政治、经济、军事、文化、中外关系等诸多方面的珍罕记载,向来为学术界所重视。"(《闽书·校点前言》)

《闽书》是由明代何乔远(1557~1631)编撰的。何乔远字稚孝,福建晋江人,万历十四年(1586)进士,历官刑部主事、礼部郎中、光禄寺少卿、太仆寺少卿、左通政、太仆卿等。立朝正直敢言,所以三度遭贬谪,去官。

何乔远毕生勤于著述,154卷300多万字的《闽书》,是他编写的三部大书之一。经厦门大学古籍整理研究所等校点,1994年6月作为"八闽文献丛刊"之一,由福建人民出版社出版,共5册,计4545页。

作为客家保护神之一的定光古佛,又名定光佛、定光大师、定光菩萨、定应大师等,他生前住过的汀州武平县南安岩均庆寺成了人们的信仰中心。但长期以来,《闽书》记载的定光古佛史料却没有引起学界的重视。

《闽书》中有关定光古佛的史料

武平县。"黄公岭,一名黄峰岭,与长汀分界,修十里,上有圣公泉。相传定公(光)佛卓锡泉傍,水仅杯勺,虽千人饮不竭。"

武平县。"南安岩,在县南八十里。形如狮子,旧为蛟龙窟宅,俗呼龙穿洞。定光大师卓锡于此。中有二岩,南岩窈窕虚明,石室天成。东岩差隘,而石龛尤缜密。又有石鼓、石虎、石龙、石龟、石狮,俱以形似名。岩之前,秀峰十二,名十二峰。定光偈曰:'一峰狮子吼,十二子相随'。宋郭祥正诗:'汀梅之间山万重,南安岩窦何玲珑。青瑶屹立敞四壁,巧匠缩手难为工。'又有绿水湖,水色深绿。

相传定光佛创院取水，为大绿。"(《闽书》第513页，卷之21，方域志)

武平县。"蛟塘，在县南八十里。水深无际。昔有蛟为民毒，自南安祖师（定光古佛）建院岩下，其毒遂弭。"(《闽书》第514页，卷之21，方域志)

武平县。"龙泉井，在县南禅果院殿后。相传为定光佛所凿。"(《闽书》第514页，卷之21，方域志)

长汀县。"狮子岩，双石为门，定光佛初振锡于此，后乃隐于南安岩。按定光佛姓郑，名自岩，泉州同安人。年十一，出家得佛法，十七游豫章，除蛟患，徙梅州黄杨峡溪流于数里外。乾德二年，来南安岩，摄衣趺坐，大蛇猛虎皆为蟠伏，乡人神之，为师构庵。有虎伤其中，削木书偈，厥明虎毙。岩院输布于宫，师内手札布中。郡守欧阳程追师问状，师不语，守怒，命焚其衲帽，火烬而帽如故。疑为左道，厌以狗血蒜辛，再命焚之，衲缕愈洁，乃谢之。归，泛舟往南康，江有槎桩害船，手抚去焉。盘古山井无水，薄暮举杖三敲，诘旦水涌。终三年，复还南岩。郡守赵遂良延入郡斋，结庵州后。庵前旧有古枯池，因遂良请投偈，水溢，即金乳泉。是城南有龙潭，为民害，复因遂良请，投偈而珍，沙壅成洲。遂良以闻，赐南安均庆院额。真宗因设斋进谒。真宗问所从来，答曰：'早自汀州。'问：'汀守为谁？'曰：'屯田胡咸秩。'斋罢，真宗令特食赐之，至郡尚燠，咸秩惊悚，表谢。时诸朝列贵人名公皆寄诗赠美。淳化八年，寿八十有二，正月六日，集众而逝。遗骸塑为真像。朝命赐号定应。苏东坡有诗赞曰：'定光古佛，不显其光，古椎透穿。大千为囊，卧像出家，西峰参道，亦俗亦真，一体三宝。南安石窟，开甘露门，异类中住，无天中尊。彼逆我顺，彼顺我逆。过即追求，虚空鸟迹。驱使草木，教诲蛇虎。愁霖出日，枯旱下雨。无男得男，无女得女。法法如是，谁夺谁与？令若威怒，免我伽梨。既而释之，遂终白衣。寿帽素履，发鬈幡幡。寿八十二，与世同波，穷崖草木，枯腊风雨。七闽香火，家以为祖。萨埵御天，宋有万姓。乃锡象服，名曰定应。'禅宗、哲宗、高宗三朝累封，加至'定光圆应普慈通济'八字。绍定庚寅，以有灵显溃贼之应，赐额曰定光院。续又易'普通'曰'通圣'。"（《闽书》第494页。卷之21，方域志）

长汀县。"金乳泉，在府东。定光佛所喝。皇朝守郡有道辟为池。"（《闽书》第496页。卷之21，方域志）

宁化县。"平原山……绍定，群盗犯城，守城卒每夜见二僧巡城，曰'勿睡，勿睡，疑师（伏虎禅师）与定光也。"（《闽书》第507页，卷之21，方域志）。

上杭县。"东安岩，宋定光佛本师，常栖此岩。时何仙姑居武平县南岩辟谷，师谓宜建禅堂，以所卜杭六十地居之，大郎仙姑遂舍岩宅，施田与之……杭人祀师是岩。"（《闽书》第507页。卷之21，方域志）

清流县。"灞涌岩，飞泉怪石，郁为胜区。定光佛建岩，为今名。岩故无水，定光合竹引至，亦莫得其源也。"（《闽书》第519页。卷之22，方域志）

将乐县。"龙头岩，一名虎头岩。峰峦秀绝。旁一石，类虎形。有石门，山下通山顶，其中明爽可居。下有定光古佛道场，重楼殿阁，为一邑胜处。定光佛，见武平县南安岩。宋杨龟山记：'县东南有虎岩者，显德间，邑人设像其中，冶金镂木，朝昏警钟鼓。旁有隙地，种艺稼穑，僧居此者，足衣食焉。熙宁以来，旁地见夺，朝夕莫济，遂弃而之他。槎蘖夭乔，樵采凌践，于是，岩之丑形，如张口待哺，耸据于隅，邑人病之。熙宁丁巳，封口有警，民不安居，县令吴侯来，始为之还定安集，民复得所。及贼平，闾巷父老谓岩张丑，实召祸灾，遂闻于公，请僧可淳葺堂岩腹，刻均庆禅（定光古佛）祖像以镇之。作亭于岩股，以待往来游观者。落成，可淳求予志之，乃为之言曰："物之废兴，皆有数焉。穷山川，聚土石，顽然无关于利害，而谓能致祸福于百里之民。岂其然耶？肆凶怙力，慢令侮禁，相视成俗，御之无术，盗贼之兴，则有在矣，何与斯岩？然以步仞之虚，而层轩叠径，乃若绘画井邑之繁，溪山之秀，环目尽得，则其废兴之由，不可无书。"'（《闽书》第428页。卷之18，方域志）

沙县。"淘金山……上有洞天岩，石壁峭绝，依险架阁，视（祠）定光佛，以李忠定谪居时，遇定光佛于此。佛尝幻身为老僧，自溪南步虚而渡，忠定见之，知其异人也，追至岩下，僧鼾睡，觉，延叩姓名、土著，因就卜前程，僧援笔作偈曰：'青着立，米去皮，那时节，再光辉。'语竟，沿溪浒乘虚冉冉去。及靖康改元，诏征忠定还朝，僧偈悉验。忆其姓名、土著，乃知是定光也，遂立步云桥识之。"（《闽书》第447页。卷之19，方域志）

顺昌县。"芹山，泉甘木茂，多产香芹。里人以为定光佛第二道场。其傍有枫岭，雉岭。"（《闽书》第476页。卷之20，方域志）

（节选自胡善美"《闽书》记载的定光古佛史料"）

5.《福建通志》中记载定光古佛的史料

《福建通志》系清乾隆皇帝钦定四库全书中的一部，其内容：宋定光大师姓郑，名自严，泉州同安人。年十一出家，十七游豫章，除蛟患。乾德二年，来汀之武平南岩，郡城南，潭有龙为民害，师投偈，沙涌成洲，郡守赵遂良以闻，赐"南安均庆院"额。

真宗朝，因御斋赴谒，上问何来，答曰今蚤自汀州来，问守为谁，曰屯田胡咸秩，斋罢，上命持馔食往赐，至郡尚温，咸秩笃、表谢。

淳化八年坐化，邑人塑其肉身以祀，绍定庚寅，磜寇起，围州城，师灵显助国，贼众奔溃，州人列状奏请，赐额曰"定光院"。

国朝顺治三年（1646），大图章京率大兵至百步铺，见二僧云："城即开，幸勿伤民。"言讫不见。明日复见二僧从卧龙岭洒水，章京召郡民询之，且述二僧形状，民曰："郡有定光、伏虎二古佛者近是。"章京乃诣寺，揭帐视之，即前二僧也，命阖郡鼎新其寺。

汀州定光大师，自严本姓郑，泉州同安人，沙门家所称定光佛是也。年十一出家得佛法，振扬锡于长汀狮子岩。十七游豫章，除蛟患，咒徙梅州黄杨峡溪流于数里外。乾德二年，隐于武平县南岩（《闽书·方域门》长汀县狮子岩云，乾德二年来南安岩，上杭县东安岩条云，宋定光佛常栖此岩，时何仙姑居武平县南岩，辟谷，师谓宜建禅堂，仙姑遂舍岩宅施田与之。武平南安岩云，定光大佛卓锡于此，中有二岩，南岩窈窕虚明，石室天成，东岩差隘，据此，南安岩即南岩，定光盖由上杭东安岩徙武平南岩也——笔者按），摄衣趺坐，大蟒猛虎皆蟠伏，乡人神之，为构庵以居，有虎伤牛，自严削木书偈，厥明，虎毙。

岩院例输布于官，自严内手札布中，郡守欧阳程追之问状，自严不语，程怒，命火焚其衲帽，火尽而帽如故，疑为左道，厌以狗血蒜辛，再命焚之，衲缕愈洁，迤谢之归，泛舟往南康，江有槎桩害船手，抚之去焉。

盘古山井无水，薄暮举杖三敲，翌旦水涌。案《八闽通志》引《鄞江集》云，初波利尊者自西土来，住盘古山，古有谚曰"后五百岁有白衣菩萨自南方来居此山"，是定光佛也，至是乃验。

终三年后还南岩，郡守赵遂良结庵，郡斋延之居，庵前旧有枯池，自严投偈，水溢，是为金乳泉。城南龙潭为民害，遂良复请治之，一偈龙殄，沙壅成洲，遂良以闻，赐"南安均庆院"额。

真宗朝，因赴御斋，谒真宗，问所从来，答曰早自汀州，问汀守为谁，曰屯田胡咸秩，斋罢，真宗令持食赐咸秩，至郡尚燠，咸秩惊竦，表谢。

淳化八年坐逝，年八十有二，赐号"定应"。绍定中，磦寇围州城，显灵御贼，州人列状奏请，赐额曰"定光院"。

卷263·宋·方外

6.《僧佛丛书有关文献》有关内容摘编

① 《佛祖历代通载》（卷26）

辛卯（淳化二年），南安岩尊者示寂，师讳自严，姓郑氏，泉州同安人也。年十一弃家，依建兴卧像寺僧契缘为童子，十七为大僧，游方至庐陵，谒西峰耆宿云豁，豁乃清凉智明禅师高弟云门嫡孙也。

太宗尝诏至阙，馆于北御园舍中，习定久之，恳之还山，公依止五年，密契心法，辞去，渡怀仁江，有蛟每为行人害，公为说偈诫之，而蛟辄去。过黄杨峡，渴欲饮，会溪涸，公以杖适之而水得，父老来聚观，合众以为神，公遁去。武平黄石岩多蛇虎，公止住，而蛇虎可使令，四远闻之大惊，争敬事之，民以雨旸男女祷者，随其欲，应念而获，家画其像，饮食必祭。

邻寺僧死，公不知法当告官，便自焚之，吏追捕，坐庭中，问状不答，索纸作偈曰："云外野僧死，云外野僧烧，二法无差互，菩提路不遥。"而字画险劲如擘窠大篆，吏大怒，以为狂且慢己，去僧伽黎，曝日中，既得释，因以布帽其首，而衣以白服。公恨所说法，听者疑信半，因不语者六年。

岩寺当输布，市民岁代输之，公不忍，折简置布束中祈免，吏张晔、欧阳程者，相顾怒甚，追至，问状不答，以为妖火，所着帽明鲜，又索纸作偈曰："一切慈忍力，皆吾心所生，王官若拘束，佛法不流行。"自是时亦语。

去游南康盘古山，先是西竺波利尊者经始谶曰"却后当有白衣菩萨来兴此山"，公住三年而成丛林，异迹甚著，如本传所属，状以闻，诏佳之，宰相王钦若、大参赵安仁以下皆献诗，公未尝视，置承尘上而已。

大中祥符八年正月初六日，集众曰"吾此日生，今正是时"，遂右胁卧而化，阅世八十有二，坐六十有五夏，谥曰"定光圆应禅师"。

② 《禅林僧宝传》（卷8）

南安岩尊者（定光佛），禅师讳自严，姓郑氏，泉州同安人，父为同安县令。年十一弃家，依禅师卧像寺沙门僧契缘为童子，十七为大僧，游方至庐陵，谒西峰耆宿云豁，豁者清凉智明禅师高弟，云门嫡孙也。（余文与《佛祖历代通载》第二十六相同，恕不迻录）

③ 《指月录》（卷23）

南安岩自严尊者（定光佛），依云豁五年，密契心法，自后颇著异迹，除怀仁江蛟害，驯武平黄石岩蛇虎，至可使令，驱南安江眠槎，民有祷者辄得如愿。

有僧自惠州来曰："河源有巨舟着沙，万牛挽不可动，愿得以载砖，建塔于南海，为众生福田。"师曰："此阴府之物，然付汝偈辄之。"偈曰："天零坝水生，阴府船王移，莫立沙中久，纳福荫菩提。"僧即舟倡偈，而舟为动，万众欢呼。至五羊。有巨商从借以载，僧许之，方解缆，俄风作，失舟所在。

有沙弥无多闻性，而事师谨愿，师怜之，作偈使诵，久当聪明，偈曰："大智发于心，于心何处寻，成就一切义，无古亦无今。"于是世闲章句，吾伊上口。师示人多以偈，率题"赠以之中"四字于其后，莫有识其旨者。

初西竺尊者，至南康盘古山曰"后当有白衣菩萨来兴此山"，至是师以邻僧亡，遵教荼毗，而未闻官，连吏，遂白衣，适游此山，乐而栖息，三年竟成丛林，符波利所记云。

大中祥符八年正月初六日，集众曰"吾此日生，今正是时"，遂右胁卧而化。林间绿，集众曰下，有"汝等当知，妙性廓然，本无生灭，示有去来，更疑何事"二十字。

7. 清代和民国《武平县志》有关内容摘编

清康熙三十八年《武平县志》（署县赵良生重纂）第26~27、62~64、223页有关定光佛寺庙和定光佛神迹的记载。

南安岩：在县南八十五里，即南岩石洞。形如狮子。旧为蛟龙窟宅，俗呼龙穿洞。定光大师卓锡于此。中有二岩：南岩窈窕幽广，石室天成；东岩差隘，而石龛尤缜密。

绿水湖：在南安岩数十里。

十二峰：在南安岩前。秀峰列峙。定光佛偈云："一峰狮子吼，十二子相随。"

均庆寺：岩前里。定光佛道场。大中祥符四年，敕赐均庆寺护国禅师。转运王赞行部过岩，以雪请，果大雪，乃奏福州开元寺，所得太宗皇帝御书百二十幅，奉安岩中。诏可，仍命郡守胡咸秩躬护至寺。

伏虎庵：岩前里。定光削木书偈毙虎处。

定光堂、天堂庵：硿下。（编者注：硿下，即为现永平乡孔厦村。）

定光大师 姓郑名自严，泉州同安人。年十一恳求出家，得佛法。十七游豫章，契悟于西峰圆净师。五载度太和，龙州除蛟患。徙梅州黄杨峡溪流于数百里外。乾德二年来南安岩，摄衣趺坐，大蟒猛虎皆盘伏。乡人神之，争为构庵。有虎伤其牛，削木书偈，厥明，虎毙于路。岩院输布于官，师以手札内布中。郡守欧阳程追问状，师不语，守卒愈怒，命焚其衲帽，火烬而衲帽如故。疑为左道，以狗血蒜辛厌之，再命火焚，而衲缕愈洁，乃谢归。泛舟往南康，江有槎桩害船，手抚而去之。盘古山井无水，以杖三击，泉涌出。三年复返岩，郡守赵遂良延师入郡，结庵州后以便往来。庵前旧有枯池，因遂良请，投偈而水溢，即金乳泉是也。城南有龙潭，为民害，复因遂良请，投偈而沙壅成洲。遂良以闻，赐"南安均庆院"额。真宗朝，因设斋进谒，上问从何来，答曰："今早从汀州来。"问守为谁，曰："屯田胡咸秩。"斋罢，上故令持食赐，至郡尚燠。咸秩惊竦表谢，时诸朝列丞相王钦若、参政赵安仁、枢密学士刘师道暨寄诗赠。大中祥符八年，师寿八十有二，正月六日申时集众而逝，遗骸塑为真像。师后历神宗、哲宗、高宗朝，屡封加至"定光圆应普通慈济"八字。绍定庚礔寇起围州城，师灵显助国，贼众奔溃。州人列状奏请，有旨赐庵额曰："定光院"。

中华民国三十年《武平县志》（上、下）（丘复 主纂 林绂庭 谢伯镕协纂）第 448~454，461~463、467~468 页中有关定光佛寺庙和定光佛神迹记载：

禅果寺 县治东百步。宋淳熙间，为定光佛立。

先是天顺间祝圣庙三官庙，后因寿民李祯广义修宽展并僧舍，塑三宝等佛，始改此为祝圣寺。

均庆寺 旧志云："岩前里定光佛道场。宋大中祥符四年敕赐均庆寺护国禅师。转运王贽行部过岩，以雪请，果大雪，乃奏福州开元寺所得太宗皇帝御书百二十幅，奉安岩中，诏可，仍命郡守胡咸秩躬护至寺。"（《祠庙志》）明兵巡道顾元镜诗云："石壁玲珑万翠封，天然坠却绿芙蓉。灵根透出虚空界，玉笋排成十二峰。藤蔓缘崖窥法座，涛声夹雨入疏钟。跻攀最有烟霞癖，乘兴还须借短筇。"又知府唐世涵诗云："佛光何自到尘寰？定后应知废往返。宝刹旧题唐岁月，岩疆新垒汉河山。坐移石榻三生梦，悟落风幡半日闲。安得结庐从福地，公余长此足跻攀。"又知县成敦睦诗云："嶙雕屼岛屿起平芜，映带诸峰作画图。佛挽溪流成曲水，仙留石榻隐团蒲。幽岩百折苍龙伏，迭嶂千寻玉柱扶。秉烛昼游游不尽，分明人世有蓬壶。"（旧志《艺文》）

伏虎庵 在岩前里。定光佛削木书偈毙虎处。

元至治自严尊者碑 在岩前均庆寺内。元至治元年，僧景环立。略曰自严尊者，元仁宗时曾应诏入都，灵异卓著。南归道杭州，遇山出蛟，以帝赐金钟覆之。入闽，喜此岩有"一峰狮子吼，万象尽皈依"语，启道场，敕赐藏经。尊者接诏归，有句云："九重天上恩纶锡，顺得昙花满路香"，旋示寂于杭。闽人塑遗像于寺及岩中。据镇平丘仓海《岭云海日楼诗钞·南岩均庆寺诗·序》谓，今所传宋封定光圆应大德普度古佛者，当元仁宗而讹。按府志《方外》，宋定光大师，姓郑名自严，泉州同安人。年十一出家，十七游豫章，除蛟患。乾德二年，来武平南岩。郡城南潭有龙为民害，师投偈，沙涌成洲。郡守赵遂良以闻，赐"南安均庆院"额，又引真宗朝谒上，赐郡守胡咸秩馔，至郡尚温事。淳化八年坐化，邑人塑其肉身以祀。查府志《职官》，宋知州事赵遂良、胡咸秩，均有其人。郡城南潭龙为民害，则与旧志《山川》载蛟潭事相类。又按邑举人刘登撰《三宝殿碑记》称，杭州法相寺定光佛金身，瞻礼者焚香，则烟从七孔而出，弹其腹若空。据谢协纂伯镕亦言杭州法相寺肉身至今尚在。则碑称示寂于杭者可信，而府志乃云邑人塑其肉身以祀者，误也。其除蛟患，据碑在杭州，亦非豫章。景环碑立于至治元年，距仁宗时不过十年，自严尊者即定光古佛，记本寺事不应谬误。黎士弘《重修梁野山定光禅院额辞》亦云郡中禅院在府署东。考郡志，师成道在宋太宗、真宗时，历宋、元、明迄八百年，元时所颁诰敕尚存寺中，汀山郡甲申来屡经兵火，幸不毁云。是郡寺中仅存元代诰敕，景环碑称元仁宗时，当有可信。又刘登据《胡壖杂记》，佛名行修，耳长数寸，吴越王于梁开平时，据两浙，佛携瓢至，永明禅师告之曰，此长耳和尚定光古佛应身也。是定光佛五代时即有之，不自宋朝云。大抵方外事迹，记载多炫灵异，辗转流传，讹谬滋生。而此自严尊者为元代，则碑可确证也。又按此碑，近迭致书岩前人士录出，均云遍寻不得。盖寺焚碑毁，仓海题诗仅四十余年，物难保存如此！

元延祐古钟 在岩前均庆寺内。元延祐□□年铸，高□□尺，口径□□尺寸。今存。（编者按：此钟于1958年毁圮）

8. 清代《何氏族谱》有关内容摘编

族谱载（郑自严）北宋乾德二年甲子（964）时年三十，募化来岩，曰此宜建禅堂，恳募大郎（入闽始祖何大郎）。仙姑（何大郎之女何仙姑）时年二十有八，曰：'我生于斯、长于斯、静修于斯，我岂舍岩而他往耶？'一日，仙姑出观洪水，佛（定光佛）辄入岩中趺坐，大蟒猛虎皆盘伏。仙姑语大郎。大郎钦其神异，遂施岩为佛殿，地三十三亩八分为均庆寺，宅宇为僧房，腴田四千七百八十秤，粮米正耗三十九石三斗八合，渔塘四十六亩，永充供养。并纵任子孙各迁它处，以免顾恋如许产业。

（节选自何安庆《闽台定光佛，根源在武平》一文）

9. 其他史料记载

跋《南安岩主颂》

佛以广大智慧不可思议力，能于世间现种种功德，随应以求，皆使充满。何也？佛无他缘，惟有一慈，人无他术，惟有一信。慈信二法，相须而行，故能成就无量大愿。

昔沙门以钝根故，不能诵经。其师授此南安定光岩主四句偈，诵不岁余，日记万言。南徐庚氏有子病足，不能履地，金山佛鉴授以此偈，诵之数岁，雨躄复伸。又有居士刘，素事南安像。忽得重病，祷于像前，香盘中现小青蛇，舌相纯白，举头如语，后二日，有人教以此偈，昼夜诵持，三日疾愈。此皆近岁神异如此，岂非佛子厌苦蒙昧，抱缠病恼，思脱尘劳，遇于桎梏，求哀也力，起信也坚，则佛之慈悲相应如音，有是理哉？

王君师文官并门，备闻其事，赞叹希有，曰："此偈不可不传。"属某书之，将镂板施人，某以为师文此心不忍独善其身，将使自一传二，至于千万，以信悟人，除世间苦。夫岂细事哉，又使学道者于此观心，得究竟法，出诸生死，则何止发蒙蔽而愈膏肓乎？

——苏过《斜川集》卷8

（注：苏过（1072～1123），北宋文学家。字叔党，号斜川居士，苏轼第三子，时称为小坡。）

南安岩主定光古佛市刻像　　并序

僧彦珣自汀州来，出示定光化身木刻像，平生偈语百余首，皆称性之句，非智识所到之地，真云门诸孙也。珣求赞辞，力甚谨，再拜为之赞曰：

秦时□轹辘，如刀口希，廓然见前。石火莫追，法于是中。不著思惟，举既不顾。咦之而往，天中函盖。目机铢雨，久雨不晴。清机历掌，孰传其要。绝尘逸群，深明二子。详豁诸孙，惟定光佛，出豁之门，以真如用，使令万象。反易點鲁，纵夺雨旸，洗痴暗目。回颠倒想，示汝语言，一切智畏，如月入水。如风行空，无所妨碍，赠以之中，又复怜汝，生之未识，方其死时，谓是生日，如光照珠，如甜说蜜。

——惠洪《石门文字禅》卷18

毛氏所蓄岩主赞

此像为谁，天中之尊。道传云门，为四世孙。白帽蒙首，鬓髯绕颊。见之清凉，洗烦恼热，以偈为檄，指撝造化，诗乃辨两。出于呫嗟，以境惟心。往复无间，是故死时，亦生之旦，怒猊乳虎，亦生敬虔。何以致之，真慈则然，南率古□，形如侧磬，稽首定光，千江月影。

——惠洪《石门文字禅》卷18

欽定四庫全書

集部

養吾齋集卷十八

詳校官中書臣徐志晉

侍讀臣孫球覆勘

謄錄監生臣黃鐘

謄錄監生臣熱承摩

欽定四庫全書

養吾齋集卷十七　　　元　劉將孫　撰

記

西峯寶龍祥符禪寺重脩記

廬陵城中諸禪現大神通道場者西峯第一西峯之盛
綠淀光古佛古佛之得道縣圜淨禪師園淨則西峯之
第六世也今法堂題古佛衆處以此然郡士民與四方
皆知事定光請藥現五色異采祈嗣恵應禱雨賜雨
暘若而圜淨乃未有談者則其心本以神通為不必為
也蓋圜淨禪師雲巖姓曾氏吉之永和人為青源派雲
門嫡孫當宋祥符間以道德著聞名對契指入定御圜
定陵賜詩還山改寺名祥符在唐曰寶龍其先曰經
藏最古定光之辭去也圜淨寺曰留福德鎮山門以是
巖雖盛於臨汀而靈異尤著於廬陵與仰山等方盛
時每歲孟春六日人皆袪服車徒波騰塵沸十里爭道
環為園林遊娛炫麗地主遨頭歌衢擊壤耳喧目奪忽

轉禪林喬木如雲高堂法坐風幡肅然雖接跡坌至入門意消搖首足尊生平何行未有不俯仰自失也代邊跡熄過辛野屯園毀林童遶落烟蓁寺適無主漂搖僅存逃戍掠殘兵暮夜竊發邱墟相望寺在橫衡前兵後卷侵細柳靈桂總管耐軒周公天驥顧之惻然不寧廢壁是為咨詢列禪求僧補處公論以惟珍選蠹歲包笠徧參諸方覯是傾頰宏大誓願入山蕭條坐無穩處襏襫風屢雨空手談河首關燋牧稍減踐與彊貴勢爭古佛手所種道松工徒鋸集東西身敬辛乃得完延縮衣食延廣施緣不避艱勤不憚寒暑寸收尺拾小因大控公無妄費私無餘蓄衣纔食粥戴星踏月如是者三十餘年蹀門達堂鼎新越舊宗風法席煒煒煌煌佛殿尊嚴法堂重閣僧會宏宇寶藏新輪古佛殿祠深靚環拱僧寮方丈瀟洒不塵廊廡改敞山門增度徒歲種樹設像金碧制器備用既美既完施田日增度徒歲廣其餘力者為太平橋廞自至元丙子以及大德丙午

西峯新寺無處不新無物不備無大檀那無沛入積而皆珍公一力所就爰以世契屬子記之予惟先君子須溪先生之生實禱於西峯而夢記子責也乃不敢辭夫佛以不住為功德而以無所住為法功德之與法異矣而其道則一也人情類以功德為功德未有已而心先住若不住吾心無住功德亦無所因而生則無固而住於不住布施無所因而生其心而歸於不住吾心無住無所生則無固而住吾心無所因而此心無功德故功德是非功德也嗟夫刃利兆率非業力之所成人天小果視塔廟若無有此其故何哉以為功德心有所住則施亦有住也吾觀師之入西峯也豈有利之心哉方其荒寒滿目經營慘憺於不容已東支西傾住不可住完舊復新新且倍舊非縣力鉅豫計畫塔如月初生漸滿故昔之蕭然者無不足今之澹然者常如昨也然人事之殊時歲月之異世則可感矣師惟以不住為心不以寺為功德寺雖大備予以記咸而此不住本無所住古佛有

汀州路南安巖均慶禪寺脩造記

天下名山類皆諸佛祖師修行處其初無不荊榛泉石人迹斷絕一經瓶錫宴坐徘徊從是建道場聞諸方鉅麗如切利兜率其間成壞住歿人事無不有而旋踵湯現貴勢家借遺力精悍生尤不敢忤視下至萬石家節縮銖寸或生計僅足衣食無少豐子孫出念見見聞奔赴或樂施如恐後還視舊觀愈偉此宣可以智力彊而言語勸戒乃其心識悅服以為世間者皆身外物各自竭以省為佛之為教托於世諦而無求於世舍所難舍雖身亦空有以觸人心於囂壐也佛於度世出世無不以因緣夫因緣未契雖天地且不能使山川遇而況於人乎往予客授臨汀大德癸卯有旨

云贈之以中師歷江浙五山禪宗爐鞴最後嗣杭州淨慈古田崖禪師人稱之曰石潤篤實文采今年方七十余前為南巖記新均慶今又得執筆叙新西峯寧非所謂因緣者與又何幸也

誦經環一郡六邑惟南巖均慶禪寺定光古佛道場有新藏於是陝府公潞長馬貝葉新翻列函嚴整寶輪斑雜棟宇高深龍蛇通靈護持顒赫長老與公為予言皆郡人寧化柳楊印空長者余應祖專力所子於是心識之矣又後六年與公書來光澤曰新均慶則子昔者記之也又買田如千十八之寺其同里士曾景文復與雨華堂連州同知權梅州事熊進義福萃石夷道梵通廣橋鼎建三門偉特宏壯寺僧元悟志崇化於汀梅循惠分多成就阿羅漢閣莊嚴五百尊像以及僧堂泉寮會齋厨所未備具無不美圓通峯閣摩利支天開井泉甘湧滄汲逾萬不竭古佛舊重建雷車以給水春創立三塔普結俊果主張是者邵汀萬戶顯武清徹劉公源汀州路總管府達嚕噶齊伊遜都武德僧錄菴真李大師也綱維是者千戶俄羅斯武義范武畧必勝鎮撫提領案牘胡堅也諸黎會冀百夫長化營伍運木

石又其次也劉公則始終是而為力勤矣自初入山廣東宣慰副使朝列薛公梅州僧正陳樂山武平總管黃昭信偕劉公舉焉以元貞初正月八日開堂次春正六日劉公首率偈度十僧以與均慶其為我詳著之母悍煩予惟記事寧數與公之縷縷也亦惟是虛空建立潤於實予亦安得而不言之長也抑予聞古德有云佛卓卓如此感之於心故欲傳之於我奈何其肆於文而能空一切相成萬法智而不能即滅定業佛能知摩有性窮億劫事而不能化道無緣美哉言乎時節因緣如是如是南巖得公與得諸公重凡施於此者又適過於斯會自古佛成道而後又三百餘年而為此緣往者遠矣來者夫孰得與於斯也予以讚嘆為佛事而列名茲碑者其心固無望於厚報也而施之緣與時之合宜不足以自慰矣夫而功德在所不必校矣

玉笥山承天宮新建鐘樓記

道宮之在東南者玉山最古天降玉梁肇開漢茂陵時

宮殿樓觀計二千年間所閱多矣迤祐之新鐘樓清江二劉君所成也其先人清逸處士昔者於山中遷往後沒葬水西望茲山一含弟此歲時展省必徘徊焉永念再世之遊從而二親之墳墓皆密邇乎此會宮門多興葺而鐘樓宜建於是戮力叶言度山選材掄匠賦工畫經營制渭剛巨鼎來輻輳壯麗有加舉飛出林環為偉觀神仙勝境管牙入雲大聲發鯨神靈歡喜念諧傳夸是大功德嗟乎聲之在宇宙間也至矣夫之所以為天鼓茲大惠嗟乎聲之在宇宙間也至矣夫之所以為天鼓萬物之動者聲也莫妙於雷霆而鐘也實參之凡聲之不風雷若者自下者不能以騰上而風之號雷之震者皆自高而臨下故萬竅而驚百里之鐘因後聲者也非虛不足以傳況閣之大空之中撞之百尺之上其動天地而感鬼神者固有造化之不可測者矣運宇宙者氣也氣之神為聲聲之託也於人為靈於物也惟鐘為大是樓也又載之霄漢而升明童幽賛真通

德三年十一月日謹狀

定光圓應普慈通聖大師事狀

定光圓應普慈通聖大師法名自嚴俗姓鄭氏泉州同安人也祖仕唐為四門斬斫使父為同安令師生而奇異年十一出家依建興寺契緣法師席下十七得業遊豫章至廬陵於西峯寶龍恭圓淨禪師雲窓頌得法慧藏修五載悟證具足蹤是神通時現所至靈異離廬陵過太和懷仁江中夢廬江水暴漲即授偈淵中水落洲出迫今稱龍洲遂行汀頓間擇地卜道場望蟠古山愛誌三百年後一佛為法月去之至汀之武平睹梁山愛其峯巒聽水聲甚適曰留遺後人頌亦作二百年後關諾宋乾德二年三月入南安巖杖錫駐焉書偈云八

且得傳亦僅藉浮辭見隱志大人君子其忍使之不聞顧斯文零落無所屬筆而使區區者承乏論著重悲斯人之不幸然知公之悉無所可辭謹敘次反復存其梗槩庶幾他日有名世者出發潛闡幽或有感於斯焉大

龍歸順起峯維虎嘯嚴前左右迴好與子孫興徒眾他時須降鶴書來憑高遐矚見十二峯列巖右復作偈曰天柱落龍飛堆金積玉歸一巖獅子吼十二子相隨乃自誓曰如來猶蘆穿膝鵲巢頂然後成道我今亦願委身此地證佛所證不者隕碎為塵師初至巖數夕蛇虎交至了不為動山神啟曰吾眷屬為師守此久師既來吾將何適師曰此荊棘荒穢非汝棲止汝幼扶攜自嚴而汝卜居焉是夕鄉人咸見東炬員戴老幼扶攜自嚴而出先是巖為巨蠹窟宅呼為龍穿洞自是遷於十二峯下為龍潭深不可測師遂留巖中巖有二洞窈窕洞曠石張覆如簷字下地砥平左角側聽若有風水潺潺聲中有小石室在洞右僅數尺許高可坐乃師曲肱隱臥處東巖由左側旁通比正洞差臨而石龕結密師每燕坐其間石柱中此如枝如挂四環有類龜者龍者虎者獅者象者猫者鼠者鐘者鼓者或蟠或踞或睨而顧或攀而止或縣而侍大小彷彿各具意態中穿為天聰巖

富空明天光委照又東為小巖平行步級曲轉可直上東巖之頂俯天愍而下瞰之西則復有西巖泉流無源涓滴相繼是歲益旱不竭師監灌取足於此因號端泉師既即巖以居鄉人即為平夷犖确蒙翳補闕運土覆岡隱隆隆師種竹巖上冬月盤翠遠望紛披如獅毛疹毯雨賜嗣續疾病妖孽趨禱奔赴師隨其因緣吉凶善否已往未來無不忠告隱微畢露驚聳感動雲合輻凑或懼其太甚師曰只消吾不語於是閉口不復言如是者一年民有伐巖院輸布者監官張倅暗閱布中有師手札以白之郡守歐陽程謂為幻惑遠師問狀師至不言如故守倅怒使梳其衣焚其帽不焦愈以為加白衣屈指蓴拳終其身當時稱白衣巖主景德遣使去師於是白衣而不褐如是者又三年乃復言猶白帽道衣禪師道場迎住山原年復返南巖大中祥初南康波利禪師道場迎住山缺年復返南巖大中祥符四年汀守趙遂良表其異勑下賜汀州武平縣石巖

院額為均慶又四年除夕為偈付囑侍者大詹小詹後六日為八年正月六日申時入寂集眾云吾此日生今日正是時汝等當知妙性廓然本無生滅示有去來以疑何事言訖偃右脇而逝年八十二僧臘六十五眾收舍利遺骼塑像巖中熙寧八年守許當之禱雨感應初賜均慶禪院開山和尚號定應大師至崇寧二年守陳粹言白衣菩薩木雕真相紹聖三年於額上連眉間生白毫百餘莖毫末各有舍利至四年面右邊及後枕再生白毫有言加號定光圓應仍許遇聖節進功德疏回賜度牒一道紹興三年以江西轉運司奏虔州南安巖定光圓應大師於虔之廬化縣塔上放五色毫光驚破劇賊李敦仁妆復二縣乃賜普通二字乾道三年再以福建轉運司奏汀州祈禱列上實蹟復加賜八字師號為定光圓應普通慈濟大師嘉熙四年勑以師像留州治後庵賜後庵額曰定光仍於封號內易一聖字云初師超邁奇特不為言語文字不以機鋒談說為道其說

心偈云萬法本無心於心何處甚成就一切義無古亦無今與觀音大士偈微異益悟入同也諸禱求者輒為作偈語皆擺落文義幽賾隱奧不可以常意探索字亦迥別不盡依偈旁點畫幾如梵葉書增減不測每偈後必書贈以之中四字而投筆出口呼吸立應神於天地而妙於陰陽其效驗不可勝紀最其所共傳者惠州河源縣洲上有巨艦挿沙岸祥符初南海郡僧造磚塔叩於師曰此艦甚濟事然不可取顧師方便師曰此船已屬陰府矣僧再三懇請師書偈與之僧持往船所應手拔出運磚畢事有巨商假之運米即為惡風漂去不知所往嘗經梅州黃楊峽行渴求水土人曰無之師徹笑以杖逺指溪源溪遂迴徙流數里外至今為乾溪又嘗化禪果院佛殿日既卜匠請往視之曰果然當奈何挽以柱杖指山咄曰權過彼岸山即隨杖中斷時趙守洒以拄杖方可達殆不能應期師往視之曰果然當奈何遂良間師名延之郡齋結庵州後以為往來憩息地因

早禱枯池曰勞師出水授偈而水溢名曰金乳取偈中語也有潭魚為民害亦授偈遣之趙守為請院額以此鑄胡守以閩兩請師自巖中書偈付吏吏至郡兩隨至胡歸朝歷言之自丞相王冀公欽若趙叅政安仁諸公之贈詩以此他呼泉泉湧請雪雪作益不盡書當淳化間師去嚴十里許結茅廬以牧牛夜嘗有虎監之遷牧於冷洋徑師住巖中一日俊云虎傷牛日暮報至如言師至其處削木書偈厭明虎斃於路復有一青獼猴為之牧居三年猴忽抱木死夜入夢乞名師與之曰金成王仍為之立廟趙守之請入郡庵也正對語次

宋真宗皇帝嘗齋千僧對御一榻無敢坐者上命進坐一僧答曰此以待佛祖師從天悤飛錫往頂之白衣衲帽儒履結拳徑就此坐上問何來曰汀州離彼汀今早問守為誰曰巴田胡鹹秩上異之齋罷命賜齋汀守至郡投郡守齋溫然如坐上者即奉表謝驗其日與齋會同當時御賜周通錢一千後雖久如新

蛙鬧喧聽守意色不樂師迎謂曰易耳顧左右取磚石以便祈禱均慶屢請還嚴郡不能奪及行百夫輿之至誦偈投之自爾悄然師往來宿郡東橫版橋有沈安者中途莫能勝復載歸郡則輕馳如初迺迎平原廣福每迎至館宿因以蛙蚊喧聲為告師曰蝦蟆勿讙蚊蚋伏虎師像並坐而侑迄今延平臨汀所在精廬二師選別去應贊如言其遊戲物怪者每如此若其所自來者為賓主必不相捨梅陽有魏師開山闍維之地生桐株則有證不誣南康盤古山波利禪師從西域騰錫開山郡人雕以為像師嘗讚之如有舊故則師之一會有儼有泉從石凹出嘗有記云吾滅後數百年南方有白衣然如靈山者矣此皆師未化前事也若其化後香火之菩薩來住此山井當湯泉已而穢濁源忽澄清而期適盛棟宇之崇嚴光顯赫不可殫載嚴介乎閩廣之間及聞師白衣之異請主法席以應昔記師許之遂往江前五里為梅州境幽篁曠野極目無居人冠盜之所出欽定四庫全書 籟鳴集卷二十八 太 沒然數郡士女結白衣緣赴忌日會肩駢踵接嚴寺屹有樁橕不知年歲每害人船師手撫之曰去去莫為人然道不拾遺無敢犯者默於國益甚大害是夕無雨而漲樁隨流逝及至山見井泉竭以杖立紹興戊午羅勁天破武平縣入嚴致敬其徒悉剿四方叩云快出快出中夜聞落泉滅崖之聲旦而湧溢有識所施珍玩動天者不知也夜夢師曰速歸吾物當有招者云盤古定光佛出則師之應世五百年前波利師道場安不然即誅夷矣旦搜部伍中物悉以歸寺果受招叩是先先是汀有葉師慧寬得大禪悟號伏虎禪師辛酉賊劉四姑乘勢入于寺內賊僧永茂命在長汀平原山建隆三年示化與師相去五六十年師散以醫療賊去茂以送官其徒大恨即縛茂期剖其心一嘗語云吾滅百年後伏虎師兄吾化當行同吾利物及夕賊無不患赤目夢師戒責旋釋茂而去紹定庚寅碟淳熙間郡守呂翼之曲從民志迎武平真相入郡後庵

冠挺勁犯州城勢迫甚于往時師已移駐郡治之後庵
賊屯金泉寺忽大雨水不可渡晨炊粒米不熟賊抱饑
以戰望雲間有師名旗鷲愕奔潰此其見於禦捍表表
者他如起疫癘解寃詛言者視眈者履獵者悔過機械
者息心夢寐胼響遷善遠罪起死回生無遠弗屆師素
慈悲廣大人興為緣有一農家相與結契指一柿樹曰
吾與汝契此柿無核若有核時吾契亦已故其後凡住
小大皆稱之曰和尚翁親之也其後凡住於此者或未
欽定四庫全書　　　　　 茗吾齋集卷二十八 五
來而先見於夢或既去而事之如在其處南劍有陳秘
書臆為士時食息必禱迺其升天府攝甲科皆夢師有
所指示及兵變周其死事尤異廬陵西峯凡病而禱者
捧紙香上良久可得藥藥五色紅黃者即愈褐者緩黑
者不可為或輕如爐灰或實如粟粒此又耳目之近東
西州之遠所可證者故闔郡自示寂以來道稱之曰聖
翁敬之也自江以西由廣而南或刻石為相或畫像以
祠家有其祀村有其庵原師之神變恍漠至於不可究

詰大而化聖而不可知無言句可索而於村甿鄭安之
事若露毫髮長汀農家有木牌上顯鄭安二字師所書
也鄭本無嗣艱求於師師曰來年有之吾當命名如期
生子作牌請師書名其牌以四寸木為之下一寸餘則
以繫繩師題次歎曰何不大做其人曰不過二寸師曰
汝之子孫皆當豐富第壽不長其人請易之則曰此出
汝心不可易也於是而萬法本於心之體於是贈之以
或謂師嘗出寺未於此至今冬夏如一無敢釣者或鈞
中之用可藥識矣巖中境趣崛拔師之遺跡顯現不可
欽定四庫全書　　　　　 茗吾齋集卷二十八 六
泯者有池可二畝許前無所來而泓澄深黷殆不可測
得鯉則比比而來相次如貫不可絕必有風雷隨之腥
穢無敢觸有卒屠牛潭水次池沸湯歡溢旁皆地震池
水則池水也至元丁丑以來巖當孔道鉅冦出没寺不
毀撤有此立寶興來自龍濟重新如舊向或謂其不
利宜改而歲月未協乃微改一字卜云吉寺以是日興

迨癸卯去吉向近會軍民官奉吉誦經咸集與公論地理家言眾論未決而卜宅者適自顛來乃校以著笑之一笑如卜者言謹然而定且大政為之當十倍於前有巨石在法堂右正礎登陟歲年前與欲擊去之纔意欲之而未言也旦而視其上示履迹三一全而二半如印印泥在頑石上類鏡刻然此則近年之章灼然著明者也其偈頌凡百一十七首二十二首乃親書舊有臨本及章太守祈雪後庵禪床上字如生時筆山谷黃太史梁谿李丞相皆有詩頌及記尤可傳將孫之先君子須溪先生之未生也先祖於西峯禱馬夢古佛曰我當自行且有他年宦轍來汀之約已而窹考夢及初筮擬汀教以母老關遠不獲遂旋亦政教京庠及國學請倅補郡宜必得而宋鼎遷矣詎意後夢之六十七年將孫繇南劍教驛上之部暨成命下迺教臨汀會官且滿徑走巖下踐宿約先君子為方外道契既偉走巖感子新寺重為告曰古佛行狀舊不備有行程記尤俚感

欽定四庫全書 蒙齋集 卷二十八

既於南巖有世緣宜政為之子也蓋不得辭顧傳聞於三百年之後不能不借神通以寓諸形容者則於其跡求之於其事言之而所可見者師僅如是也是則予之陋也若師之所為在世出世者師且不言筆墨文字何足以識之謹因故記敘次記實不敢增一辭子以告四方傳千載云爾謹狀

欽定四庫全書 蒙齋集 卷二十八

现存碑记

"募叩台湾乐助碑记"与"台湾府善信乐助建佛楼重装佛菩萨碑"

2002年1月7日,岩前镇建筑队在南安岩定光古佛——均庆寺旁,开挖水沟时挖掘出"大清雍正十一年岁次癸丑孟春"所立的石碑。

这块石碑长1.2米,宽0.55米,厚约0.1米。石碑两面分别镌刻"募叩台湾乐助碑记"和"台湾府善信乐助建造佛楼重装佛菩萨碑"。

"募叩台湾乐助碑记"的正面为罗(7)、王(6)、黄(10)、曾(25)、钟(5)、张(24)、林(30)、刘(12)、邓(6)、温(8)、陈(21)、吴(13)、叶(19)、朱(3)、徐、李(19)、萧、郭(7)、何(6)、巫(3)、汤(7)、彭、范(2)、蓝(5)、饶(2)、沈、蔡、熊、谢(24)、赖(19)、江、卜、吕、杜、郑(4)、傅(8)、古(2)、涂(5)、戴(5)、廖(6)、杨(5)、苏、□(33)、邹(3)、彭、宋(3)、卢(2)、邱(2)、媒婆韩、连等50多姓捐款人名及金额。左侧落款为:"大清雍正十一年岁次癸丑孟春月三房主持僧盛山、得济、远铎各捐金拾两往台释子宏滋得

升吉旦立","岩城首事温观止、朱安邦、邹□□、邹□□、练思永、郑其忠,匠人练圣作、唐及□"。

背面为刻着张(28)、朱(2)、罗(16)、(18)、钟(15)、刘(26)、陈(17)、吕(2)、袁、林(14)、傅(7)、温(6)、黄(7)、徐(15)赖(12)、李(19)、王(3)、潘、余、何(7)、□(27)、黎(2)、巫、管、邓、邱(15)、廖(3)、吴(5)、宋、郑(6)、冯、修、游(2)、苏、董、梁(2)、部(3)、严、孙、胡、郭、涂(2)、古(2)蓝(3)、戴(2)、汤(3)、曾(7)、叶(3)、范、伊、杨(2)、盛、江(2)、许、练、沈、冯等近60姓捐款人名及金额。

注:①大清雍正十一年即公元1733年。

②此碑现立于岩前狮岩洞仙佛楼前。

重建三宝殿碑记

(碑在岩前城平寇台前)　刘登(注)

杭州法相寺,定光佛之金身在焉。瞻礼者盥手薰香,香烟一缕,

上从七孔而出,弹其腹若空。谓所有郡人岁于正月六日为佛诞事,爆竹冲霄,响彻空谷,遥与虎林、秦望诸山相答应,至今传者谈为盛事。说者谓:"佛仍太宗所封清净名僧也。按《胡壖杂记》:'佛名行修,耳长数寸。'吴越王于梁开平时,据两浙之地,佛携瓢适至。永明禅师告之曰:'此长耳和尚,定光古佛应身也。'"是定光之号,五代时有之,不自宋昉也。而宋因灵异加尊焉。考其始末,涅槃在杭,而振锡在汀,挂杖:游,□笠□鞋,经自汀而来,一瓶一钵,掬水闻香,寻狮子岩,遂开山焉。取绿湖水以画彩,殿宇经佛力亲成之。自五代而宋而明,阅数百年,中遭风霜兵火,几经沧桑之变,屡易其制。今之废基,犹明僧正和所建,非古迹也。明万历迄今,

又历有年，所雕梁画栋，倏而败瓦颓垣。白莲池畔，荆棘丛也；紫竹林中，鼠雀薮也。满目凄其间，犹有贝叶琅函、课诵心经、念般若波罗蜜多者乎？景况至此，有令人不堪追谈往事者矣！

爰集同人，踊跃乐捐，外募十方，远及台湾，约共银一千有奇。鸠工庀材，规模悉仍其旧。平寇台增高一层，韦驮安其上。琉璃一盏，四面皆曲槛疏櫺（棂）也，经始于亨未落成于壬申，不变煌煌□大山门也哉。

释迦□祖传衣钵与摩可迦叶，衍至三十二祖弘忍之后，复有惠能、如明、宗泐辈。茫茫大千世界，幽谷深林，可传者未始无人、况岩之前峙而森立者，山堪作钵；流而潆绕者，水可浮杯。息外缘，日换凡骨，绍佛未坠之绪于一线上也。次则浴兰持戒，□味禅学，犹不失梵刹宗风，是所望于后之为僧者，以证因果如何说法也。宁地第庙貌之巍峨，楼台之壮丽，龛列诸天罗汉，侈为美观云八尔哉！虽然，余言入禅，恐禅未必余言也噫！

[注：刘登，乾隆元年丙辰（1736）选授安徽上县知县，调补直隶曲周县知县。承办皇差，恩赐彩缎。乾隆乙卯（1759）重复鹿鸣，恩赐匾额彩缎。原载民国三十年《武平县志》第514页。碑现已遗失。]

"定光大师来岩事迹"碑

壬寅科恩乡进士、五品衔分发

山西直隶州州判、里人王寿轩篆额，男拔贡稽唐志并书。

大师来岩，元至治中伐石勒记，历今数百年无恙也。光绪辛丑，忽被盗湮。世变迁流，一至此哉！乡老掇拾旧闻，属唐复笔修之。唐不文，儒修未暇，禅学何谈！况朝廷废寺观、兴学堂，天下纷纷感指，归之莫定，实吾道之隐忧。故夫世所谓为正学者，窃尝疑其所信，将余所明知异学者，何复信其所疑耶？又况前碑所载，词弗雅训，意当

日文化未开耶？抑或出浮屠曲说耶？无稽之言，更何足以信今而传后耶？虽然，庄周云："六合之外，圣人存而不论"，承诸君子雅意，则盍尽乎存之意也！

按：大师姓郑，名自严，闽之泉州同安人也。《胡壖杂记》云："师名行修，耳长数寸。后梁开平时，吴越王据两浙，师携瓢适至，永明禅师告之曰：'此长耳和尚，定光古佛应身也。'"行修盖师别一道号，非异人也。其封号已见于五代之初，其生当必于五代以上矣。年十一出家，十七游豫章，除蛟患，旋振锡汀州。宋太祖乾德二年，由邑之梁野山寻胜而来。此距岩北十里，遇猛虎，师书偈毙之。望见怪石奇形，心知洞天福地，见喜"一峰狮子吼，万象尽皈依"，遂于岩下亲建道院，取绿湖水以画彩，殿宇而开山焉。时岩为蛟龙窟宅，俗呼"龙穿洞"。岩之前有潭，广迤南岭，深无涯，蛟薮之。自师来投偈，沙涌成洲，其毒始弭。郡守赵遂良以闻，上赐"南安均庆院"额。

方师来时，岩中横停一榇，盖梅州杨氏外运而归者也。一筱拥泥封，遂有窀穸之志。师见而怪曰："空空者，岂当郁郁耶？"爰飞锡梅州，拨以指甲，遂卜佳城易之，今相传为"拨指冈"，而杨坟亦留大师之迹也。

宋淳化间，坐化杭州法相寺，杭人金其肉身，岩人塑其像以祀。真宗朝，御斋召天下名僧。师现身赴谒，上问何来？对曰："今其自汀州来。"上异之："郡守谁？"曰："屯田胡咸秩。"斋罢，忽倦卧，上以黄袍加其身。今睡像之塑，昉乎此也。赐金钟，重以千计，并命持馔食往赐汀州守。谢诏归，有"九重天上恩纶锡，拾得昙花满路香"之句。以伞把悬金钟至汀，馔食尚温。咸秩惊异，疑是妖，命左右即以钟覆之，铄火三日不熄。发现之，但颡有点汗而笑曰："近日天时较暑耶？"咸秩愧惭，乃述其事表谢，且建寺于府署之东。或谓是时并晋封"圆应大德"徽号。一说御斋乃仁宗悼念李太后，召僧追荐。众僧无术，师独以"能言不现身，现身不能言"请言。许能言，因咒，果得与言，仁宗大悦。既而师进钟至杭，遇蛟涌水，即覆之而患息，杭人德焉。祥符四年，赐"均庆护国禅师"。转运使王贽行部过岩，以雪请，果大雪，乃奏福州开元寺太宗御书百廿幅，安奉岩中。诏可，仍命郡守胡咸秩躬护至岩。

宁化余某，求嗣立应。后夫妇抱子齐来叩谢，距岩廿里，子忽毙。余夫妇敬心不改，把子暂寄荒岭，仍亲到岩。致斋毕，乃归，视子坐食馒头，遂尽拾财产入寺。今其岭犹传"寄子"云。

理宗庚寅，磜寇围汀，师显溃之。郡人列状奏请，赐额曰"定光院"。元时灵应助国，诰敕屡颁。明季甲申之变，兵燹不休，迭著奇绩。国朝顺治三年，大图章京率兵至百步铺，见二僧云："城即开，幸勿伤民！"明日，复从卧龙岭洒水。章京询悉，诣寺揭帐视之，知即定光与伏虎二佛也，命鼎新其宇。盖大师灵显异常，于泉南、于临安、于江右，已无远之弗届；而列朝丝纶宠锡，于宋于元于明；今各院犹可稽考其巅末：成道则于泉，涅槃则于越，而卓锡于汀，独吾岩为最著。岩自师设道场其间，问雨课晴，御灾捍患，迄今阅世经千载，而生佛作万家者，人尽共传，事难枚举矣！

唐管窥蠡测，守缺抱残，适又客海骤返天南，家君宦游山右，心绪若乱麻，文词如蠹粟，谨就汀岩显迹略述，文献足征，菩提萨埵未及博证梵书，亥豕鲁鱼所赖厘订君子。

清宣统元年夏月合乡立

（注：原方框内缺字，后由邹文清先生考证后补上）

附"编者按"：

据宋代胡太初修、赵与沐撰的《临汀志》，清道光年间（1821~1849）恩科举人杨澜主编的《临汀汇考》及曾曰瑛主编的《汀州府志》等历史典籍的详细记载和近现代许多学者、文人对历代志书的查核考证，对定光古佛郑自严籍贯在泉州、转世年月为公元934年农历正月六日、公元964年从江西来到武平岩前、公元1015年农历正月初六圆寂于南安岩（即现岩前狮岩洞）已确定无疑，无可置辩。但由于受当时印刷、信息技术落后的桎梏和历代战火、兵燹的浩劫，使有关定光古佛郑自严的许多文献荡然无存，加之客家人年深日久的多神信仰、实用主义等原因，有些后人撰写的碑记、楹联、文论等，将同年代、同地域出生，同在汀州地域活动，同样有封赠的伏虎禅师混淆在一起，有的甚至还将"长耳和尚""惭愧祖师"混为一谈，张冠李戴，以讹传讹。平心而论，他们并非有意为之，我们应该理解古人。本着"百花齐放、百家争鸣"的精神，我们仍将原文转载，以供广大读者借鉴。

闽、粤、赣、台、浙的定光古佛部分寺庙、遗迹概况表

域　名	寺庙、遗迹	备　注
武平县	均庆院、禅果院、南安廨院、伏虎庵、同心寺、东林院、田心寺、南安岩、十二峰、绿水湖、圣公泉、龙泉井、归庆庵、护民庵、南山堂等	北宋大中祥符四年，郡守赵遂良状其灵异于朝，赐额"均庆院"。定光基创。

续表

域　名	寺庙、遗迹	备　注
长汀县	定光院、文殊院、南安癣院、定光堂、定光寺、狮子岩、龙潭、金乳泉、赤峰嶂、定光陂、南安桥、广福院等	
上杭县	回龙庵、东安岩、崇福寺、官庄镇龙寺、吉陂庵等	邑有旱溢，公祷于定光佛祠，辄应。
连城县	太平庵、定光庵、滴水岩、东田石、白仙岩、广灵岩等	遂率从创此庵，塑南安岩祖师像其中；北宋乾道间，令黄中立创，南宋嘉泰间，令刘晋重创。
清流县	金莲寺、隐仙堂、灞涌岩、南极山、灵台山寺等	金莲寺于洪武二十四年（1391）建，成化年间（1645~1487）重修。
新罗区	曹溪乌石庵 江山乡灵远宫等	
永定县	镇龙塔、永丰堂、上老庵、五公庙、金谷寺等	
漳平市	福兴堂等	双洋镇徐溪村，始建于1840年，毁于20世纪60年代。20世纪80年代重建。
将乐县	龙头岩（又名"虎头岩"）	
宁化县		南宋绍定年间，寇犯郡城，守者每夜见二僧巡城戒勿懈，疑即师与定光也。……明嘉靖间，沙寇薄汀，或见两僧金身六丈……相传亦师与定光云。
沙县	淘金砂等	旧时，洞天岩、西竺寺、瑞云岩均供奉定光佛。
建阳县		真觉请到汀州定光佛，专为祝祷道场，雨旸之衍，请祷辄应。旧有七级浮屠，久废，后重建。
南平县	塔院，旧名"定光"	
泰宁县	圣公井、均庆庵等	北宋乾德间（963~967）指地涌泉。北元至正间（1341~1368）建。

续表

域 名	寺庙、遗迹	备 注
瓯宁县	定光庵	
崇安县	定光寺，旧名"圆彻"	
建安县	南岩寺	
建瓯县	定光岩	深邃奇绝，中祀定光佛。
顺昌县		里人以为定光佛第二道场
平和县	龙归堂	
同安县	铜钹岩寺	
晋江县	定应堂、定光万安桥院等	
惠安县	定光寺	
虔化县（宁都县）		虔州南安岩定光圆应大师，于虔之虔化县塔上放"五色"毫光，惊破剧贼李敦仁，收复二县。乃赐"普通"二字。
遂昌县	黄沙腰镇大洞源村复兴寺等	1664年前后初建，毁于20世纪60年代，20世纪80年代重建。
梅州	定光古佛玉甲墓	此邦崇祀定光佛，庵在城外，有签告人，极灵感。
惠州		惠州归善县民聂秀卿、潭景山等造军器，拜戴甲为定光佛，与朱光卿相结为乱。
台湾	彭化定光庵（汀州会馆）、淡水鄞山寺、台南定光寺等	乾隆二十六年（1761），汀州永定人倡建。 道光三年（1823），汀州罗可赋、罗可荣发出建庙。

（注：综合谢重光《客家文化述论》，中国社会科学出版社；郑鹤培、江天德《定光文化研究》，中国文史出版社。入选时有补充）

清代岩前均庆寺图

何安庆 提供

艺文概览

赞颂定光古佛的古诗、词选

南安岩主定应大师真相赞

定光古佛，不显其光，古锥透穿，大千为囊，
卧像出家，西峰参道，亦俗亦真，一体三宝，
南安石窟，开甘露门，异类中住，无天中尊。
彼逆我顺，彼顺我逆，过即追求，虚空乌集。
驱使草木，教诲蛇虎，愁霖出日，枯旱下雨，
无男得男，无女得女。法法如是，谁夺谁与？
令若威怒，免我伽梨，既而释之，遂终白衣，
寿帽素履，发鬓皤皤。寿八十二，与世同波。
穷崖草木，枯腊风雨，七闽香火，家以为祖，
萨埵御天，宋有万姓。乃锡象服，名曰定应。

（此诗系宋代著名诗人苏轼所作，选自南宋开庆元年（1259）胡太初修、赵与沐纂《临汀志·仙佛》）

南安岩主定光生辰五首

老儿饶舌太慈悲，此日提纲决众疑。
解脱神光摩顶后，分疏死日降生时。

落人块石悬空住，喷火双莲结子迟。
堪笑年年正月六，出群消息少人知。

赠以之中挚电机，不令点画入思惟。
嘶风木马空成梦，喘月泥牛醉未知。
五蕴完全真死日，百骸消散是生时。
□云门函盖乾坤句，语默何人构得伊。

南安岩本在长汀，岩主年年此日生。
笑里一毛无间断，毫端十字露纵横。
未离唇吻成窠臼，才落思惟堕堑坑。
自是定光那惜借，可怜驰逐并头争。

体妙常明自神解，不关托境仗缘生。
从来懒欲当头道，恐后空存染污名。
苦口伤慈成漏泄，死时生日太分明。
堂堂试展岩中像，稽首重瞻道骨清。

正月六日南安岩主生辰

生死纵然无背面，名字由汝舌头转，
昔日曾死今应生，今日是生何不见，
是俗何故无鬓发，是僧何不着伽梨。
僧俗死生明不得，团乐一名區如锥。

——惠洪《石门文字禅》卷17

以上均为惠洪所作　原载《石门文字禅》（钦定四库全书卷17 P1116－365）

[注：惠洪（1070～1128），一名德洪，字觉范，自号寂音尊者。北宋著名诗僧。]

南岩导师赞

堂堂导师，生于闽粤。韶龀出家，妙相奇骨。为一大事，应期而出。佛修行畸，乃始落发。初参西峰，器识旁达。周旋五年，行解微密。行化大和，名闻已彻。大江之溪，有蛟为孽。无有善淫，舟舫联没。师为黜伏，龙洲始垤。至于黄梅，夏暑道喝。土人来告，乾溪方绝。其众汹汹，无以盥啜。为投妙偈，洪流乃决。

遂造武平，彼豪致谒。我邑南岩，有如耆崛。请师晏坐，少驻巾钵。夜有巨蛇，骧首来夺。正眼一视，蛇乃蟠结。复有戾虎，咆哮猖獗。师不为骇，虎亦驯率。天人悦焉，请建玄刹。师缘默契，布金营苾。乃脱伽黎，衲帽直裰。戮力僝工，神鬼剖劂。不日化成，小大欣悦。四方皈依，奔走竭蹶。时苦大旱，田亩焦渴。乞偈致雨，笑许其说。顷之澍雨，利均块圠。牧牛于野，数困虎咥。牧人群诉，为之轸恤。时有青猴，往来式谒。蕃息十年，大资耕堡。已而猴死，夜梦来谒。从师乞名，请建庙室。名曰金成，享之□粝。垂庥彼牧，其祀方秩。师所导化，洞言凶吉。或请于师，天机勿泄。时师肯首，因是结舌。遂不复言，人无以伐。

彼守羼提，谓我颠越。捕系廷下，面加讯折。神色宴然，不自辨别。褫帽投火，火方烈烈。火□帽完，守怒愈疾。遂以为妖，涂之污血。有炽其薪，帽益光洁。彼乃悔罪，讼其□劣。

惟彼南康，盘山嶙峋。佛陀波利，昔所布萨。爰有石泉，一旦污蔑。石泉之下，神□先述。后五百年，此泉当窒。有白衣来，乃定光佛。彼众发□，奔走迎屈。师以舟往，雨华胶□。江流之下，乃有□梼。舟楫所触，必湛于汩。往来为害，师为一拨。顺流而去，巨舟斯豁。山已无泉，龙象蹙额。师扣之锡，其泉乃溢。留正三载，法筵益设。河源圣船，□废波涅，屡竭人力，其谁能□。

南海建塔，将运群物。不有巨舸，阙费屑屑。或请于师，师以恻怛。授以偈往，洪流夜发。载浮于江，塔工斯毕。彼徒不道，假于贾褐。厥载未济，暴风轩突。不知津涯，败我溟渤。

遂良出守，敬闻名实。稽首门下，就弟子列。具厥神化，献于帝阆。乞名题寺，均庆是揭。潭龙不害，年登人逸。王赟奉使，方冬无雪。恳请未终，琼瑶交戛。数日未止，淖我使节。王复来讯，乃大霁澈。自时厥后，恭事惕怵。有或不虔，莫不相诘。始自七闽，上达京阙。公卿士夫，悼稚耄耋。咸来致礼，以祈度脱。大中乙卯，正月六日。正其生时，稽首辞诀。八十有二，泊然于□。图画毫相，端严昭晰。瞻仰如在，孰有孰弗。妙行圣上，巍峨纤悉。世所传闻，万分之一。我赞以偈，文辞鄙拙。有如泰山，挥以毫末。南山可砺，北海可竭。南岩道妙，并明日月。

[注：①选自宋《云巢编》卷6，作者沈辽（1031~1085），字睿达，钱塘（今浙江杭州）人，熙宁变法时在朝廷任审官西院主簿，因政见分歧，出居池州，游观于九华山林，不复出仕。他长于诗歌，与曾巩、苏轼、黄庭坚皆有唱酬往来。至迟在宋神宗后期，率先全面写出闽西定光佛的生平。②□：原文中缺字，待考。]

南安岩主自严禅师真赞

石出山而润自丘壑，松不春而骨立冰霜。

今得云门拄杖，打破鬼窟灵床。

其石也，将能万里出云雨。

其松也，欲与三界作阴凉。

此似昔人非昔人也，山中故友任商量。

[北宋·黄山谷（注：黄山谷即黄庭坚）]

南安岩恭谒定光圆应禅师二首

白衣隐去碧岩空，塔庙岿然海峤东。
分化何殊遽如许，赠诗多写以之中。
青山绿水年年好，明月清风处处同。
好住一方为庇荫，不须追逐泗滨翁。

岭峤经行万屈盘，北归今始到南安。
满山泉石有古意，□里松筠生昼寒。
颇厌病身游梦境，欲将余日付岩端。
定光古佛今犹在，请问此光何处观。

——李纲《梁溪集》卷27

灵洞水清仙可访，南岩木古佛同居。
公余问佛寻仙了，赢得工夫剩读书。

（原无题目。作者李纲，邵武人，北宋宣和年间以监剑州、摄武平县事）

南安岩

南安岩近斗南傍，乾坤缔结雷电守。
云寒木老洞穴古，巨鳌露拳鲸牙口。

（旧本只此四句，未见全章，今仍之）

（宋·郡守 陈轩）

前 题

汀梅之间山万重，南安岩窦何玲珑！
青葱屹立敞四壁，巧匠缩手难为工。
嗟予俗缚未能往，愿得结草与栖松。
遂登彼岩达正觉，月落岩下松生风。

（宋·通判　郭祥正）

天下名山绕洞穴，不似南安最奇绝。
一峰突兀上千天，十二子孙旁就列。
上有虚窗透碧霄，夜分明月归岩腹。

（原无题目，拟原诗中有缺，今仍之。）
（宋·通判郭祥正）

南岩石洞

南岩佳致本天成，洞里晴阴自晓昏。
怪石嵯峨千古迹，琪花开落四时馨。
鹿知佛事晨参刹，猿识僧情早闭门。
乘兴几回游玩遍，恍疑别是一乾坤。

（宋·知府　刘焘）

定光南安岩诗

石耸虚岩接太虚，百千年称定光居。
未知天上何方有，应是人间别地无。
香风影里迎新魄，梵呗声中见落晖。
自恨劳生名利役，不能来此共忘机。

路人云山几万层，豁然岩宇势峥嵘。

地从物外嚣尘断，天到壶中日月长。

（宋·思远，功名不详，待考）

何大郎与郑自严大师对诗

何大郎：叶落九州盛，根从一处香；若是我儿孙，越远越荣昌。

郑自严大师：菩提随意转，世世报公祥，根落九州地，花开万国香。

（注：何大郎（892~992），安徽庐江县人，919年中进士，赐文林郎。后人尊称为"南岩始祖大郎公"。郑自严（934~1015），福建泉州同安人，宋代高僧，后人尊称其"定光古佛"。原载何安庆《南岩何氏文集》，2005）

均庆寺

石壁玲珑万翠封，天然坠却绿芙蓉。

灵根透出虚空界，玉笋排成十二峰。

藤蔓绿崖窥法座，涛声夹雨入疏钟。

跻攀最有烟霞癖，乘兴还须借短筇。

重游南安岩

丹岩飘渺白云乡，半日偷闲逸兴长。

玉柱由旬撑福地，石床阒寂侍空王。

翻经座上旃檀绕，卓锡阶前草木香。

信宿不妨频载酒，山灵应识旧诗囊。

南安岭

灵岩真法界，登览自悠哉。

贝叶空中下，莲花石上开。

有山堪作钵，无涧不浮杯。

蹑顶一长啸，松风十里来！

（以上三首均系明·崇祯巡道顾元镜作）

前　题

佛光何自到尘寰？定后应知废往返。

宝刹旧题唐岁月，岩疆新垒汉河山，

坐移石榻三生梦，梧落风幡半日闲。

安得结庐从福地，公余长此足跻攀。

（明·汀州知府　唐世涵）

游南安岩

迭嶂周遭插碧虚，孤烟擎出化人居。

云生乳窦青莲字，烟销苔龛贝叶书。

自笑宰官终幻迹，且从老衲问真如。

南岩亦是安禅地，十二山头好结庐。

（明·知县　梁元祯）

明万历和棠之梁游南安岩

巑岏岛屿起平芜，映带诸峰作画图。

佛挽溪流成曲水，仙留石榻隐团蒲。

幽岩百折苍龙伏，迭嶂千寻玉柱扶。

秉烛昼游游不尽，分明人世有蓬壶。

（明·知县　成敦睦）

附：知县巢之梁原诗

石室原无斧凿痕，何年虎踞共龙蹲？
劈开须仗巨灵掌，说法还归大士根。
借片白云封谷口，邀轮明月伴黄昏。
几时绝顶攀萝去，更觅通天第一门。

十二峰

苍峰十二碧岩隈，岂是飞从海上来。
灵境莫将巫峡比，但令云雨下阳台。

（明·孙章，功名不详，待考）

前　题

武平名胜岩前是，含砑崔嵬擅幽致，
我来提师驻此间，吹角枞金傍萧寺。
寺名均庆自唐迁，岩辟乾坤混沌年。
剖劈拟从雷斧划，神奇似倩鬼工镌。
我闽山水甲天下，武夷霍童神仙舍。
兹山灵境何仙姑，定光卓锡有年也。
冰柱孤擎特矗然，香柑结颗自由田。
狮峰横向天根踞，龙骨长凭地脉穿。
更看狮儿势如吼，还将象子行将走。
莲房电蒟不须花，中有莲叶大如斗。
福来仙岛羡蓬瀛，览胜何须觅化城。
茵露每依苔藓色，松风频送晚钟声。

声飞霄汉白云绕，色向迷茫沧海小。

携筇著屐任意行，一醉顿忘天地老。

（明·陈廷对　功名不详　待考）

游南安岩

不识南岩胜，今知别有天。

嵌空真洞彻，大气实盘旋。

虎伏看蹲踞，龙蟠望蜿蜒。

何如搏象势，雄健力能全。

（清·知县　黄恬）

南安岩

南山一片云，何年忽耕破！

天巧兼神工，狮抟与象卧。

鬘顶结宝幢，香台托莲座。

幽深怯穷探，森寒难久坐。

岂是雷电开，不遣尘土涴。

合此寄真修，何须寻紫逻。

（清·知县　赵良生）

十二峰（次明孙章韵）

青莲朵朵绕林隈，二六时中几往来。

何事世人多色相，至今犹说楚王台！

蛟腾潭

夙有澄清志，来分浩荡天。

藏珠多媚泽，击楫凛冰渊。

鹓序吾何适？鸥盟尔最贤。
惟应孟学士，凤起卜他年。

辛巳六月游南安岩

步入招提境，幽岩别有天。
空能超色相，谛不落言诠。
一片清凉界，三生香火缘。
蝉声在高树，嘶断夕阳烟。

辛卯腊月重游南安岩

当前景象故依然，弹指流光已十年。
蹑屐昔曾穿石罅，攀藤今更上云巅。
炎凉风味更番领，俯仰情怀转瞬迁。
我是倦游南北客，可容长此坐谈禅？

（以上四首均系清·上杭翰林　莫树椿作）

南岩石洞

鬼斧何年巧凿成？群峰耸侍立门闳。
去浮薜荔岩疑动，日隐松棚水欲生。
石室坐谈僧室响，下方挥雨上方晴。
更从阔道凌飞蹬，遥听诸天钟磬声。

（清·教谕　甘晋锡）

人世蓬壶

莫恨蓬壶隔，蓬壶在此中。
人间存贝阙，海上失珠宫。
乳盖千秋驻，泉旗五色丛。

遥怜飞锡杖，佛不异仙风。

（清·邑举人　钟彤光）

蛟潭涌月

郭外蛟藏久，良宵月占多。

孤轮天上转，一镜水中磨。

岸阔随光徙，峰斜带影拖。

千年神物在，几度弄金波。

（清·邑举人　钟彤光）

南安石洞

南岩石洞何年有？嵚崎疑是神工纽。

碧峰独立势常尊，明月相过虚自受。

于遍琪花别一天，飞来云气通千牖。

渔翁仔细探桃源，亘古名山雷电守。

（清·汀州知府　王廷抡）

南岩石洞

苍玉峡，何年开？白龙飞去不复回。

至今玲珑敞洞府，摩挲疑欲生风雷。

君不闻，李伯纪，公余问佛曾游此。

又不闻，王阳明，吹角峰头特驻兵。

名儒自古重邦国，所到山川为生色。

岩得二公岩愈灵，何况斯岩又奇特。

我来怀仰意何穷，伏夏披襟当远风。

但觉红尘隔千丈，清虚真个玉为宫。

玉为宫，冰作阙，炎威暑气都消歇。

安得日携枕箪古佛前，卧听松声涛卷雪，

不知人世有六月。

（清·上杭举人　傅硕臣）

《芷溪竹枝词十九首》之五：

首夏青苗发水田，定光伏虎绕横阡。

醮坛米果如山积，奏鼓冬冬祝有年。

（清·举人　杨登璐）

福抚肇基，斗牛分野。

源分鄞派，郡建临汀。

东南界於潮梅，西北连於闽越。

卧龙山下，建大府之雄居。

伏虎庵中，隐真儒之妙相。

（原无题目，作者：方开之，功名不详，待考）

（注：以上诗、词均选自清康熙三十八年署县赵良生重纂和民国三十年丘复主纂，林绂庭、谢伯镕协纂的《武平县志·艺文志》）

南岩均庆寺诗（有序）

寺在武平岩前所城中，岩在寺后如卧狮，奇甚。由狮口入洞颇深豁，前后俱通。中祀自严尊者。据至治元年僧景铉碑：尊者，元仁宗时，曾应诏入都，灵异卓著。今所传为宋封定光圆应大德普度古佛者，当仁宗而讹也。碑云：尊者南归，道杭州，遇山出蛟，以帝所赐金钟覆之，入闽，喜此岩，有"一峰狮子吼、万象尽皈依"语，因卓锡，启道场。帝闻之，敕赐藏经。尊者接诏归，有句云："九重天上恩纶锡，拾得昙花满路香"，旋示寂于杭。闽人塑遗像于寺及岩中。寺旧名均庆，见万历二十五年僧正名碑。吾丘氏自闽迁粤，在宋、元间。据家乘：四世祖曾祷南岩，而五世祖生，乃以寺名名之。是为元至正十六年。非万历碑存，无知此寺旧名者矣。岩后镌"人世蓬壶"四字。父老相传为乾隆亲笔。据万历间武平令成敦睦诗，碑四字乃成书也。寺所有以至治碑及延祐间所铸钟为最古。今皆存岩中。寺有何仙姑祠，俗传仙姑与尊者争此岩，指岩巅石上仙足迹为证。然考诸碑，无此语。知好事者为之也。庚子冬十月此，赋四诗纪之。

　　万山围一城，闽粤此钥锁。一岩瞰城立，一佛踞岩坐。
　　旁立古女仙，遗容何婀娜？传闻昔争墩，此语恐未果。
　　如何岩巅石，莲印遍磊砢。入岩岩转深，岩势侧而椭。
　　岩居金色身，炉烟袅古火。岩腹蓄乳泉，时作天花堕。

　　昔值蒙古世，曾有化人师。说法动帝听，天龙护南归。
　　乃从万石腹，手辟招提基。一狮作佛吼，万象咸皈依。
　　竞传古佛身，应化来南维。弹指五百年，时代纷传疑。
　　问佛佛不言，问僧僧岂知。上有延祐钟，下有至治碑。

　　入冬万化闭，群山惨淡色。我来逢睡狮，对佛坐叹息。
　　虎狼方满野，杀气黯西北。岂无干净土，恐化虎狼国。
　　何时一吼威，竟使群凶蹐。春雷万蛰动，阳和转东极。
　　会须起睡狮，诸天奋神力。

　　吾祖昔入粤，五世乃始昌。当时佛抱送，坠地腾佛光。
　　以寺名厥名，至今留余庆。我从海上来，五载离闽疆。
　　此行访佛迹，再见闽山苍。闽山连粤山，遥控东南洋。
　　长蛟率悍类，毒雾遮日光。安得佛金钟，覆使毋披猖。
　　欲读金字经，贝叶无遗藏。谁传神山笔，父老思先皇。

入寺考故名，剔藓残碑旁。手携石墨归，满路昙花香。

（清·举人　丘逢甲）

（注：选自《岭云海日楼诗钞》，作者是爱国诗人、教育家）

定光古佛寺庙楹联选

※大德与乾坤合德；定光并日月同光。（护民庵　联，作者不详，待考）

※定有光辉昭日月；古来佛法振乾坤。（通林寺　联，作者不详，待考）

※定力无边感招有情；光照社稷庇护百姓。（灵远宫　联，作者不详，待考）

※佛道兼容民众颂；天下奇观仙佛楼。（均庆院　联，作者何安庆）

※未入门时先浣手；到来寺外且静心。（出处及作者不详，待考）

（以上楹联均为县申遗办提供）

※定燃万载感昭日月；光耀千秋普渡众生。
（《定光古佛传奇》，中国文化出版社，2012，原作者不详，待考）

※岩前昭佛法波光并日月以齐辉，宋代宠恩纶锡福与天地而悠久。
（淡水鄞山寺楹联。）

※定之方中古貌古心留胜迹；光被四表佛缘佛法布鸿庥。
（台湾淡水鄞山寺三川中门对联，道光三年永定江东清书）

※座镇屯山思法济；门迎海岛挹恩波。

(台湾淡水鄞山寺封柱对联，永邑弟子孔鳞甲、孔求恭、张王铣、孔红日，道光三年秋月敬奉)

※屯山虎踞无双地；沧海龙蟠不二门。

(台湾淡水鄞山寺右门对联，永邑苏才孙、苏天孙、苏亮亭，道光四年夏月敬奉)

※官渡潮来皆法水；炮台日射尽恩光。

(台湾淡水鄞山寺左门对联，永邑苏姓弟子，道光四年荔月敬奉)

※功昭宋代巍巍庙貌尊千古；泽及盛朝灿灿金身显八方。

(台湾淡水鄞山寺正殿神龛对联，永邑弟子江恩长，道光三年癸未岁敬奉)

※宋代丰功传北阙；清时胜迹建东宁。

(台湾淡水鄞山寺正殿神龛对联，永邑弟子江承喜、江高长、江承长、江暨文敬奉)

※捍患御灾功昭宋代；庇民护国法昱皇朝。

(台湾淡水鄞山寺正殿内对联，寺总理张鸣岗，道光四年仲春敬奉)

※古迹起汀南，妙化妙法彰宋代；神明昭溪化，佛历佛恩震云岩。

(台湾淡水鄞山寺练永贵兄弟 敬题)

（以上楹联由县申遗办等供）

※古刹保千年，清泉仿佛山中雨；神灵通万里，佛像依稀梦里身。

(清流金莲古寺，年代不详，待考，知县黄藻撰)

※泉声夜夜三春雨，山气时时五色云。

(清流金莲寺，明进士裴应章赋)

（以上两联原载江天德、魏建坤编著《定光古佛传奇》，中国文化出版社，2012）

※普通无碍厚德载生；福溥海疆稷奕流芳。

※德配昊天，四海波平沾圣泽；功同大禹，万民利涉载慈恩。

（以上楹联均是田野采风时所录，出处和作者不详。县申遗办提供）

※一窍有泉通地脉，四时无雨滴天浆。（南宋哲学家、教育家朱熹撰。林树功提供）

※福慧垂宇宙；智光照大千。

※定光澄月相；慧海涌潮音。

※定光降百福；古佛集千祥。

※佛门清静禅佛定；法堂热闹沐法光。

※定庇八方普佛法；光昭万古渡众生。

※定光默佑祈吉庆；古佛扶持保平安。

※古貌古人成古像；佛威佛法见佛恩。

※青云化作千界雨；定光成就四色莲。

※大德大恩大峻极；定光定显定威灵。

※福慧双全定光佛；慈悲具足保护神。

※福慧庄严成无上道；慈悲广大渡有缘人。

※定燃千秋感昭日月；光焰万古普渡众生。

※大显威灵千秋颂德；定酬厚泽四表被光。

※定乾坤威灵显赫千古仰；光宇宙应验昭彰万年钦。

※佛祖灵昭千秋锡福乾坤老；殿堂焕彩万古继光日月长。

※佛法无边国醮建功千年誉；神通广大宋朝敕封万古灵。

※定庇神州宏仁宏义普佛法；光昭华夏大慈大悲渡众生。

※德配苍穹千处祈求千处应；功参元造万家诚敬万家灵。

※昭灵活像寄子岭头争显迹；信是生佛覆金钟内著奇功。

※定镇乾坤四面和瑞歌盛世；光昭日月八方顺遂乐华年。

※定光默佑趋吉避凶福泽久；古佛扶持消灾化难康泰长。

※香藤宝鼎千秋明烟乾坤老；祖师佛灯万古继光日月长。

※定护八方镇邪驱妖除患害；光昭百姓扶危救苦佑生民。

※辅正摧邪国泰世安人心定；御灾捍患年丰物阜民春光。

※定扬佛法伐暴安良致宁静；光照中华护国庇民臻和谐。

※定稳八方国泰民安歌清宴；光被四表年丰人寿庆升平。

※大德大恩大峻极千秋感戴；定光定显定威灵万古长存。

※定赐慈悲弘法九州著天在壤；光照社稷布恩四海彰古今。

※法云祥瑞济世造福定光佛；慧日辉煌禳灾解厄保护神。

※天地钟灵田心佛法光环宇；山川炳慧古刹神威镇乾坤。

※大显威灵五湖四海沾佛德；定酬厚泽万户千家沐恩光。

※定国丹心昭日月长春不老；光民矢志壮山河悠久无疆。

※灵昭佛祖狮吼象鸣登法界；烜赫金相龙吟虎啸出天台。

※洪钟空响，生民永福慈舟渡；大海潮音，金烛长明彼岸宽。

※晨钟暮鼓惊醒几多梦迷客；黄卷青灯引来无数行善人。

※田水长流，菩萨智光照众苦；心香永在，佛陀慧日证三空。

※慈竹霭春晖星移物换民拜仰；青山供古佛地老天荒众瞻依。

※定通三界降千祥忠贞扶社稷；光昭百姓荫万载慈惠佑群生。

※古迹溯蛟湖铁骨钢志修正果；佛恩施田心灵签妙语示吉凶。

※大德深心扶危救苦有求必应；慈光耀日布义施恩无不奉行。

※修道隐名山，脱欲而来，何思何虑；真心侍法界，成佛以后，无古无今。

※大德合民心工贾士农咸歌奠定；古佛并法力邻里乡党永沐恩光。

※宋代宠恩纶锡福与天地而悠久；田心昭佛法波光并日月以齐辉。

※定光灵昭智通无碍大德敷华夏；古佛威赫福庇有情鸿恩播人间。

※作大功建大德大慈大悲施大福；存善心行善事善因善果降善祥。

※昭田百签有求必应大德遍布降神气；信心诸佛无边显法定光普

照保平安。

※代弥远功弥著定光威灵与天地同在；世愈久德愈彰古佛福慧和日月共辉。

※田生百福裕国足民五湖欢声歌佛定；心系万众降祥献瑞四海笑语沐神光。

※成道于泉威灵显赫扶社稷名垂千古；敕封在宋应验昭彰佑群生光照万年。

※果有因，因有果，有果有因，种甚因结甚果；心即佛，佛即心，即心即佛，俗求佛先求心。

※田长稻粟喜迎风调雨顺全球同叨歌佛定；心怀世界笑看国泰民安万象更新谢神光。

（由昭信田心寺提供）

岩前均庆寺祖庙及台湾彰化定光古佛庙清代部分存匾

	献立人	献立时间	匾	署名官衔、身份	备考
均庆寺祖庙	不详	失考	展齿万年	失考	原匾于20世纪"文革"时被毁。
台湾彰化定光佛庙	张世英	1762年（乾隆二十七年）	西来花雨	协镇北路副总兵官	贵州南笼人，1759年任北路协副将。
	钟灵耀	1771年（乾隆三十六年）	瀛屿光天	台湾府诸罗县儒学训导署教谕	福建武平人，禀贡。1769年由建阳训导调任来台，1772年升任莆田教谕。
	沈鸿儒	1773年（乾隆三十八年）	济汀渡海	己丑科进士	龙冈（永定）人
	黄正蕃	1776年（乾隆四十一年）	光被四表	北协右营守备	杭川（上杭）人

续表

	献立人	献立时间	匾	署名官衔、身份	备 考
台湾彰化定光佛庙	廖光宇	1782年（乾隆四十七年）	兹照鲲瀛	护理福建台海水师副将印务中营游击	永定人。原匾已失。
	鄞江众信士	1813年（嘉庆十八年）	昙光普照		重建所立
	巫宜福	1825年（道光五年）	智通无碍	赐进士出身翰林院编修，国史馆协修，实录馆纂修。	永定人，字鞠坡，1819年进士。
	游化贤	1831年（道光十一年）	恩溥海甸	龙冈董事生员	原匾已失
	游化贤	1831年（道光十一年）	奕口流方	永定董事生员	此匾修复后，上下款已易为"民国六十八年孟冬重修"，"定光古佛信徒敬献"。
	巫宜禊	1834年（道光十四年）	欢喜因缘	赐进士出身礼部仪制司主事，前翰林院庶吉士。	永定人，字学修，号雨池，1817年进士。巫宜禊为巫宜福之弟。原匾已失。
	张天德	失考	义薄云天	总带振勇	原匾已失

（陈亮州：《定光佛信仰在台湾移垦社会中的角色》）

（原载《定光古佛文化研究》，社会科学文献出版社，2011，入选时有补充）

岩前定光古佛祖庙阡文

第一阡

一气判洪蒙，幽明理亦同。纲常虽未立，惟赠意之中。

　　　　　　　　　　　　古人曹操赠剑　中吉

第二阡

谋事且潜藏，强图必见伤。龙蛇舆变化，名利始亨通。

　　　　　　　　　　　　古人吴汉斩妻　三四月吉

第三阡

望桂蟾宫远，求珠海水深。终虽名利达，只恐心无坚。

　　　　　　　　　　　　古人郑恩保奏　下吉

第四阡

月缺再团圆，枯枝色更新。桃源归去日，一喜遇天仙。

　　　　　　　　　　　　古人周氏拜月先难后易　中上

第五阡

名利成还破，有喜又有忧。但求安乐地，何必用强图。

　　　　　　　　　　　　古人纣王出战　下吉

第六阡

禄向险中生，官从大处迁。二甸围绕日，从此得恩深。

　　　　　　　　　　　　古人薛仁贵救驾　秋中遇贵人　吉

第七阡

本是无心客，功成事二忙。玉皇香案上，忽尔坠金章。

　　　　　　　　　　　　古人尼姑思凡有贵人　大吉

第八阡

弓箭正穿杨，登楼笑一场。醉中防失足，于我有何妨。

　　　　　　　　　　　　古人吕布辕门射戟求赌有财　上吉

第九阡

白鹿坡头峻，机权达远乡。秋天风月白，江夏号无双。

　　　　　　　　　　　　古人徐郎射兔　先凶后吉

第十阡

淡泊困尘埃，逢羊事渐新。要求真果诀，水畔是恩人。

　　　　　　　　　　　　古人赵匡胤困河东　中吉

第十一阡

二姓合心欢，资金满目前。从今家道泰，二处得团圆。

　　　　　　　　　　　　古人刘志远中状元　上吉

第十二阡

云散月当空，牛前鼠后逢。张公方脱处，一箭定成功。

　　　　　　　　　　　　古人哪吒放震天箭　上吉

第十三阡

欲进又徘徊，心危事不危。水边人引进，名利得荣回。

　　　　　　　　　　　　古人苏秦去齐未显三叔公救驾　中吉

第十四阡

持竿江上立，欲钓遇波津。若不因风浪，如何得锦鳞。

古人姜太公钓鱼　中上

第十五阡

仙籍题名久，天梯有路登。运逢牛水月，平步向前程。

古人梁灏登仙楼得姜　上吉

第十六阡

莫讶功成就，荣华自有时。刘郎前路去，相引折残枝。

古人刘志远花园分别　下吉

第十七阡

楚国失去弓，塞翁曾失马。须知命便焉，哭到长城下。

古人孟姜女哭夫　下吉

第十八阡

水阔无偏落，春回得自荣。当时宜进步，名利向前程。

古人胡元赞报仇　中吉

第十九阡

波涛三五重，舟稳暂无风。自有人牵引，营谋到处通。

古人李靖诈疯　上吉

第二十阡

竿头路已穷，秋花不多红。钓鲈鱼知觉，翻入浪波中。

古人范仲吕失妻　下吉

第二十一阡

莫倚势高强，须防祸舆凶。宜乞阴功佑，方可保初终。

古人薛仁贵初投军不准　下吉

第二十二阡

天时当正好，征人利壮图。提防何足虑，一战可消除。

古人薛仁贵封王　中吉

第二十三阡

豹变虽云大，怎知虎变麟。白身求富贵，平地出公卿。

古人岳飞封王　中吉

第二十四阡

弓箭莫乱施，射中必见伤。无虞空自美，怎知林下安。

古人刘秀放箭　下吉

第二十五阡

月照云中出，仙人下钓台。一天愁露散，万里黑云开。

古人岑彭中状元　上吉

第二十六阡

千禄非时美，荣恩便遇殃。阴人宜保佑，疾病恐难安。

古人王莽得天下　下吉

第二十七阡

射雉终难复，怀珍且待休。经求如妄进，举动是灾殃。

古人蔡阳被斩　下吉

第二十八阡

几年道难行，困人始通亨。飞熊还遇猎，大器晚能成。

古人姜太公遇文王　上吉

第二十九阡

事从心发愿，名在百人前。别有非常喜，乘龙到九天。

古人青龙精听法　上吉

第三十阡

喜鹊噪檐前，警回梦不成。幽窗无事处，偶有是非生。

古人寿星收白鹤精　下吉

第三十一阡

莫信无瑕玉，何劳巧匠求。名高千里外，荣耀四方成。

古人杨八妹取宝刀有贵人　上吉

第三十二阡

举头有天地，乘畸有废兴。鲁侯如得遇，咸氏阻焉能。

古人纣王败天下　下吉

第三十三阡

福从天上降，喜事不须通。昔日忧愁事，逢羊始见终。

古人胡亭出阵　六月中吉

第三十四阡

有分攀龙角，身腾稳步梯。月中仙女子，祷桂待多时。

古人吕仙下凡辅青龙精出阵　八月上吉

第三十五阡

天畸初照处，万里见光辉。厄厄尘中客，麻衣换锦衣。

　　　　　　　　　　　　古人桃花女入花园　中吉

第三十六阡

攀龙不自由，疾病也成忧。春猎宜修福，惊危可举头。

　　　　　　　　　　　　古人韩有期得胜有惊恐　下吉

第三十七阡

己亥三八七，浮沉在目前。马牛羊畜忌。百事恐流连。

　　　　　　　　古人何文秀算命　三、四、七、八月不利　下吉

第三十八阡

角畔双刀利，甕门牛自痴。此计皆前定，复齐喜可知。

　　　　　　　　　　　　　　古人田单复齐　上吉

第三十九阡

本分荣华事，承恩便好休。他人烦恼处，反作自家忧。

　　　　　　　　　　　　　古人陈世美招亲　下吉

第四十阡

风波初息处，舟稳水流东。出入行藏事，何须更倚逢。

　　　　　　　　　　　　　古人秦桧斩岳飞　病凶中吉

第四十一阡

顽石藏金宝，须凭巧匠求。到头成大器，且待遇羊猴。

　　　　　　　　　　古人范仲吕中状元　六、七月上吉

第四十二阡

虎来兔路上，马入犬中藏。君子从兹起，文星降吉祥。

古人白兔精与钟二娘娘游花园　二月上吉

第四十三阡

望信终须到，求财恐未成。称心归去日，花落听莺声。

古人庞德被擒　下吉

第四十四阡

天雨沛如霖，汪洋德泽深。赈枯苏困滞，万物终欣欣。

古人苏武牧羊　上吉

第四十五阡

二重天上喜，春后一迟来。寂寞港流客，般般上钓台。

古人高怀德封万里侯　上吉

第四十六阡

羽翼似鹏飞，操修总得宜。不惟成爵禄，终见少忧危。

古人马羽出阵　上吉

第四十七阡

片般浮去散，当空皎月辉。江湖多少客，满载一船归。

古人李文龙打虎　上吉

第四十八阡

求谋恐伤财，须防子母灾。先时宜作福，春后喜重来。

古人李三娘挨磨　能回心向善可免灾

第四十九肝

机会不可失，束装宜向前。功名成遂日，须占入关先。

古人汉高祖入关得天下　凡事宜急进迟处不来

第五十肝

口舌哓哓起，皆从西北来。凡事宜谨慎，终见免伤财。

古人孔克已失妻　凡出入若遇金水生人宜防　吉

第五十一肝

腊尽春将至，灾消事渐通。汉边望苏武，次第有归期。

古人苏武逃番十九年得归　上吉

第五十二肝

神牛方解处，百里路前遥。此去非常喜，乘龙到九霄。

古人黄飞虎过五关出使得志　上吉

第五十三肝

恩泽自天申，高名超济川。自然山岳秀，终见栋梁材。

古人刘知远得天下　上吉

第五十四肝

一片昆山玉，沉沦石未明。卞和二则足，方知遇明君。

古人卞和献玉于秦皇　下吉

第五十五肝

斟酌樽前酒，俳徊篮内花。一场歌笑曲，不觉夕阳斜。

古人正得主游天下　中吉

第五十六阡

久否方逢泰，君今去有分。所谋宜进步，前路有羊猴。

古人四太子转番　中吉

第五十七阡

问病求财好，图谋事必通。高皇凭此语，一剑斩莽龙。

古人汉高祖斩莽　上吉

第五十八阡

此月宜随时，是非事可知。乌江投过渡，只恐命难移。

古人霸王死乌江　下吉

第五十九阡

变乖运亨通，施为贵改更。东南斟避地，西北不通行。

古人秦起龙投军　下吉

第六十阡

暗中防陷阱，江上紧风波。投引如遇贵，亨通出纲罗。

古人尉迟恭诈疯　凡事忌防火防小人如遇贵人可行　吉

第六十一阡

恩泽自天来，欢心遍九埃。有求皆遂意，何处不生财。

古人赵匡胤求雨　上吉

第六十二阡

高挂片帆篷，行船便遇风。前途波浪急，犹恐分西东。

古人孔明借东风　虽已借到但宜急起不走见害　中吉

第六十三阡

九仞功成后,千山步步劳。要逢歌笑地,先必见号北。

　　　　　　　　　　古人雷震子救文王过关　先凶后吉

第六十四阡

向善终有吉,临机喜又忙。功名宜守旧,福禄自然昌。

　　　　　　　　　　　　古人曹公赐赤兔马　上吉

第六十五阡

江阔白鹤去,花残蝶自稀。小舟横野渡,山边客来归。

　　　　　　　　古人蜘蛛精网孙悟空　虽有难可逃脱凡事谨慎

第六十六阡

羊犬相逢日,天神降喜来。频繁终有托,那物是资财。

　　　　　　　　　　古人韩龙骑海马过海　七、八月吉

第六十七阡

目下事难成,春来财更多。从新宜变易,守旧恐蹉跎。

　　　　　　　　　　　　古人张飞闹酒楼　上吉

第六十八阡

阳和都去尽,冷落已移春。凡事巫山梦,寅为薄暮人。

　　　　　　　　　　　　古人妲己换身　下吉

第六十九阡

喜鹊前来噪,还归喜事成。马前无阻滞,百里见前程。

　　　　　　　古人张公扫墓　名成利就婚成讼胜　上吉

第七十阡

秘策英轻传,径成众守权。一朝风雨助,功业更欣天。

古人陈琳求主　中吉

第七十一阡

祸患重重见,忧危地生灾。病人愁来起,无事也防争。

古人佯僧扫秦桧　不安恐损丁　下吉

第七十二阡

马首兴羊头,平生志愿酬。草头人借力,从上事方周。

古人杨六郎出兵　五、六月要逢草姓人　吉

第七十三阡

旧事终难理,宽怀且渡春。有花秋后实,雪里看梅花。

古人捷都使抢花饮酒　中吉

第七十四阡

欲过重山云,家乡事不宜。横舟对明月,凄惨有谁知。

古人蔡伯皆过马鞍山遇盗　下吉

第七十五阡

家道年年盛,阴功在祖宗。恩德产一子,长大必成龙。

古人九锡牛生麒麟　上吉

第七十六阡

暗事生幽烛,迷去锁洞房。连枝人不见,独自入何伤。

古人刘秀逃难　下吉

第七十七阡

帐望东流水，滔滔历已时。仲尼川上叹，逝者如斯夫。

古人张居正假传圣旨　　下吉

第七十八阡

平地起雷声，云开日渐明。小人空有限，然久定相刑。

古人雷震子出世　　上吉

第七十九阡

莫道无妨碍，愁心事更多。贵人深着力，方知脱天罗。

古人赵王为奸计所害回西岐　　中吉

第八十阡

既到西池地，枢庭向日开。二重天上喜，总向雪前来。

古人王母蟠桃会　　上吉

第八十一阡

双燕渡泥沙，还寻旧主家。劝君毋思虑，门户喜光华。

古人商略读书春好　　上吉

第八十二阡

蛟龙未遇时，翻野也翻泥。一日得荣时，升腾万里飞。

古人苏秦说六国封相　　中吉

第八十三阡

再整一弦琴，梾桐依旧声。子期如复遇，始听伯牙音。

古人伯牙弹琴所琴绝调因子期反复无知音眷　　下吉

第八十四阡

雪前多阻滞，春后始优游。跨路巫山去，长江月正秋。

  古人韩文公走雪湘子渡此阡巫山未来梦寐之处秋色惨淡 中吉

第八十五阡

世事得与失，还如一局棋。如何柯已澜，犹恐误前非。

             古人陈海瑞奏 中吉

第八十六阡

才本当终济，虽忧不用忧。渡河须抵岸，必用济川舟。

             古人李广去甲 中吉

第八十七阡

有事合因值，机权莫妄臣。未曾和六国，先刺戮谋臣。

             古人苏秦启奏 下吉

第八十八阡

六经危秦火，遇汉始兴隆。吾遭虽尊重，逢时始亨通。

         古人秦王灭六国 先难后易 中吉

第八十九阡

闻道常君勇，图谋入帝城。凌烟虽尽像，终久只虚名。

          古人常义春打城 虚名无利 中吉

第九十阡

孤踪无手足，雁声不成行。好截荣华地，存心礼梵王。

        古人陈友谅七战鄱阳湖 有头无尾 吉

第九十一阡

雪济终须济，冰消难亦消。青春三月好，天暖拜晴朝。

　　　　　　　　　古人薛刚报仇　铁丘坟已开仇亦报　中吉

第九十二阡

去住心无定，行藏运未通。一轮新皎月，却在黑云中。

　　　　　　　　　　　　　　　古人唐僧取经　中吉

第九十三阡

霹雳一声雷，阳和送暖回。奈缘春不到，残地都为灾。

　　　　　　　　　　　　　　古人黄巢得胜　春求上吉

第九十四阡

寂寞倚栏杆，强歌还强笑。花开不喜欢，莫作等闲看。

　　　　　　　　　古人伯夷叔齐饿死首阳山　下吉

第九十五阡

有喜叩禅关，图谋事吉昌。到头皆遂意，犹隔一重山。

　　　　　　　　　　　古人宋成射猎　目下未顺　中吉

第九十六阡

海阔走无际，劝君毋性急。人心更莫穷，到底一场空。

　　　　　　　　　古人张飞报仇未报身先亡　下吉

第九十七阡

数成九十七，大平终未报。文王梦中灵，犹未取荒宁。

　　　　　　　　　　古人文王梦终　多凶少吉　下吉

第九十八阡

人生天涯客，今朝已束装。辦船归去日，一息利家乡。

古人乌鸦探珠　求病即死　平

第九十九阡

无事无来求，罚你三斤油。有罚必有赏，求神财喜多。

古人楚昭王复国团圆罚油三斤香一千品　上吉

第一百阡

九九事难成，神仙下降临。百忍全家福，一和万事兴。

古人张公百忍百福　上吉

（由昭信田心寺提供）

定光古佛救劫醒世经

《定光古佛救刧醒世經》。應顯無窮，普遍法界，慈悲衆生，大悲大願，大聖大慈，《太上禮佛懺定光古佛寶誥》，卻將定光古佛列入靈寶仙系。

《定光經》："定光護國，圓應無窮，普遍法界，慈悲衆生，大悲大願，大聖大慈，救封南岩教主悲慶洞明大聖。定光咒：定光定光南無佛，空空靈靈，斬六根，除六賊，大慈大悲救苦難，朝念一遍脫刧塵，暮念一遍保年長，定光定光南無佛娑婆訶。開經偈：無上甚深微妙法，百千萬刧難遭遇。我今見聞得受持，願解如來真實義。定光古佛救刧醒世經：阿彌陀佛，無量佛，多寶佛，百千萬億佛，恒河沙數佛，過去佛，現在佛，未來佛，中央一切諸佛，佛告衆生言：佛本無相，相化萬藏。佛本無心，一心印佛。惟有般若波羅蜜，故得阿耨多三藐三菩提。惟得阿耨多羅三藐三菩提，故得令人涅槃，如如自在，佛國願默度衆生。若有一衆生不得度者，便爲非佛。佛國無一衆生不願度盡，亦無有衆生得以度盡。衆生之願爲度，與衆生之得自度，天也，與我佛無異也。衆生與佛有因，與佛有緣，謂我有佛法，我又何法，先我而佛者？說一切法，而實非非法。我常入乎法之中，而又出乎法之外。法固無定，而亦莫不有定。我惟於大定中，求我玄心之法，空一切，掃一切，化一切，脫一切，不爲物移，而心亦不移。不爲物動，而心亦不動。中正無邊，默運神光，上合祖炁，明並日月，長夜不昧，上澈天宮，下濁地府，放之六合而無不足，藏之一身亦覺有餘。度人本佛之慈心，立教則自分神聖。佛不能舍聖賢道衆教人，亦不能舍神仙之教以度世。今幸遇三聖帝君飛鸞善化，諄以孝弟忠信禮儀廉恥，勸人行持文帝功過格，至矣！善矣！無復加矣！自是地方萬福，人心萬福，幸勿錯過時光，坐失機會，人人皆可爲仙佛聖賢，立志爲聖賢，則爲聖賢矣。立志爲仙佛，則爲仙佛矣。從聖賢做到極處，便爲佛不難。從仙佛下手入門，亦不能舍聖賢之道。以別他求，何也？性命同揆，三教歸一，不必強分名目，自增罪咎。一心向善，則天堂步步漸昇。一念在惡，則地獄冥冥墜落。汝等虔敬仙神，每年必應接吾駕，以到處遊巡。吾其有相也耶？吾相其果可以遂人求耶？須知佛在無相，不在有相。慈悲雖功，不能爲造惡者狗私護佑。非我佛之不靈，實天律之難赦。其有素性純良，身心向善者，雖不求佑，而我佛自佑。若作惡之人，稽首頓首求我佑，而我亦不佑。無不誤墜凡塵，天特假此善緣，以圖滿其功果也。故爾勞勞闡化，苦口婆心，非爲香火緣中因果也。但願衆生，效須菩提，早登覺路。舍利子，盡入空門。我來而實不來，我去而實不去。時存有見有聞之想，各加警惕，共勉勤修。阿彌陀佛，念念毋忘。即說偈曰：即佛即心，心不離佛。以心聞佛，佛有可聞。以心見佛，佛有可見。聞見惟心，不以色相。人心退聽，道心常存。心不失道，與佛長遊。超凡入聖，佛作證盟。一念觀空，二念坐忘，三念無爲，四念自然，念念成佛，佛自然成。說偈已，時有四大金剛怒目擎拳，一聲霹靂，雷電奔馳。此經到處，邪魔可避，冤孽可避，可化災厄，心神可鎮。此經名曰。讚曰：定光能靜安能慮，光照乾坤萬化機。古道至今傳性命，佛思浩蕩大慈悲。願以此功德，普及於一切，佑誦生明後，廣爲衆生說，今求遂我事，重罪皆消滅。願生西方淨土中，九品蓮花爲父母。花開見佛悟無生，不退菩薩爲伴侶。志心皈命禮：定光光不滅，圓應應無窮。普通遍法界，慈濟滿虛空。大慈大悲救苦難大德定光古佛香藤祖佛，南無佛娑婆訶。

《太上禮佛懺定光古佛寶誥》：“太上正一道教禮佛懺。大慈大悲憫衆生，大喜大捨濟舍識。相好光明以自嚴，衆等志心皈命禮。南無皈依金剛上師，皈依佛，皈依法，皈依僧，吾今發心不爲自求人天福報，聲聞緣覺，乃至權乘，諸位菩薩唯依最上乘，發菩提心，願與法界衆生一時同得，阿耨多羅三藐三菩提。南無皈依十方，盡虛空界，一切諸佛。南無皈依十方，盡虛空界，一切尊法。南無皈依十方，盡虛空界，一切聖僧。南無如來應供正徧，知明行足，善逝世間，解無上士，調禦丈夫人天師。佛世尊，南無普光佛，南無普明佛，南無普淨佛，南無多摩羅跋栴。檀香佛，南無栴檀光佛，南無摩尼幢佛，南無歡喜藏摩尼寶積佛，南無一切世間樂見上天精進佛，南無摩尼幢燈光佛，南無慧矩照佛，南無海德光明佛，南無金剛牢强普散金光佛，南無大强精進勇猛佛，南無大悲光佛，南無慈力王佛，南無慈藏佛，南無栴檀窟莊嚴勝佛，南無賢善首佛，南無善意佛，南無廣莊嚴王佛，南無金華光佛，南無寶蓋照空自在力王佛，南無虛空保華光佛，南無琉璃莊嚴王佛，南無普現色身光佛，南無不動智光佛，南無降伏衆魔王佛，南無才光明王佛，南無智慧勝佛，南無彌勒仙光佛，南無善□音妙尊王佛，南無世淨光佛，南無龍種上尊王佛，南無日月光佛，南無日月珠光佛，南無慧幢勝王佛，南無獅子吼自在力王佛，南無妙音勝佛，南無常幢佛，南無觀世燈佛，南無惠威燈王佛，南無法勝王佛，南無須彌光佛，南無須曼那華光佛，南無優曇鉢羅華殊勝佛，南無大慧力王佛，南無阿閦毘歡喜光佛，南無無量音聲王佛，南無才光佛，南無金海光佛，南無山海慧自在通王佛，南無大通光佛，南無一切法常滿王佛，南無釋迦牟尼佛，南無金光不壞佛，南無寶光佛，南無龍尊王佛，南無精進軍佛，南無精進喜佛，南無寶火佛，南無寶月光佛，南無現無愚佛，南無寶日光佛，南無無垢佛，南無勇施佛，南無清淨佛，南無清淨施佛，南無婆留那佛，南無水天佛，南無堅德佛，南無栴檀功德佛，南無無量掬光佛，南無光德佛，南無無憂德佛，南無那羅延佛，南無功德華佛，南無蓮華光遊戲神通佛，南無才功德佛，南無德念佛，南無善名稱功德佛，南無紅焰帝幢王佛，南無善遊步功德佛，南無鬥戰勝佛，南無善遊步佛，南無週市莊嚴功德佛，南無寶華遊步佛，南無寶蓮華善住沙羅杵王佛，南無法界藏身阿彌陀佛。三佛祖師寶誥。修真有路，佛法無邊，鄞江佛地，南海佛天，救苦救難，大聖大賢，慈雲廣佈，法爾連綿，一枝楊柳四時春，幾處塵寰現佛身，平原降伏虎，山中養群魚，觀音音好，定光光明，變化無窮無盡，濟民有感有靈，大慈大悲靈感三太祖師，吾汀到處，庇佑黎民，三太老佛菩薩。觀音咒：志心皈命禮，觀世音，觀自在，香山得佛，雲遊天下，照耀凡間，三千世界，救度衆生，下羅拜，南海蓮花，萬年不改，扶持社稷，功勳大，人人念我觀世音，個個憶我觀自在，吾奉觀音菩薩律令勅。大德定光古佛寶誥。爾時定光太仙，先天造化，混沌之元，誕生東土，隱駐南天，童顏玉貌，雙耳垂肩，修真悟道，正果成仙，屬靈寶之統系，使截教之大玄，位列仙班，道氣長存，慈心智慧，太德仁宏，玄功妙道，上清洞仙，萬仙赴劫，戢幡六魂，識世明義，不背天元，行慈刦屆，遇佛有緣，接引道長，願度有緣。佛祖偈曰：極樂之鄉客，西方妙術神。蓮花爲父母，九品立吾身。池邊分八德，常臨七寶園。波羅花開後，遍地長金針。講談三乘法，舍利腹中存。有緣生此地，久後幸沙門。玉寶道祖，允諾隨行，真仙西渡，極樂洞天，皈依聖佛，佛法無邊，列班羅漢，仁惠世尊，普救善願，常在心田，大慈仁者，隨刼化生，西方東土，應變無停，人間天上，須叟運行，四方四維，善度有緣，道德成友，善良爲朋，降龍伏虎，鄭葉金蘭，有緣佛法，道芹同登，金身雙正，妙相莊嚴，慈愛生靈，廣度人天，八閩大地，佛跡尚存，甯塔汀坡，杭龍平岩，處現金身，香火流傳，古佛之史，釋道同源，人間敬仰，彼此無分，仙佛之統，三教慈尊，衆信皈依，道德爲根，虔誠齋戒，祈禱必行，求福福至，禳禍禍消，消災釋罪，降福延生，上消天災，下濟群生，保國家而清泰，佑百姓以康甯，疹早蝗無侵害，祈五穀以豐登，庇六世而興旺，除瘟疫以消愆，護村中慶甯靖，佑宅舍喜盈門，祈風調並雨順，庇國泰以民安，護國庇民，功德無邊，大慈大悲，救苦救難，大慈仁者，萬劼周身。靈感太德定光古佛、二太祖師。願以此功德，普及於一切，誦經保平安，消災延福壽。佛恩赦罪太慈尊。

——上杭民间流传《定光经》（又叫《定光古佛救刼醒世经》）

附：

定光古佛预祝文

正月初六日诞辰，考校宫中呈进（现为悟善坛主席同书悟善坛呈进，为本坛内人用之）南无人天教主定光古佛（主席）莲前，致祝於〇〇〇定光古佛莲前曰：恭维慈悲大愿，玄默真修，名登凤阙，迹著龙洲，灵光普照，浩气长留，岁更六日〇〇（良辰），寿颂千秋，预申葵悃，祇荐芹羞，伏祈昭格允荷神庥，谨告。

定光古佛正祝文

恭维法性常明，慈光普照，身登凤阙，亲承仪凤之休，迹著龙洲，特显降龙之法，浩气冲周於天地，无古无今，至照⎡燮，平阴阳若阳若雨，妙相早空寿相，诞辰恰先灵辰，敬达心香同申顶祝，菩提种布，祥金火里金莲，福寿花开，瑞结海中仙果，不胜颂叮璖〇任屏营之至，谨表百拜上闻。

——上杭县《文疏表章》（民国三十五年抄本）

学术研讨

定光古佛与伏虎禅师[*]

汪毅夫[**]

【摘　要】　本文从定光古佛与伏虎禅师生前在汀州活动的时间和圆寂后受封的时间先后为切入点，对定光古佛与伏虎禅师生前寂后的神异事迹分别阐述并进行辨析，以还定光古佛与伏虎禅师的历史原貌。

【关键词】　定光古佛　伏虎禅师

汀州客家民间旧有"三仙二佛"之说，《临汀志》谓："三仙二佛之名，于汀尚矣。仙事茫不可索，佛应日现著，邦人崇向，日严以亲，是不可不书。"二佛，即定光古佛和伏虎禅师的合称。

据《临汀志》所记、所录的材料，定光古佛俗姓郑，俗名（一作法号）自严（又作自岩），福建泉州同安县人。祖父在唐代曾任"四门斩斫使"，父任同安令。944年，自严11岁时恳亲出家，依本郡建兴寺契缘法师席下；950年，自严17岁时游豫章（今江西南昌），过庐陵，契悟于西峰园净大师；964年，自严到汀州武平县，驻锡南安岩；1010年，汀守赵遂良延入郡斋；1015年正月六日申时，自严示寂，春秋八十有二，僧腊六十有五。

---

[*]　摘自汪毅夫著《客家民间信仰》，福建教育出版社，1995。
[**]　汪毅夫，福建省人民政府原副省长，现任全国台联会长、全国人大常委。

自严生前，人称"和尚翁"，亲之也；灭度，则皆曰"圣翁"，尊之也。1075年，诏赐号"定应"；1104年，加号"定光圆应"；1133年，嘉"普通"二字；1167年，又嘉"慈济"；1240年，有旨赐额曰："定光院"，又赐八字封号，内易一"圣"字，称"定光圆应普慈通圣大师"。

定光古佛，祷应如响，名公巨卿有大篇短章致赞叹之意。例如，黄庭坚有诗赞曰：

> 定光石佛，不显其光，古锥透穿，大千为囊。卧象出家，西峰参道，亦俗亦真，一体三宝。南安石窟，开甘露门。异类中往，无天中尊。彼逆我顺，彼顺我逆，过即追求，虚空鸟迹。驱使草木，教诲蛇虎。愁霖出日，枯旱下雨。无男得男，无女得女。法法如是，谁夺谁与？令若咸怒，免我伽梨，既而释之，遂终白衣。寿帽素履，发鬈鬈鬈。寿八十二，与世同波。穷崖草木，枯腊风雨。七闽香火，家以为祖。萨埵御天，宋有万姓。乃锡象服，名曰定应。

定光古佛在民间又有"见世佛"（即现世佛，活菩萨也）之誉和定光佛转世的传说（定光佛梵名提洹羯佛，译言锭光佛或燃灯佛，锭光又作定光。有足曰锭，无足曰灯。据说此佛出世之日，买五茎之莲奉佛，因而得未来成佛之记别）。

伏虎禅师，俗姓叶，法名惠宽，福建宁化县人。长得业于本郡开元寺，遍游诸方，悟旨而返。945年，驻锡于汀，创庵名曰"普护"。962年九月十三日示寂。

1070年，赐庵为"寿圣精舍"，其后多次赐封，累封到八字，称"威济灵应普惠妙显大师"。

伏虎禅师和定光古佛生前在汀州活动的时间相衔接（伏虎禅师：945~962年，定光古佛：964~1015年），死后受封时间则相交叉

(伏虎禅师：1070~1184，赐庵名、封号，累封至八字；定光古佛：1075~1240，赐庙名、封号，累封至八字）。

1174年，长汀郡守从武平均庆院迎奉定光真相入于州后庵，又于广福院迎伏虎禅师真相，差肩为宾主，以便祈祷。

在民间传说中，定光古佛和伏虎禅师的主要事迹包括如下几件。

1. 祷雨救旱

>《临汀志》记：（南唐保大）七年，汀苦旱，靡神不宗，郡将闻师道行，结坛于龙潭侧，延师致祷。师云："此方旱气燔甚，实众生罪业自速其辜，今当普为忏悔，七日不雨，愿焚其躯。"及期，旱如故。师延趺坐，命厝火于薪，众骇愕，火未及燃，油烟四起，甘雨倾注，师曰："未也，水流束薪乃已。"未几果然，见闻赞叹。

林国平、彭文宇《福建民间信仰》一文中的《闽都别记》第54回中通过僧义收焚躯祈雨的故事指出"这一传说在民间广为流传"。伏虎禅师积薪危坐的祈雨之术也有其来源，上古汤王曾施此术求雨，事见《淮南子》、《吕氏春秋》。《临汀志》说："绍兴七年敕封'净戒慈应大师'，时在汀者犹未封圣院，乾道三年改赐'广福'，师所经从辄成也。至十二年乃赐号于汀，早'威济'，淳熙十一年复加'普惠'，皆以救旱功"；李世熊《宁化县志》亦谓："历绍兴、乾道、淳熙，以救旱功。累封威济灵应普惠祥师"。可见，祷雨救旱是伏虎禅师的主要事迹。定光古佛也有"枯旱下雨"之功，如《临汀志》记："熙宁八年，郡守许公尝表祷雨感应，诏赐号'定应'"；又记："咸秩（按：咸秩即郡守胡咸秩）闵雨，师以偈付来吏，甫至郡而雨作，岁乃大熟"。

2. 驯服野兽

据《临汀志》，定光古佛初到武平，见南安岩势峭峻，怃然叹曰：

"昔我如来犹芦穿于膝、鹊巢于顶，而后成道。今我亦愿委身此地，以度群品，若不然者，当使殒碎如征尘。"其后，大蟒猛虎皆俯伏而去。他又曾削木书偈，毙虎于路。伏虎禅师亦因汀州"州境山谷深窈，虎豺出没为害，师以解脱慈悲，力为之训饰柔服"而得"伏虎禅师"之号。李世熊《宁化县志》记："州有白额虎为害，午后路绝行人。师入山为虎说法，虎俯伏若受律戒者。州人遂呼为伏虎禅师。时南唐保大三年也。"

3. 活泉止水

长洒平原山有龟峰狮石之胜，众为之创庵于此，名"普护"，伏虎禅师居之。庵侧一岭刺天，名"吊军岭"（又作"调军岭"），高峻无水，伏虎禅师于石上顿锡三下，泉涌如注，至今不竭。定光古佛亦有活泉之术。江西南康盘古山有井无水，定光古佛泛舟而往，至山观井无水，遂以杖三敲云："快出！快出！"半夜有落泉溅崖之声，井水满溢。长汀州后庵有枯池，定光古佛应郡守之请，投偈池中而水溢。定光古佛并曾在大和县怀仁江、长汀县龙潭投偈止水，解除洪患。

4. 治河护航

相传，定光古佛曾使广东梅州溪流改道，又曾于汀江河道上施术尽除槎桩。《临汀志》记：定光古佛"经梅州黄杨峡，渴而谒水，人曰：'微之'，师微笑，以杖遥指，溪流源涸，徙流于数里外，今号'干溪'"；又记："泛舟而往，江有槎桩常害人船，师手抚之曰：'去，去，莫为害！'当夕无雨，水暴涨，随流而逝"；又记："祥符初有僧自南海郡来，告曰：'今欲造砖塔，将求巨舰载砖瓦，惠州河源县沙洲有船插沙岸，无能取者，愿师方便。'师曰：'此船已属阴府'。们复致恳，师乃书偈与僧，僧持往船所，船应手拔"。

5. 赐嗣送子

据《临汀志》记载，武平南安庵院是定光佛于大中祥符年间亲自创建的。长汀距武平南安岩三百里，往来不便，元祐年间在长汀县东南三里另创南安庑院为郡人祈禳之所。绍兴年间,长汀郡守詹尚方有营葺长汀南安庑院之意,忽有乡民叶姓者到县衙来,说是曾梦见一个和尚携节叩门,告诉他:"郡守有意修葺南安庑院,如果你能施舍木料,将使你有子嗣。"他醒来告诉妻子,梦也应验了,所以前来施舍木料以为营葺之用。元代刘将孙《汀州路南安岩均庆禅寺修造记》记录了另一个定光古佛送子的故事:长汀郑姓农人求子,定光古佛托梦告诉他,明年将举一子,嘱预制一块木牌,佛将代为命名。农人制就木牌一块,四寸见方。不久,果然得了一子。定光古佛到来一看,叹息说:"为什么不做一块大木牌呢?你的子孙将富有,但寿命不长。"农人要求改制,定光古佛说:"这出于你的本意,不可以改动了。"定光古佛为农人之子命曰"郑安"。

清代无名氏《定光大师来岩事迹》也记有定光古佛送子的故事:

> 宁化余某,求嗣立应。后夫妇抱子齐来叩谢。距岩二十里,子忽毙。余夫妇敬心不改,把子暂寄荒岭,仍亲到岩。致斋毕,乃归,视子坐食馒头,遂尽舍财产入寺。今其岭犹传"寄子"云。

《闽杂记》还记录了"无子者"抢"佛子"的生动情节:

> 长汀县向有抢佛子之俗。每年正月初七日,定光寺僧以长竹二竿悬数十小牌于杪,书伏虎佛号,无子者群奉之而行,自辰至酉,咸以长钩钩之,一坠地纷然夺取,得者用鼓乐迎归供之,以为举子之兆。

6. 避免战祸

《临汀志》于"敕赐定光圆应普慈通圣大师"(定光古佛)条下记:

绍定庚寅，磜寇挺起，干犯州城，势甚炱炱，师屡现显。贼驻金泉寺，值大雨，水不得渡；晨炊，料米讫未熟，贼众饥困。及战，师于云表见名旗，皆有草木风鹤之疑，遂惊愕奔溃，祈求乞命。汀民更生，皆师力也。

又于"敕赐威济灵应普惠妙显大师"（伏虎禅师）条下记：

绍定群盗犯城，多方保护，显大威力，师与定光实相叶赞。

李世熊《宁化县志》亦记："绍定间，磜寇犯郡城，守者每夜见二僧巡城戒勿懈，疑即师（按：指伏虎禅师）与定光也。"

《定光大佛来岩事迹》则记：

国朝顺治三年，大图章京率兵到百步铺，见二僧云："城即开，幸勿伤民！"明日，复从卧龙岭洒水。章京询悉，诣寺揭帐视之，知即定光与伏虎二佛也，命鼎新其宇。

此外，民间还有定光古佛、伏虎禅师"法力无边"的种种传说。如《临汀志》记：

遂良授代以晴请，运使王赟过岩以雪请，皆如答应。真宗朝，尝斋于僧，对御一榻无敢坐者，上命进坐，僧答曰："佛祖未至。"少顷师至，白衣衲帽，儒履擎拳，即对御就坐。上问："师从何来？甚时届道？"答曰："今早自汀州来。"问："守为谁？"曰："屯田胡咸秩。"斋罢，上故令持伊蒲供赐咸秩，至郡尚燠。咸秩惊悚，表谢。上乃谓师为见世佛，御赐周通钱一贯文，至今常如新铸。

在以上传说里，定光古佛能变换天气，片刻间从汀州至于京城，又有"佛祖"之尊，是法力无边的高僧。

现在来谈谈定光佛崇拜和伏虎禅师崇拜的几个问题。

（1）定光古佛出于闽南，在同安县出生和出家，但在闽南地区却罕有传说、庙宇和信民。这一现象是不能仅仅用"定光古佛生前主要活动于客家住区"一语来解释的，因为在客家住区以外的某些山区也有定光古佛的传说、庙宇和信民。如清乾隆版《泰宁县志》记：

> 定光古佛，名自岩。泉州人。乾德间驻锡于邑之保安寺。跌坐三月余。夏日偶游叶家窠，见作童饮于溪，因谓曰："溪水夏则不净，不宜饮。"遂随手指地，涌泉成井，夏清冬浊。后在汀州武平之南安岩示寂，邑人塑其像，称曰南安公。

（2）福建沙县洞天岩旧有定光古佛卧像，清代陈芳楷《题洞天岩睡像》诗云：

> 定光何处禅，冷卧灵岩上。
> 阅世慵开眼，依稀成睡像。

近年沙县洞天岩重雕了长 38 米、高 11 米、宽 10 米的定光古佛卧像。1994 年 9 月，定光古佛卧像"开光"典礼举行时，笔者适在沙县，躬逢其盛。沙县有"定光禅院"，始建于唐；又有"仙人迹"，相传是定光古佛留下的脚印；另有定光古佛与惭愧祖师的传说，略谓：

> （惭愧祖师）潘了拳，沙县夏茂洋元粉干曲人，生于唐宪宗元和十二年（817）三月二十五日。相传，他呱呱坠地时左手抱拳而不能伸开，三天三夜啼哭不止。父母异之，为其取名"拳"。第四日，门外来了个化缘和尚，在这婴儿手背上划个"了"字，并口诵偈语："不张不了，不了不张，一张即了，一了即张。"言毕，婴儿拳头当即张开，哭声立止，和尚亦无影无踪。此后，这

婴儿遂名"了拳"的化身。①

惭愧祖师在客家住区也有不少庙宇、信民和传说，容在下文补述。现在应该指出的是，沙县民间信仰里的"定光佛"同客家民间信仰里的"定光佛"有所不同，又有所关联。按照沙县的民间传说和史料记载，"定光佛"在唐代已有庙宇和显圣的事迹，但根据客家住区的民间传说和史料记载，定光佛是宋代僧人，在宋代才有庙宇和显圣的事迹。两者之间的关键乃在于，民间有定光佛转世的传说，宋人朱弁《曲洧旧闻》谓：

> 五代割据，干戈相侵，不胜其苦。有一僧，虽佯狂而言多奇中。尝谓人曰："汝等望太平切，若要太平，须待定光佛出世始得。"至太祖一统天下，皆以为定光佛后身，盖用此僧之语也。②

沙县的定光佛和客家地区的定光佛，生年不一，这可以用定光佛的转世（出世、再出世）之说来解释。民国《武平县志》所记诸说的出入，如杭州法相寺定光佛肉身与（汀州）"府志乃云邑人塑其肉身以祀"的矛盾，出于《湖壖杂记》的"定光佛五代时即有之"的论断同定光佛出自宋代的说法的互异，也可以用转世之说来解释。

（3）佛教有"肉身菩萨"之说，佛教徒即身证得菩萨境界，具足大智慧、大悲心，称之为"肉身菩萨"。《坛经·行由品》记：

> 六祖慧能初在黄梅弘忍门下作杂役，见上座神秀之偈未见性，便在廊下复书一偈："菩提本无树，明镜亦非台。本来无一物，何处惹尘埃。"众人见偈惊讶不已，说："奇哉，不得以貌取人，何得多时使他肉身菩萨！"

---

① 吴声雅、陈世旺：《探访淘金山》，《福建日报》1994年12月17日。
② 转引自林国平、彭文宇《福建民间信仰》，福建人民出版社，1993。

定光古佛和伏虎禅师都属于"肉身菩萨",在民间有"现世佛"之誉。在客家民间信仰里,类似的"肉身菩萨"还有惭愧祖师、满和尚、月光禅师等。

房学嘉《客家源流探奥》记:

灵光寺位于程乡县东约80里,原名圣寿庵,始建于唐懿宗咸通年间(约860),是唐粤东高僧潘了拳用作传布顿教的演法道场,整个建筑占地6000多平方米。潘了拳是福建延平府沙县人。据传其出生时,左拳曲着不能伸,三日后,适有一老僧过其家门,其父抱儿见老僧,老僧以笔在孩子手背上写了一个"了"字,曲拳立伸,张开五指,取名了拳。潘了拳17岁出家,20岁来到阴那山五指峰下,开山结茅,布施施行。潘了拳为人谦虚,自号惭愧,49岁坐化以后,人们以檀木雕其像,作为纪念,称其为惭愧祖师。传至第二代弟子时,拆掉茅庵,改用砖瓦建筑,立庵名为"圣寿庵"。至宋神宗元丰三年(1080)由御史梅鼎臣捐金扩大重建,并亲书匾额为"灵光寺"。惭愧祖师在闽、粤、赣山区颇有影响,不少寺庙都供奉其像,如兴宁县的宝成寺内,就既有惭愧祖师的供堂,又有六祖惠能的供堂。

又引宋代梅鼎臣"灵光寺碑记"云:

庚申之岁,予奉天巡守粤东。时七月既望,出巡韩城,舟将复溺,忽然从天而降有一神人身披黄袍,手挥拂予,登舟救援。甚为骇,臣予即维舟滩头询之乡人,耆老告予曰,此中有一阴那山圣寿庵,此去路隔一十余里,先唐咸通年有得道惭愧祖师平日常显神通,灵应非常。予遂不惮跋涉急命仆夫就道相访,及至那山瞻谒,师像果与舟中相见者无异。

此外,高僧圆寂后,遗体涂以金、漆,作跌坐状,存于墓塔或寺庙，亦称肉身或肉身菩萨，佛经上称为"全身舍利"。《湖壖杂记》所谓"武林仙佛之肉身有二，一丁野鹤，一长耳和尚也"。就是将"长耳和尚"（定光佛）称为肉身（肉身菩萨）。李世熊《宁化县志》记：

> 满和尚，俗姓王，法名性满。弘治十年，住持沿口禅关，如痴如狂，众莫知所为。一日，坐化室中，端凝不倚，体软如常，众始异之。置龛三年，面色如生。里人赖志亮，乃以金漆胶土固之，称"肉身菩萨"。今尚存焉。

《宁化县志》所记"月光禅师"，生前并无出家的记录，亦无显示"法力"的事迹，死后却被供如"肉身菩萨"，并有种种显示"法力"的事迹。

李世熊《宁化县志》记：

> 月光禅师，泉下里人，生于元初，家贫奉寡母，以孝闻。数言："吾欲西归，奈母恩何！"或嗤之曰："此汝家也，更何归？"师曰："此非吾家也。"尝饲鸭雏田间，偶亡其一，虑失母欢，取泥抟一雏补之，归而母遂莫辨。后一日坐化田间，久不返，母趋视之，则异香绕袭，母抚之曰："汝真西归邪？"点头者再，乡人异之，以金漆垩其身祀焉。其大德四年也。其后远行者，乞炉烬祀之。偶遇风波，扬烬空中，即见师隐现云际，汹涛立解。流寇逼乡，有僧叩贼营遮止之，忽不见，贼怪而解去。每岁旱，诸乡争舁像以祷，雷雨立至。时有黠者，另塑一像以乱之，本乡往追，竟不能别，乃密祷于师，是夕见梦曰："出案三寸者我也。"翌日二像齐肩，其一忽离案三寸，从乃欢拥而还，今称月光大德感应禅师。

定光佛和伏虎禅师属于"肉身菩萨"，这是客家住区定光佛信仰和伏虎禅师信仰的一个特点。

宋代莅汀官师与定光佛信仰的形成

谢重光　卢秀文[*]

【摘　要】　定光佛信仰的形成是一个漫长的过程，其间的因素很多，而官方的态度往往是至关重要的。关于宋代莅汀官师与定光佛信仰形成的关系，笔者在《闽西定光佛信仰研究》[①]一文中曾稍有涉及，但未展开论述。兹篇之作，乃全面考述宋代莅汀官员对于定光佛神通和社会功能的不同认识以及所采取的不同措施，对于定光佛信仰形成与发展所产生的不同作用，或可对定光佛信仰的研究有所裨益。

【关键词】　莅汀官师　定光佛信仰　形成

一　王官苦拘束，佛法不流行

定光佛的原型是北宋僧人，号自严法师，姓郑，生于五代王闽龙启二年（934），卒于北宋真宗大中祥符八年（1015）。17岁时成为大僧，前往江西庐陵西峰寺，受业于圆净大师，经过五年苦学，"遂证

---

[*] 谢重光，男，福建师范大学闽台区域研究中心文化所所长，福建师范大学社会历史学院教授，博士生导师；卢秀文，女，敦煌研究院副研究员。
[①] 载谭伟伦主编《民间佛教研究》，中华书局，2007，第32~62页。

神足"①,"行解微密"②,深谙密宗法术③。北宋太祖乾德二年(964),他31岁(按旧历算法),来到武平县南安岩,显示了降蟒伏虎的神通,受到百姓敬信,为之结庵,供其修炼。此后,民有祈祷,他"辄书偈付与,末皆书'赠以之中'四字,无愿不从"④。也就是说,他在武平南安岩,主要是用密宗的书偈念咒的办法,显示法术,满足百姓的各种愿望,因而获得越来越高的威望,受到越来越虔诚的信奉。

但是密宗的这一套做法,在佛门中颇具争议,在严守儒家教条的官员眼中,则是旁门左道,是应予压制乃至取缔的。据《临汀志》记载,郑自严很长一段时间在南安岩为百姓预测未来,预言吉凶,即所谓"民有询过去未来因者,师皆忠告,莫不悚然"。这种做法,是密宗僧人常见的行事,但却遭到其他僧人的嫉忌和排斥,"同道者惧其太甚",迫使自严法师六年时间不说话。

其时官府对于自严法师的态度,留下记载的只是为了寺院输布的事,法师上书官府,受到官府打击一事:

> 一年,岩院输布,师以手札内布中,监临郡倅张公晔见词,闻于郡守欧阳公程,追摄问状,师不语。守、倅愈怒,命焚其衲帽,火烬而帽如故;疑为左道,以彘血蒜辛厌胜,再命焚,而衲缕愈洁。乃遣谢使归。自是白衣而不褐。⑤

很显然,在郡守欧阳程和郡倅张晔等人的眼中,自严法师的言行既是干预公务,更是蛊惑人心,应该严加取缔。于是用火焚衲帽、彘

---

① (宋)胡太初修、赵与沐纂《仙佛·敕赐定光圆应普慈通圣大师》;长汀县地方志编纂委员会整理本《临汀志》,福建人民出版社,1990,第164页。下引《临汀志》均同此版本。
② (宋)沈辽:《云巢编》卷6《南岩导师赞》,文渊阁本《四库全书》集部·别集类。
③ 关于定光佛宗教信仰的密宗性质,请参看谢重光《闽西定光佛信仰研究》,载谭伟伦主编《民间佛教研究》,中华书局,2007,第32~62页。
④ 之《仙佛·敕赐定光圆应普慈通圣大师》,《临汀志》,第164页。
⑤ 之《仙佛·敕赐定光圆应普慈通圣大师》,《临汀志》,第165页。

血蒜辛厌胜等对付旁门左道的办法，来对付自严法师。显然，自严法师神通高超，这一套办法对他毫无效果，官府还不得不表示道歉，让他回去，但对他的疑忌与压制并未停止。此后自严法师只穿俗衣，不穿袈裟，即所谓"白衣而不褐"，看来是被迫而为，并非出于自愿。①

按：欧阳程任汀州郡守是咸平四年至景德元年（1001~1004）②的事。自严法师自乾德二年（964）来武平，至咸平景德间，大约经历了40个年头。这40年间，定光在民间已有很高的声望，拥有了很多信众，但其所居庵院始终未取得正式的寺额，其本人不但没有获得任何一个赐号，还被逼得"白衣而不褐"，所以如此之故，合理的解释，只能是前此官府对于自严法师，都抱着不信任、不合作乃至疑忌打击的态度，不只是欧阳程一任如此。所以这40年，可称为自严法师传道受到官府阻挠压迫而进展迟缓的时期。拿自严法师自己的话来说，就是"王官苦拘束，佛法不流行"③时期。

二 遭际信佛君臣，被视为定光古佛化身

自严法师晚年，时来运转，其法术和灵异事迹上达朝廷，受到皇帝的褒扬表彰，又是敕赐寺额，又是敕封师号，为日后定光佛信仰的形成奠定了基础。其间的关键，一是自严法师前往江西南康盘古山主

---

① 关于定光法师"白衣而不褐"的由来，北宋僧人惠洪《禅林僧宝传》记载道："邻寺僧死，公不知法当告官，便自焚之。吏追捕，坐庭中，问状，不答，索纸作偈曰：'云外野僧死，云外野僧烧。二法无差互，菩提路不遥。'而字画险劲，如擘窠大篆。吏大怒，以为狂，且慢已。去僧伽梨，曝日中。既得释，因以布帽其首，而衣以白服。"这是说定光法师擅自处理邻寺僧死之事触犯了法律，被官府追捕，还不认错，态度傲慢，受到脱掉僧服曝晒日中的处罚，释放后不准再穿僧服，只能戴布帽，穿白衣（即俗衣）。这一记载，与南宋《临汀志》的记载略有不同，而被迫布帽白衣的情状更明确。
② 据《临汀志》"郡县官题名"之"郡守题名"，欧阳程咸平四年任，景德二年陈彦博接任。
③ 据北宋惠洪《禅林僧宝传》，定光因禅院输布事件被官府拷问凌辱后，作了一偈，中有"王官苦拘束，佛法不流行"语。

法席，获得了"白衣菩萨化身"的盛誉；一是受到赵遂良、胡咸秩两位郡守的敬信和推崇。

关于自严法师前往盘古山主法席一事，北宋惠洪《禅林僧宝传》、沈辽《云巢编·南岩导师赞》及南宋《临汀志》均有记载。《禅林僧宝传》曰：

> 先是，西竺波利尊者经始，谶曰：却后当有白衣菩萨来兴此山。公住三年，而成丛林，乃还南安。

《云巢编·南岩导师赞》曰：

> 波利禅师……下神谶，先述后五百年此泉当窒，有白衣来，乃定光佛。彼众发谶，奔走迎屈，师以身往。

《临汀志》曰：

> 初，南康盘古山波利禅师从西域飞锡至此，山有泉从石凹出，禅师记云："吾灭度后五百年，南方有白衣菩萨来住此山。"其井涌泉，后因秽触泉竭，舆议请师主法席以符古谶，师许之，乃泛舟而往。

综合起来看，是说江西南康盘古山有一口泉，本来泉水涌得很大，后来枯竭了，有一个长久流传托名波利禅师的谶语，说有一位白衣菩萨，或干脆指定为定光古佛，来主持此山，泉水就会重新涌现，而山中佛法也会很兴盛。因为此时郑自严就是穿着白衣，在民间又有相当的名声，大家相信他就是波利禅师谶语所指的白衣菩萨，或定光佛，于是舆论一致要求自严法师来盘古山主持法席。自严法师也自信自己就是谶语所指的白衣菩萨或定光佛，当仁不让地来到盘古山，当上了住持，三年间使盘古山形成丛林，佛法大盛。于是，自严法师的名声更大了，身份地位也大大提高了，很风光地回到了武平南岩。

其时汀州郡守也换了人，祥符四年（1011）在任的是赵遂良，祥符六年继任的是胡咸秩。[①] 他们可能比较信佛，也可能是行政手法比较圆滑，看到自严法师有那么广大的信众，社会影响那么大，遂对之崇敬有加，希望他达到某些特殊的目的。《临汀志》记载道：

> 四年，郡守赵公遂良闻师名，延入郡斋，结庵州后，以便往来话次。

文中的四年就是祥符四年，这一年赵遂良刚刚出任汀州郡守，下车伊始，就在州衙后为自严法师建造了一座寺院，把自严法师从武平南岩迎请过来，这是一种很高的礼遇。他这样做的理由是"以便往来话次"，所谓"往来话次"，可能有像韩愈与僧大颠交往谈论哲理那样一层意思，但主要的还是随时请自严法师作法兴利除害。据记载，赵遂良先后请自严法师"出水"、"除蛟"，结果一一奏效，他便"表闻于朝，赐'南安均庆院'额"。自此，自严法师所住寺院有了朝廷赐予的正式寺额，自严法师本人也就从过去官府眼中的"左道"、"妖僧"一变而为官府认定的法师、大德，其意义非常巨大而深远。

赵遂良离任时，请自严法师祈祷天晴；而路经汀州的转运使王贽，请求自严法师祈祷降雪以求丰年。这些都如愿以偿，诸如此类神异的事迹，使得自严法师的声誉越来越高。祥符六年，胡咸秩接任汀州郡守，他也很快领教了自严法师的神通，为之惊叹；又看到自严法师为民祈雨有效，解除了旱情，使当年农业丰收，更加佩服。卸任进京时，便"历言诸朝列"，由是"丞相王公钦若、参政赵公安仁、密学刘公师道皆寄诗美赠"。关于胡咸秩领教自严法师的神通而无限拜服的经过，流传着这样一个故事：

[①] 见《临汀志》"郡县官题名"，第117页。

真宗朝，尝斋于僧，对御一榻无敢坐者。上命进坐，僧答曰："佛祖未至。"少顷师至，白衣衲帽，儒履擎拳，即对御就坐。上问："师从何来？甚时届道？"答曰："今早自汀州来。"问："守为谁？"曰："屯田胡咸秩。"斋罢，上故令持伊蒲供赐咸秩，至郡尚燠。咸秩惊悚，表谢。上乃谓师为见世佛，御赐周通钱一贯文，至今常如新铸。

故事所要表达的意思是，通过赵遂良、胡咸秩等莅汀官师的揄扬，自严法师的名声已上达天听，受到皇帝的赏识和褒奖，嘉许为"见世佛"，即现世活佛，而这里讲的现世活佛，指的就是定光古佛。这样的故事，无疑出于好事者的编造。但这一编造的故事广为传播后，在信众心目中，自严法师已然是定光古佛化身，自严与定光画上了等号，文献中也渐渐的以定光或定光佛来指称自严法师了。

三　七闽香火，家以为祖

定光大师（即郑自严，由于信众把郑自严等同于定光佛，下文径称其为定光大师，或定光佛）去世后，人们对他的崇拜有增无减，定光佛信仰逐渐形成。其中主要的促进因素，还是官方的着力推动与宣传，包括不断制造定光佛神异显应事迹，为定光佛赢得一次次封号；以及拉名人写诗文（或假造名人诗文），使定光佛的事迹和声名广为传播。

关于制造定光佛神迹并奏封师号，重要者有如下几次。

熙宁八年（1075），郡守许尝表奏，说向定光佛祷雨灵验，有诏赐号"定应"。这是自严法师第一次获得师号，"定应"之名，暗示自严法师就是定光佛应身。

崇宁三年（1104），郡守陈粹再次表奏，说定光大师灭度近百年后，其真身生出白色毫毛，有诏加师号为"定光圆应"。

绍兴三年（1133），赣南盗寇猖獗，虔化县（今宁都县）县宰刘仅向定光佛祈求神兵助战，定光大师作法让县境佛塔上放射出五色毫光，并在塔上示现真身，盗寇大惊，溃败逃散。江西曹司把这一神异事迹上奏，诏令在定光佛原有师号上加"普通"二字。

乾道三年（1167），又因为定光佛新的显灵事迹，诏加师号"慈济"二字。

绍定三年（1230），湘赣闽粤边区发生大规模寇乱，乱军进犯汀州，州城眼看着要被攻破，传说定光大师屡屡显灵，还使乱军煮饭不熟，并在交战的关键时刻在云中显现神兵旗帜，使乱军军心动摇，导致溃败。大家认为，"汀民更生，皆师力也"。嘉熙四年（1240），汀州士绅把定光佛这一功绩列状上报给郡守，郡守据以上奏，诏赐定光大师曾居住的汀州州衙后寺院寺额为"定光院"，又把定光佛原有八字师号稍微改动，突出"通圣"二字，定名为"定光圆应普慈通圣"大师。①

这一时期的莅汀官师为什么对宣扬定光佛的神威不遗余力？嘉泰年间任汀州郡守的陈晔一语道破天机，他说，定光佛那么灵验，"雨旸之应如响，是佛与守分治汀民也"②。意思是说，在当时的汀州，郡守是行政首脑，而定光佛是精神领袖，是民众的精神支柱。陈晔认识到定光佛与郡守分治汀民的作用，所以扩建定光庙宇。此前此后，各任郡县官也都认识到这一点，所以很卖力地扩建修缮庙宇，奏请加封定光师号和有关寺院寺额。

关于拉名人写诗文（或假造名人诗文），据《临汀志》称，曾为定光佛写赞美诗文的，"名公巨卿，大篇短章致赞叹意，无虑数百

---

① 以上均见《临汀志》之《仙佛·敕赐定光圆应普慈通圣大师》，第166页。
② 《临汀志》，《寺观》，第69~70页。

篇"；"丞相王公钦若、参政赵公安仁、密学刘公师道皆寄诗美赠"。《临汀志》还具体选载了北宋大文豪苏东坡和黄庭坚的赞词，其中苏东坡赞词有云："七闽香火，家以为祖。"这篇苏东坡赞词，未见载于各种传世的苏东坡文集，来历不明，其真实性大可怀疑。但《临汀志》成书于南宋，总结了前此各种图牒关于定光佛的种种纪实和传闻之作，书中既有"七闽香火，家以为祖"之语，则其时定光佛信仰大盛于福建各地，应非空穴来风。

降及南宋，定光佛信仰进一步传到粤东、赣南等地。如在粤东，民间传说，南宋初定光佛在梅州曾庇护落难大臣宋赟[①]，说明其时定光佛信仰在粤东已深入人心。而在赣南，绍定寇乱时，虔化县（今宁都县）宰在危急时乞灵于定光佛，得到响应而吓退贼寇。而作为省级官吏的江西曹司（即转运使），还误以为定光佛的祖庙在虔化县，他向朝廷奏请为定光佛加封师号时，奏文写道："虔州南安岩定光圆应大师，于虔之虔化县塔上放五色毫光，惊破剧贼李敦仁，收复二县。乃赐普通二字。"[②] 联系到北宋释惠洪《禅林僧宝传》、《林间录》、《石门文字禅》及沈辽《云巢编》等僧俗诸书俱载定光佛事迹，而可以断言，至迟在南宋时期，定光佛信仰已在粤东、赣南扎根，定光佛不只是闽西一地的乡土守护神，业已成为赣闽粤边各地共同的守护神了。

综观郑自严生前坎坷传道和死后大受崇奉的经历，可以看出官方的态度，特别是莅汀官师的态度，对于定光佛信仰的形成实有至关重要的作用。他传道的起初40年步履维艰，是因为当时的郡守视之为"左道""妖僧"；他晚年大受崇奉乃至被抬高到定光古佛转世的地位，是得力于赵遂良、胡咸秩等主要官员的推

[①] 乾隆《嘉应州志》卷8《杂记部轶事》"梅州老僧"条，程志远等整理本，广东省中山图书馆古籍部，1991，第409页。

[②] （元）刘将孙：《养吾斋集》卷28《定光圆应普慈通圣大师事状》。

荐；去世后由人变成神，更是一代代官员宣传奏请的结果。由此可知，一个僧人要由人变神，成为一方民间信仰的对象，其本身的神异事迹是基础，官方的推崇是必不可少的条件。这一点，研究定光佛信仰也好，研究其他各种民间信仰也好，都是不可忽略的。

定光古佛郑自严[*]

林国平[**]

【摘　要】　本文从郑自严生前寂后记述在志书和在民间广为流传的故事入手，以文人士大夫撰写的诗文等为佐证，探究郑自严从人演变为神，最后被历代朝廷多次敕封的前后经过，提纲挈领地介绍各个朝代传承和发展情况，从中窥见一斑。

【关键词】　定光古佛　信仰　源流

定光古佛，姓郑，名自严，同安县人。祖父仕于唐，为四门斩斫使，父任同安令。生于后唐同光二年（934），卒于北宋大中祥符八年（1015）正月初六日，享年八十二岁，遗偈117首，其中22首乃亲笔所书。11岁时出家，依本郡建兴寺契缘法师席下。17岁游历江西豫章、庐陵，拜高僧西峰圆净为师，在此盘桓5年后，告别圆净法师，云游天下。五代中叶至北宋前期，足迹遍及闽、浙、赣、粤。乾德二年（964），郑自严31岁，来岩前募化，看见何大郎的开基地南岩石洞，四周山清水秀、洞内鬼斧神工，可以做道场，求助于何大郎。何大郎已开创了37年的家产物业，要施舍给郑自严做道场，他的子孙不同意，修道的何大郎之女何仙姑也坚决反对。郑自严为了得到狮岩名

---

[*]　据林国平撰文整理。
[**]　林国平，《文化台湾》主编。

山胜境，颇费了一番心机。郑自严在离狮岩10里的伏虎村盖了一间草庵，晚上诵念佛经，天一亮就步行到狮岩找73岁的何大郎下棋，成了忘年之交。何大郎终于说服自己的子孙，捐赠所有家产物业给郑自严做道场，郑自严在此设道场数十年。宋真宗时封"均庆院"，现为文物保护单位。景德初（1004）定光佛应邀到江西南康盘古山弘法，主持禅院，三年后返南安岩。大中祥符四年（1011），汀州郡守赵遂良慕名请其到汀州府城，建寺庵于州府后供其居住。清宣统年间碑记：成道则于泉，涅槃则于越，而卓锡于汀，独吾岩为最著。圆寂后，浙人金其肉身，南安岩塑其像以祀，至今南安岩定光佛塑像两侧仍有"金身留浙水，宝珞镇蛟湖"楹联。南安岩洞中的定光佛塑像，善男信女顶礼膜拜，成为一方保护神，方圆数百里内，人们外出飘番（指到东南亚各国）、出洋过海（指到台湾、香港地区），都来朝拜定光佛，祈求平安，并许重愿。岩前镇自清乾隆开始，有钟、曾、梁、练、魏、冯姓人开基台湾，他们把定光佛香火带入台湾建寺供奉。而今，台湾岛内供奉定光佛的寺院有数百座，它们成为海峡两岸佛教文化交流的桥梁和纽带。

定光古佛在世时，民间就流传着许多有关他的神话传说事迹。

一是除蛟龙伏虎，为民除害。后周显德年间（954～959），定光佛云游天下，路过大和县怀仁江时，江水突然暴涨，浊浪翻滚。当地百姓说是蛟龙在江中兴风作浪，危害百姓。定光古佛手写佛偈一首，投入江中，江水骤退，变成一片沙洲，后来当地人称之为龙洲。相传汀州城南的龙潭中有孽龙危害百姓，定光佛也投偈潭中，孽龙遂销声匿迹。又传定光佛在南安岩设道场时，大蟒前蟠，猛虎旁睨，良久，皆俯伏而去。淳化间（990～994），农夫的牛被老虎伤害，定光佛闻讯后，直奔草场，在牛被老虎咬死的地方立一木牌，写上偈语，第二天天亮，猛虎死于路中。

二是疏通航道，寻找泉水。相传景德初，定光佛应邀到江西南康盘古山弘法途中，经过某一条江河时，江中布满槎桩，船只往往触桩而沉没，定光古佛用手抚摸着槎桩，说道："去，去，莫为害!"当天晚止，天未下雨而江水暴涨，槎桩均被江水冲走。到了盘古山后，发现井水枯干，禅院缺水，遂用禅杖敲井沿三下，说道："快出，快出!"到了晚上，落泉溅崖之声不绝于耳，天明，井水涌出满溢。又传祥符四年，郡守赵遂良结庵州后请定光古佛住持，庵前有一枯池，定光古佛投偈而水溢，今名"金乳泉"。

三是祈雨求阳。祥符四年，汀州久雨不晴，郡守赵遂良请定光古佛搭台祈晴，获应。不久，又发生旱灾，郡守胡咸秩遣使到南安岩请定光古佛祈雨，定光古佛写一偈语，给来使带回汀州，刚进入汀州境内，大雨倾盆，是年喜获丰收。

四是为民请命。咸平六年（1003），官府向寺院征收布匹，布匹则由当地百姓代交，定光佛于心不忍，写了一封要求免征布匹的信夹在上交的布匹中。官府发现后，十分恼怒，拘捕定光佛询问，定光佛拒不回答，郡倅张晔愈怒，令人焚烧衲帽，可是火燃尽了，衲帽却越烧越白，只好把他放了。

五是神通广大。相传宋真宗时，有一次在京都设宴请全国高僧，高僧在皇帝面前不敢就座。定光佛姗姗来迟，进殿后就大大方方地坐在皇帝对面，宋真宗感到惊讶，问道：大佛从何处来？几时起行？定光佛答道：今天早上从汀州来。真宗不相信，又问：汀州太守是谁？答道：是胡咸秩。宴毕，真宗故意叫定光佛带一些斋饭赐给胡咸秩。胡咸秩收到仍存余温的斋饭，十分惊诧，上表谢恩。真宗接胡表文后，才相信定光佛非等闲之辈，称之为现世佛。又传祥符初年（1008），广东惠州有一艘运载砖瓦的巨船搁浅于河源县沙洲，僧侣来南安岩请定光佛帮忙，定光佛写一首偈语，来僧持偈到搁浅的船上，船只莫名其妙地拨动，顺利航行。

上述神话传说说明，一是定光古佛在世时曾为百姓做了一些好事，受到群众的爱戴，故被亲切地称为"和尚翁"；二是定光古佛在世时就带有一定的神秘色彩，其影响不限于闽西，在江西、广东等地也有一定的影响，所谓自江以西，由广而南，或刻石为像，或画像以祀，家有其祀，村有其庵。定光古佛圆寂后，很快被群众奉为神灵，尊称为"圣翁"，许多文人、学士、大夫纷纷撰写诗文盛赞。志称名公巨卿，大篇短章，致赞叹意，数计百篇。其中以文学家黄庭坚的赞词最为有名。

郑自严在世时，百姓把他看作定光佛的托胎转世，然而据现有资料看来，他在世时，只有"白衣岩士""和尚翁"等称号，去世后不久，百姓谓之为圣翁，还没有径称定光古佛的记载。郑自严被朝廷敕封为定光封号是在北宋绍圣四年（1097）。

明清以来，定光古佛信仰的影响进一步扩大，主要表现在以下三方面。

第一，奉祀定光佛的寺庙增多，分布也较广。元代以前，定光古佛寺庙不多，主要分布在福建、江西和广东三省交界处。明清以来分布较广，佛氏之盛，精兰绀宇遍海内，而汀之禅院独称定光，定光禅院于临安、于泉南、于汀右，无弗有，而汀为最著。南安岩为定光古佛信仰的祖庙，曾在明万历年间和乾隆十六年先后两次重修。在武平县有伏虎庵、禅果院、定光伏虎庵等奉祀定光佛的寺庙。沙县洞天岩建有老佛庵，庵旁岩石上雕有定光佛睡像，俗称灵岩睡像，香火鼎盛。建瓯县铁狮山定光岩，深邃奇绝，中祀定光佛。顺昌芹山里人以为是定光佛第二道场。连城县白仙岩、崇安县大浆岌以及清流县境内都建有寺庙奉祀定光古佛。明清时期定光佛信仰转入台湾省，至今台北、台中还有不少专祀定光佛的寺庙，最有名的是淡水鄞山寺。

第二，与定光佛传说有关的胜迹遍及闽西、闽北地区。定光佛在世时，足迹遍布东南沿海各省，尤其在福建省留下许多与之有关的胜迹。例如，清流县灞涌岩，飞泉怪石，茂林修竹，为一方胜境，相传旧无水，定光佛至飞锡，凌空七日复返，始有泉涌。其夜，风雷大作，雨水滂沱，僧惊避迟，明视之，庵推出谷口，其下飞瀑数丈如珠帘，至今莫寻其源。连城县滴水岩，相传定光佛驻锡于此。上杭县东安岩，宋定光佛常栖于此岩。武平县是定光佛信仰的中心，胜迹尤多。如禅果院后有龙井泉，常有龙珠在井中发光，相传为定光佛所凿。离南安岩数十里处的绿水湖，水色深绿，相传是定光佛创院时，驻锡成湖。建寺院的杉木从湖中涌出，定光佛取其绿色的湖水为颜料画梁柱。南安岩前有12座山峰并峙，相传因定光佛的偈语"一峰狮子吼，十二子相随"而得名。黄公岌上有泉水，名圣公泉，相传乃定光佛杖击泉涌。泉口虽仅杯勺大小，但千人饮之不竭。岩前蛟湖，相传是定光佛所凿。武平县有许多地名由来于定光佛的神话传说，如岩前镇的寄子岭的传说至今仍为当地百姓津津乐道。相传宁化余某，曾向定光佛祈求子嗣，不久，妻子果真怀孕，生下一子。余某夫妇感恩不尽，抱着儿子一起到南安岩均庆寺叩谢，不料离南安岩20里处儿子突然死去。余某夫妇坚信定光佛法力无穷，敬仰和诚信之心不改，就把死儿暂且安放荒岭后仍去南安岩均庆寺进香祈祷。拜毕，回到荒岭，见死儿已复活，还坐着吃馒头。后人称此荒岭为寄子岭。

第三，由于定光佛的影响很大，有些与之有关的宗教活动久而久之就转化为民俗。如汀州的两个习俗，一是抢佛子习俗，每年正月初七日，定光寺僧以长竹二竿悬数十小牌于杪，书伏虎佛号，无子者群奉之而行，自辰至酉，咸以长钩钩之，一坠地则纷然夺取，得者用鼓乐迎归供之，以为举子之兆。然亦有应，有不应，惟其纷夺，或至斗殴涉讼耳。二是请湿风、请燥风习俗，汀州府城赤峰山有定光佛寺，为一郡最高处。寺中一长幡，久雨不晴，则竖寺前，有风自南来幡脚飘北，次日必晴，俗称之请燥风；久晴求雨则竖寺后，有风自北来幡脚飘南，次日必雨，俗称之请湿风。有时还要抬出定光和伏虎禅师的神像，巡绕田野，祈求丰收。

杨登璐《芷溪竹枝十九首》之五：

首菱青苗发水田，定光伏虎绕横阡。
醮坛米果为山积，奏鼓咚咚祝有年。

随着定光佛信仰的进一步扩大，各种神话传说大量流传，这些新出来的神话传说与宋代相比，具有三个鲜明特点。

一是人情味较浓。《洞天岩志》载，清顺治三年（1646），大图章京率兵至百步铺，有两位僧侣晋见，说：城即开，幸勿伤民。讫，忽然消失。第二天，又看见两位僧侣从水龙山巅往下洒水，深感诧异，召见当地百姓询问，并描述两位僧侣的形状，百姓曰：汀州府有定光、伏虎两位古佛，大王所见或许就是他们显灵。大图章京半信半疑，来到定光佛寺一看，所见到的僧侣与佛寺中的定光、伏虎古佛的塑像相同，遂命郡人重修寺庙。在此，定光佛不是像宋代那样通过灵异来阻挡或吓跑入侵者，而是见大势已去，采取劝告清兵不要屠杀无辜的灵活措施来保护汀州百姓，成为一个识时务的神灵，富有人情味。

二是与闽西人文紧密结合。首先，与何仙姑的传说相联系。据《何氏族谱》记载，何仙姑的父亲何大郎曾任宁化知县，定居在宁化石壁村，后唐天成元年（926）迁居南安岩，后晋天福二年（937）生女何仙姑。何仙姑自幼喜清静，不饮酒，不茹荤，隐遁在南安岩修真，成为神仙。乾德二年（964），郑自严游历武平，选中南安岩为寺院，到处募化建造寺院。他劝何仙姑另找地方修炼，何仙姑不答应，说：我生于此，长于此，岂能舍岩他住？有一天，何仙姑出观洪水，郑自严乘机入岩趺坐，何仙姑回岩后，发现大蟒、猛虎盘伏在郑自严周围，十分驯服，就将状告父。何大郎钦其神异，遂施岩为佛殿。乡人在建造佛殿供郑自严居住外，还构楼以祀何仙姑。其次，与李纲的传说相联系。相传定光佛游历沙县时，变成一个老和尚，从溪南腾空而渡，正好被李纲遇见，李纲知道老和尚非凡人，上前叩问姓名、住址，并要拜他为师。定光佛拒收他为徒后，李纲又以前程卜问，定光佛写一偈语送他，偈语曰："青著立，米去皮，那时节，再光辉。"最初，李纲不明偈义，到了靖康元年（1126），金兵包围开封府时，李纲应诏入朝，出任尚书右丞，翌年任宰相，偈语的预言（青著立寓靖，米去皮寓康）得以验证。《沙县志》又载，李纲被贬谪于兴国寺时，看见一个老和尚渡溪，足不履桥，离地腾空而行，觉得诧异，尾随老和尚到洞天岩。老和尚在岩石上闭目养神，李纲待老和尚醒后，前去与他攀谈，边走边谈，至溪桥才相别。待李纲回首，发现老和尚驾云腾雾而去，才知道老和尚是定光佛化身。

　　三是宣扬善有善报、恶有恶报的宗教观。相传某地筑陂，因水流湍急，久而不能合龙。一天，一位老太婆给筑陂的儿女送饭，遇到变化成乞丐的定光佛向她乞食。老太婆把筑陂事及家中困苦状一五一十告诉定光佛，对他的乞食面有难色。定光佛拖着沉重的步伐走开了，老太婆见他饿成这个样子，忽动恻隐之心，将所有的饭菜施给定光佛。定光佛吃完后，来到水陂，叫众人走开，即脱下草鞋，甩往垅口，弹指间水陂合龙，且十分牢固，经久不毁。乡人德之，立庙奉祀。又传定光佛某日到武平梁山下的萝斗坑一带化缘，某富翁不但不理睬他，而且连供锅煮饭也不给柴火，定光佛说：我只好用腿当柴火了。说罢，竟将双腿伸入炉膛，哔哔啪啪烧了起来。汤好饭熟，餐毕，定光佛扬长而去。富人发现定光佛双腿完好，而家中的桌、凳悉被烧光，遂持打狗棍追了上来。定光佛行走如飞，来到水口，背起一块大石头放在梁山顶，该石头悬空而立，危危欲坠，使为富不仁的富翁担心巨石从山顶滚下来而惶惶不可终日。

定光古佛信俗调查与研究

——以闽粤赣边界部分信俗区为例

林善珂[*]

【摘　要】　民国及以前，客家地区普遍祭拜佛教禅宗中的定光古佛，这种信仰的载体有庙会、醮会、古佛会等，甚至祖先崇拜也结合了这种信仰。可见，定光古佛信俗已深入客家地区和周边其他地方的生产、生活、商贸等活动中。

为顺应客家人宗教信仰的多元化和包容性，定光古佛糅合释、儒、道、巫，扎根于客家地区并随着客家人的迁徙流传到海内外各地。

【关键词】　定光古佛　信俗

定光古佛信仰为什么会发源于闽粤赣边客家地区并越千年而不衰，且又能被先辈移民带往更遥远的地方扎根发展，这是宗教文化界应该弄清楚的问题。笔者为此做了一番田野调查，在此将几点心得就教于各位行家。

一　定光古佛信俗调查

笔者走访了江西的寻乌县、会昌县，广东的蕉岭县、梅县，福建

---

[*] 林善珂，政协武平县委员会副主席，国际客家学会会员，福建省作协会员。

的武平县、长汀县以及新罗区等地,主要考察了各地专祀定光古佛的寺庙或兼祀定光古佛的寺庙,各地为祭祀定光古佛举办的庙会、醮会及其他习俗与传统。

(一) 专祀或兼祀定光古佛的寺庙

据上述调查县区地方史志文献及当地老人回忆,民国及以前,专祀定光佛之寺庙,各县均有,其中,武平县、长汀县为最,都在十几所之数,或称寺院(如武平的均庆院、梁野山寺),或称禅院,或直接称"定光院"、"定光堂"、"古佛道场",不一而足。专祀之庙,定光佛高居主殿(如武平之梁野山寺),为供各地斋醮之需,且安放数尊,其余神祇为附属,甚至弥勒也屈居旁殿或定光佛之侧;而附祀定光佛之寺院,则各县有几十处之多,也是福建武平、长汀为最。据武平、长汀两县旧县志及有关资料称,仅武平一地,就有60余处寺院附祀定光佛,且香火之盛,不亚于主殿之主神,如关帝庙、弥勒寺(在万安乡),甚至还有妈祖庙内兼祀定光佛的。诸如此类,虽有喧宾夺主之嫌,但足见当地百姓对定光佛之信仰情有独钟。

(二) 为祭祀定光佛举办的庙会

纪念定光古佛的庙会,几乎每一个大村(设圩场集市之村,或为今乡镇政府所在地)都有,时间比较固定,一般一年一次,也有的两三年一次,其主题虽为庙会,实则集市峰会或商贸盛会,即今名词"庙会搭台,经贸唱戏"之谓。庙会一般在春耕以前,秋收之后举办,时间较长。如定光佛修炼圣地岩前镇庙会,以定光古佛生日正月初六日(实为定光佛坐化日)为正日,但从正月初五开始至正月十五元宵节止,均为庙会期间。其组织也比较有规模,由当地德高望重者组成理事会,又推举总理公和副总理公,下设财务、外事、司礼、文牍、勤杂等专司之职,然后是集资,由当地富商和殷实人家首捐,百姓也纷纷捐助。庙会期间，各地善男信女，包括广东蕉岭、平远等县的善男信女，当地百姓的亲朋好友，均陆续前来进香朝拜，兼做商贸活动。10天时间内，汉剧、木偶戏、龙灯、船灯、马灯、狮灯等轮流上演，间或又将定光佛像抬出巡游。由于正值春节，其热闹和盛况可想而知。

（三）为祈福、保平安、庆丰收、抗灾难、还愿举办的醮会

醮会一般规模较小，形式各异。有几村联合的醮会（如岩前镇就有上坊片、下坊片之联合醮），有一村之醮会（几乎村村皆有），也有一姓之醮会（如岩前灵岩练氏元宵节醮会），更有一家一户之醮会（如岩前灵岩村曾有求家正月十六日的家庭醮会），等等。醮会时间一般都为一天或半天，有固定的日期，也有临时建醮。醮会主题明确，或祈福（此类醮会最普遍），或庆丰收，或还愿，或抗灾（如祈雨、祈晴）。客家人又称醮会为"扛佛"、"扛菩萨"，佛与菩萨，通常为定光古佛，此类醮会吃斋，也有属于迎神的醮会，神即妈祖、关帝、财神、土地神等，此类醮会是吃荤的，但次数与规模要少于和小于前类醮会。

上述庙会、醮会的民俗充分说明，定光古佛信仰在民间的普遍和深入，这种信仰甚至与人们的生产、生活、商贸结合在一起。

（四）古佛会

民国时期及以前，客家地区民间普遍有规模大小不等的"古佛会"组织。此类组织是以定光古佛的名义成立并存在的，其宗旨是惩恶扬善、救济贫弱。入会信众贫富皆有，除交纳会费外，其资金还来自富人的捐助。古佛会往往依附于某姓祠堂或祭祀定光古佛的寺庙为活动场所，而且置有田产，租谷充作经费。古佛会通常也主办或参与各种宗教活动如庙会、醮会等。

(五) 特殊的偶像崇拜

客家人普遍相信定光古佛是自己的保护神，因此很多宗教活动要求有定光佛像在场，于是寺庙里正规的佛像（贴金座像）供不应求。为此，千百年来民间实行了一种变通的办法，即简化偶像。凡主祀定光古佛的寺庙，都用香樟木雕有五尊高约80厘米、宽约50厘米的定光佛像，这种佛像一反往常的拟人化，而改为拟物化（究竟像什么，没有人能说出来，老人们说是上古传下来的），而且还排有序号（据说都是定光佛分身），曰大古佛、二古佛、三古佛、四古佛、五古佛，且有定向服务规定，如笔者家乡就由梁野山寺的三古佛定向服务，因此我们又把他亲热地称为"梁山顶三叔公"。这种佛像无疑大大方便了长途搬动和频繁出席各地宗教活动。

(六) 民间日常祈祷词中的定光古佛

科学不普及的时代，民间遇到灾难或需祈祷时，往往首先搬出一批人们认为最权威的佛、神。我记得，我的祖母在她老人家喃喃有词的祈祷中，依序是这样呼唤的："天地神明、梁山顶三叔公……"由此可见定光佛在人们心目中的地位。具有异曲同工之妙的是，我的家乡（武平武东袁畲村）搬新房时，有一个出煞呼龙的仪式，此仪式也需呼唤各路仙佛到来，一起驱逐邪魔鬼怪，其呼唤次序是：玉皇大帝、梁山顶三叔公、天上圣母、关帝……虽然佛道结合，但定光佛的座次仅次于玉帝，可见其地位之高。

(七) 与祖先崇拜相结合的定光古佛信仰

中国汉族人的祖先崇拜以客家人为最，客家地区到处可见蓝蓝白白极其考究的墓地是其典型之一。更值得注意的是，客家人在祖先崇拜中结合了佛教的内容。祖先崇拜是孝道，也是儒学的基本内容之一。可见，客家人所信仰的定光佛教派，是儒释结合的。比较典型的是：其一，人死后魂灵去哪里了？笔者家乡古代的说法是去了三个地方——最好的去了天上，"归天"了，升格为佛或菩萨了；次好的（占大多数）转生了（转生又有三个档次，即转生为人、动物或植物、工具）；而坏人死后则进入地狱，且有十八层之说。其二，今迁入梅县的杨氏一世祖，其灵柩曾停留在狮岩，次日蚂蚁覆盖了灵柩。杨氏后人认为此为吉穴。定光古佛和他们商议，另择地葬之，便到了梅县城郊东厢村百祖岗。定光古佛剪下一片指甲为证，而杨某后人则在杨某墓地另立一专葬定光古佛指甲的墓，且嘱子孙凡祭扫一世祖，必先祭定光古佛玉甲墓。此墓作为梅县重要文物，至今保存完好。

（八）在闽南方言区也有广泛信众

一般人认为，定光古佛终修于客家地区，其信众也基本在客家地区。其实不然。汉族各支系的信仰本来就是基本相同的，其存异的地方，民间也是互相借鉴的。定光古佛信仰，在客家方言区周边的其他方言区也有一定流传甚至风行一时。如闽南方言区的福建平和县的龙归堂寺庙，民国及以前就是专祀定光古佛的；而同属闽南方言区的福建龙岩市，定光古佛信众却十分普遍，这里的江山乡石佛公就是定光古佛分灵（寺门对联中上下联第一字即为"定光"），香火之盛，冠于全区，民间信众把他当作"交通部长"、"安全部长"，至今周边几十里凡新购机动车辆的人，都会到这里进香许愿、祈求平安。定光古佛一生修行、驻锡过许多寺庙，如赣方言区的江西盘古山寺、吴方言区的浙江天台山国清寺、闽南方言区的南安建兴寺。据说这些寺庙的信众也有祭祀定光古佛的。

二 定光佛信仰具有多元化和包容性特点

福建省武平县岩前镇狮岩山,这个被载入《中国名胜大辞典》的名山名洞,便是定光古佛的修炼成佛之地。建于北宋时代的均庆寺后的巨大洞穴,供奉的神佛却有一个有趣的现象:三尊定光古佛神像被摆在中央,旁边摆放着佛教的其他佛像(按佛教规矩,这些神像地位本应在定光古佛之上),佛龛的天花板上,则刻着道教的阴阳八卦图,定光佛像左右,还摆放着许多小小的巫神——赐人间生子之神"吉祥子"(当地人称谓)等。这一现象,反映的就是客家人对宗教的价值取向及包容性。他们与汉民族其他支系一样,除了对宗教抱有一定功利主义价值取向外,还善于糅合各种宗教为己所用。古代客家社会,普通百姓也往往在家里摆一个神龛,其间摆放的神像或神位牌也是丰富多彩的,可能有观世音菩萨,也有玉皇大帝,也有捉鬼的钟馗,还有祖宗牌位等,而大门两侧,则张贴着"万般皆下品,唯有读书高"之类的代表儒学精神的对联。定光大师及其弟子们,正是顺应了客家人的这种信仰特征,定光大师也被尊奉为客家人的保护神。

(一) 儒教信仰是客家人一生的宗教信仰之本

西方曾有人指责中国汉民族缺乏宗教精神。笔者觉得这纯属无稽之谈。笔者是同意"儒教"这个概念的,虽然儒家学说未必完全符合宗教的概念范围,但中国汉民族确实是把它作为一种宗教来信仰的,且这种宗教深深扎根于汉民族几乎所有的文明传承中,比之基督教于欧美、伊斯兰教于阿拉伯世界还要普及和深入人心。

儒家学说如果可以作为一种宗教的话,笔者认为它的核心是"仁",而"仁爱"和宗教的核心精神"善"是相通的。而且,它还包含许多积极的意义,即"四书五经"中的主要内容,如"修身齐家治国平天下"、"立德立功立言"等奋发有为的进取精神,正是这种"仁"和进取的辩证统一,构成了儒学精神,既有类同于宗教的一面,又有不同于消极避世的一般宗教的另一面。可以说,这种宗教精神是汉民族几千年来生生不息的精神支柱和传承发展、发达的根本。历史学家们曾经对世界四大文明古国的传承和现状下过一个研究结论:尼罗河流域文明(古代埃及)、两河流域文明(古代巴比伦)、恒河印度河流域文明(古代印度),虽然都曾经光辉一时,但后来的传承却没有像黄河流域的古代中国文明那样,几千年一脉相承,之后还一直领世界文明之先,至唐宋达到了当时世界的巅峰。近代以来虽然有过一段低潮,但今天它重新崛起,前景令人鼓舞。

来源于中原汉族与闽粤赣边的南海国遗民融合的客家人,应该说对汉民族这一宗教精神的继承是特别虔诚的,出身读经士子,又曾任宁化知县的何大郎,成为当时在岩前传经布道的郑自严(定光大师)的亲密朋友,他们相处十几年,何大郎还把他的全部田产资财捐献给郑自严,并告诫子孙外迁,永不准再返回故里与佛家争田产资财。[①]由此可见何、郑关系之密切,其互相影响是必然的。也就是说,郑自严肯定受何大郎的儒学影响很大,因此他及他的弟子们后来顺应刚刚成形的客家民系的这一精神皈依特色,在传教布道中渗透了很多儒学精神。

(二)佛教道教信仰是客家人后半生宗教信仰的重要辅助

一位被称为"中国通"的美国教授跟我说,你们中国古代的信仰智慧是举世无双的。你们在少年、青年血气方刚之时,普遍信仰儒教,执着于建功立业奋斗进取,因此社会不断进步,经济文化不断发展发达,但中年以后,因为少年、青年时代的许多理想抱负并未实现,且

---

① 武平清代《何氏族谱》。

估计也实现不了了,"人到中年万事休",而且整个身心也已十分疲惫。于是他们开始转向信佛信道,用佛道的"色空"、"无为"安慰备受创伤的心灵,在佛道信仰中化解不断衰老的悲哀和走向死亡的恐惧。这非常符合人一生的性格发展历程和特征。

诚如斯言。酝酿客家人的地区,普遍是山区丘陵地势,交通不便,耕地稀缺,且当地土著少数民族十分剽悍。因此他们在开垦拓殖时期的生存环境较之其他汉族民系更为恶劣,发展发达的机会也更少。这种自然物质环境的劣化,使他们更加依赖从中原带来的宗教信仰,少年、青年时期以儒家精神激励自己去进取奋斗,力图改变现状。但由于环境形势所限,人到中年以后,体力、精力的巅峰已过而事业未竟的人却占大多数,在来日无多、奋斗无望的情况下他们不得不转向信仰佛教、道教,以佛教的为善精神和"色空"观解释苦难的前半生,安抚疲惫和备受创伤的心灵;又以道家的"无为"和"养性"来规划后半生,并从佛道信仰中寻求化解走向衰老的悲哀和临终恐惧的精神依托。

当然,客家人的这种人生信仰安排,也是继承从中原故乡带来的信仰传统的结果。因为古老汉民族发生发展的历史,其精神依托实际上就是基本遵循前半生信仰鼓吹进取奋斗的儒教,而后半生则又皈依虚无看破的佛教、道教的。唐宋时期的大诗人、大文学家李白和苏轼就是两个典型。他们的诗文,前期后期便凸显了上述精神追求。

(三) 巫教信仰是客家人宗教信仰的重要补充

巫教实际上是人类在原始时期的最基本宗教。中国汉民族创造文字的目的,最初就是为巫教服务的,这就是甲骨文。此后,漫长的历史进程中,他们尽管找到了自己的精神归依,如儒教,如外域传入的佛教、基督教,以及自己创造的道教等。可是,因为掌握的科学知识十分有限,而现实的生产生活中有许多无法解释的自然现象,又有许多人力尚未找到解决办法的生产生活的具体问题，于是人们只好求助于大自然各个方面的主宰——他们臆想中的各路神仙的指示与庇护。为此，他们构想了一个专门危害人类的鬼蜮世界，其间充满各种妖、魔、鬼、怪，在人世间为非作歹；他们又构想了一个为人世间济困扶危、救苦救难并对抗鬼怪的神仙世界，这就是至今仍广泛见于民间的各路神仙，如玉皇大帝、八仙、土地伯公、雷公电母、雨师风伯、水神、火神、山神、树神、桥神、石神、灶神、赐子之神"吉祥子"，等等，不计其数。总之，凡有危厄不测，他们总找得到根源，即那些为非作歹的阴间鬼怪作祟，并由此又找到对应的神仙予以镇压化解，当然，另两个世界的鬼和神，也是人格化的，三个世界（鬼居住的阴间、人居住的阳世、神居住的天庭）的构想由此伴随人类的发展进程至今。

客家人从中原迁来，就带来了老祖宗丰富的巫术，如卜卦、扶乩、招魂等。他们迁入南中国酝酿成客家人的主要居地——闽粤赣边，又是汉初南海国故地，这里的原住民是古老越族的一支，即今天的畲族。在中原汉族迁来之前，他们居住在深山老林之中，由于他们当中的贵族，即南海国国王织及其王公臣僚们已被汉武帝迁往长江流域，因而留下的原住民相对来说文化文明程度不高，原始宗教盛行，巫文化也十分盛行。[①] 后来，他们与逐渐迁入的中原汉族融合为一个新汉族支系——客家民系，这个新民系便打上了畲族文化文明深深的烙印。客家人有相当一部分风俗习惯是融合畲族风俗而来的，如语言，如唱山歌的风俗，如男女同耕，如妇女不缠足，等等。客家民系肯定也继承了许多畲族的巫文化，如至今还在民间流传的上刀山、下火海、竹篮挑水、睡锥床，人神或人鬼互动的昏瞳、巫医以及非常盛行的祖先崇

---

① 见林善珂等编著《客家路漫漫》第五章。见《汉书·高帝纪》、杨澜《临汀汇考》、康熙三十八年编《武平县志》。

拜等。

（四）定光大师顺应客家人的信仰特征形成了定光古佛信仰

客家人是喜欢革新宗教的。太平天国领袖洪秀全糅合天地会和基督教创造出一个拜上帝教就是一个典型事例。定光大师及其弟子们，正是顺应了客家人这一信仰特征，将儒教、佛教、道教、巫术糅合在一起，并在此后的实践中不断调整补充，形成了后来客家社会普遍的且比较坚固的信仰——定光古佛信仰。

闽台客家地区流传着许多定光古佛的故事，除了法力无边外，还有替人修陂作圳、为民除害、感化蛮邦、试验人间诚信、点石成金或点石成物、劫富济贫、与八仙和平共处、助人繁衍子息，等等。这里透露的信息，也说明定光古佛信仰的宗旨符合客家人信仰的革新性、多元化和功利倾向，因此成为闽台客家地区的普遍信仰。

浅谈定光佛信仰在两岸交流中的桥梁纽带作用

张世良[*]

【摘　要】　定光佛信仰是闽西客家文化的象征，台湾的定光佛信仰正是来自闽西客家移民。不管在闽西还是台湾，定光佛都是开山祖的角色，让移民在艰困的拓垦环境中获得心灵的慰藉。在海峡两岸的交流过程中，宗教无疑是最有凝聚力的。透过定光佛信仰的宣传，可以让台湾的汀州后裔重新认识祖籍客家文化，也能强化两地的联结。因此，汀州会馆的凝聚功能必须重振，定光佛信仰除了是宗教活动，更必须扩及文化、观光、商业等层面，才能将桥梁的功能完全发挥。

【关键词】　定光佛　定光佛信仰　客家文化

一　前言

定光佛信仰不管在大陆，还是在台湾，都是极具地方文化色彩的信仰，与地方的开发，尤其是客家文化息息相关。台湾的汉人多来自

---

[*] 张世良，财团法人海峡两岸合作发展基金会董事长、台湾彰化八卦山大佛寺管理委员会文化委员、彰化八卦山大佛风景协会董事长。

闽、粤两省，来台的闽省汀州客家人虽然不多，清代的定光佛庙也仅有彰化定光佛庙、淡水鄞山寺，但却都具有汀州会馆的功能，甚至可能先有会馆再扩大建庙。换言之，定光佛信仰不但是家乡信仰的移植，同时也是信息、情感的联络渠道。

在今日海峡两岸交流热络，客家文化备受重视之际，定光佛信仰更具积极的意义。近年来，武平县、龙岩市各界，对于定光佛信仰的研究、定光佛相关史迹的维护，投注相当多的心力，获得重大的成果，两岸民众有目共睹。台湾的定光佛信众也组织参访团到大陆参访，受到各界热情的接待。定光佛信仰的凝聚力不仅仅在宗教领域，已扩及学术、文化、观光等层面，未来的交流值得期待，更需要持续的努力。

本文试着从定光佛的信仰内涵出发，从历史层面分析海峡两岸客家文化的联系，进一步论述汀州会馆功能之重振，再扩大至两岸宗教交流的多元化与现代化。学术讨论如能结合实务，才能有效地落实研究成果。有鉴于此，论述的角度除了历史资料之外，也将个人的交流经验提出分享、讨论，期望在未来能扩大定光佛信仰在两岸的桥梁作用。

二　定光佛信仰的内涵

佛教从汉代传入中国之后，经长期的冲突、融合，形成佛教中国化、中国佛教化。佛教因地域世俗而改变，主要有三个方面：其一，佛学理论由艰深烦琐演变为通俗简明，修炼成佛之路，也由长期的苦修转变为刹那间的顿悟；其二，僧侣从与世隔绝的寺院走入民间社会，参与祈福禳灾、超度亡魂、驱邪镇妖等活动；其三，许多出家人因有功德于百姓，在圆寂后成为受百姓顶礼膜拜的保护神，即佛教俗神。唐末五代以后，佛教在福建迅速发展，至宋代达到巅峰，此时正是中国佛教世俗化的加速时期。因此，相对于其他地区，福建佛教的世俗化色彩更为浓厚，诸如对清水祖师、三平祖师、显应祖师、惭愧祖师、月光禅师、定光古佛、伏虎禅师等人的信仰。①

依据《临汀志》的记载，定光古佛，俗姓郑，法名自严，同安县人。祖父仕于唐，为四门斩斫使，父任同安令。934年，郑自严出生，11岁时出家，皈依建兴寺契缘法师。17岁时，游历江西豫章、庐陵，拜高僧西峰圆净为师，5年后，告别圆净法师，云游天下。956年，郑自严来到武平县南安岩，见此地石壁陡峭，岩穴浑然天成，于是结庵在此。1004年，应邀往江西南康盘古山弘法，住持禅院，3年后返回南安岩。1011年，汀州郡守赵遂良慕名延请郑自严到汀州府城，建寺庙于州府后供其居住，以便往来请教。1015年郑自严圆寂，享年82岁，遗偈共117首，其中22首乃亲笔所书。定光古佛去世后，百姓收集其遗骨及舍利，并塑像顶礼膜拜。②

定光佛在民间的神话传说甚多，诸如除蛟伏虎、为民除害、疏通河道、祈雨除旱、为民请命等，限于篇幅不再赘述。重点在于神话传说反映出来的，正是定光佛信仰的内涵。定光佛的传说具有为民、护民的特质，民众在面对自然环境、社会环境的种种困难时，集体的心理需求使他们对定光佛寄予厚望。百姓期望在人为的努力之外，更有精神上的助力或安定。世俗化的佛教其意涵浅显易懂，百姓易于信服流传，不但使定光佛信仰在闽西客家地区形成，也符合闽西客家人移居台湾时的心理需求。

我们应再三的肯定先人从汀州渡海来台的冒险患难的精神，尤其不忘其本，将家乡的神祇随移民潮行，恭迎来台，随着年代人事的变迁，至少现在台湾还保留定光佛的庙堂，香火鼎盛，每逢正月初六定光佛诞，彰化市定光佛庙灯火通明，香客络绎不绝，妇孺、老幼，结

---

① 林国平：《定光古佛探索》，《圆光佛学学报》1999年第3期，第223~240页。
② 林国平：《定光古佛探索》，《圆光佛学学报》1999年第3期，第223~240页。

伴礼佛，盛况空前，这些都是"汀州佬"所传衍下的见证。

三 定光佛信仰与两岸客家文化的联系

中华文化丰富多元，在相同的根基与底蕴之下，因地理、气候、历史因素的差异，地方文化自有其特殊性。近年来，在经济发展与生活条件提升的同时，地方文化的内涵为地方政府所重视，学术单位投入研究，民众也重视，并重新省思自身具有的文化特色。不约而同的，台湾、福建、广东等客家人主要分布地，都兴起客家文化研究。

在闽西客家的信仰文化中，最具特色者，不外是定光佛信仰。因为定光佛是客家人所创造出的信仰，与闽西的地理环境及闽西的客家社会有密切的关系。定光佛在圆寂前，在闽西活动的时间，正是客家民系形成的年代，北方汉族移民入垦闽西地区。当时的开垦环境极其艰辛，崇山峻岭、交通闭塞。因此，从闽西客家社会形成的角度来看，定光佛正是客家开山祖的象征。[1] 在从中原入闽南迁的过程中，沿途的磨难与艰辛，以及与原住民的冲突，长久以来形成集体的历史记忆，型塑了闽西客家人坚韧不拔、朴实无华，固执却又勇于反抗的性格。[2] 客家人的坚毅性格的形成，实与定光佛信仰形成相互辉映。

闽西的客家人虽然信仰多种神祇，就如同南方汉人普遍信仰妈祖、观音，但定光佛的流传事迹，却是栩栩如生，令客家人备感亲切。定光佛信仰除了在闽、赣、粤等地广为流传，也随移民向四川、广西、台湾，甚至海外等地传布。如果扩大来看，台湾的各籍移民多有类似的情形，常见的如漳州人的开漳圣王、泉州人的清水祖师，或是发源于潮汕地区客家人信仰的另一重要神灵三山国王。但是，正是因为汀

---

[1] 张佑周：《定光佛信仰与闽西客家社会》，《定光古佛史传文论选集》，2010，第83~91页。
[2] 陈支平：《福建六大民系》，福建人民出版社，2001，第242~251页。

州人在台湾客家人的比例低，反而使定光佛信仰更具有鲜明的祖籍色彩。

康熙年间（1662～1722），客家人移居台湾南部，屏东地区以高屏溪东岸的近山平原为中心；高雄、台南、嘉义等地区则有点状的分布，然因人口流动性大，显得较不稳定。雍正年间（1723～1735），台湾中部新设彰化县，移民增多，客家人也推进到云林、彰化、台中一带。至乾隆年间（1736～1795），更向北推进到台北、桃园、新竹、苗栗等地区的台地、丘陵。[①] 以原籍的府县来划分，以嘉应州（包括镇平、平远、兴宁、长乐、梅县等县）的人数最多，约占1/2弱；惠州府（包括海丰、陆丰、归善、博罗、长宁、永安、龙川、河源、和平等县）约占1/4；潮州府（包括大埔、丰顺、饶平、惠来、潮阳、揭阳、海阳、普宁等县）约占1/5强；福建省汀州府（包括永定、上杭、长汀、宁化、武平等县）仅占1/15。[②] 由上可知，汀州人在台湾的比例甚低，汀州人在台湾的史迹更值得重视、研究。

定光佛是闽西客家开山祖的象征，反观台湾的情形，定光佛也是闽西客家人开拓台湾的象征。如前所述，彰化定光佛庙与淡水鄞山寺，在清代都有会馆功能，在当时各籍移民竞争拓垦的时代，定光佛给予远离家乡的客家人以精神上的寄托，并且发挥团结同乡、照顾同乡的功能。如同原乡的客家社会，在台湾的汀州客家人当然不是只信奉定光佛，但定光佛具有的鲜明家乡色彩，却是不言自明的。

台湾的定光佛信众，与大陆之间的联系，很早就已经开始。应该说，在移民台湾的过程中，与祖籍信仰的联系并没有中断。举例而言，均庆寺出土的大理石碑"台湾府信善乐助建造佛楼重装佛菩萨碑"，

---

① 陈运栋：《台湾的客家人》，（台北）台原出版社，1992，第112页。
② 陈运栋：《台湾的客家人》，第112页。

此碑刻立于1733年，上面刻有700多名台湾信众的姓名与捐献银两的数目。① 又如在刘登的《重建三宝殿碑记》中，对于1750年均庆寺重修的描述，即提及台湾信众的参与："爰集同人，踊跃乐捐，外募十方，远及台湾，约共银一千有奇。"② 可见，定光佛信众的交流，即使在交通不便的时代，仍是持续不断。

从大的文化环境来看，台湾文化的基础来自闽文化，但也对闽文化产生影响，应该是先被动而互动。清代诸多台湾府籍的官员到大陆任官、返回原籍祭祖、郊商贸易往来，都将台湾的生活习俗带入福建。③ 交流联系不是单向的，所产生的影响是双向的，台湾的汀州客家人对原籍的影响实有进一步探讨的空间。

四　会馆功能的重振

淡水与彰化定光佛寺，在清代都有同乡会馆之功能，虽然受时代冲击，长时间未能发挥应有的功能，但在两岸交流频繁、交通便利、网络发达的时代，实已重新启动。不管是在武平县均庆寺，还是淡水鄞山寺、彰化定光佛庙，各地定光佛庙都成为交流的凝聚点。

这种交流，就空间而言，有两个层面：首先是区域定光佛信徒的凝聚，台湾北部的信徒，以淡水鄞山寺为中心，台湾中南部以彰化定光佛庙为中心，在大陆也是同样的情形。信徒通过庙宇的节庆活动、参访活动而凝聚。其次是台湾与大陆间的交流，台湾的信徒经由此一渠道，了解自己信仰的起源，或是与祖籍原乡重新联结。换言之，信徒虽然不一定有族谱，祖先迁台的事迹也未必明了，甚至已经不再使

---

① 李贵海：《定光古佛信仰缘起初探——兼论定光古佛在台湾的传播》，《定光古佛史传文论选集》，第230页。
② 转引自王增能《谈定光佛——兼谈何仙姑》，《定光古佛史传文论选集》，第21~22页。
③ 何绵山：《闽文化概论》，北京大学出版社，1996，第8~10页。

用客家话，但却因信仰而认识祖籍，进一步有情感上的联结。相对的，就大陆的定光佛信徒而言，不但认识到信仰的无远弗界，更具体感受到海峡两岸间所具有的深厚宗教情感。

当然，时代变迁，不应墨守成规，重点不在于汀州会馆的汀州二字，信仰无分籍贯，而是在于会馆的功能与意义，将会馆互助、联络、交流的功能展现，才能真正发挥定光佛信仰的真义。

五 两岸宗教交流的多元与现代化

宗教的信仰在台湾是生活的重要部分，是一种不可缺少的社会行为，每家每户，甚至每个人，从小就受家庭、宗教信仰的影响，宗教可使心灵有所寄托，可化精神信仰为一切行为的力量。台湾的宗教信仰，以道教、佛教为主，天主教、基督教、伊斯兰教次之。广大族群的宗教信仰，化成一股庞大的民意力量，可左右政策，可影响政府决策。所以台湾的政党或政治人物对宗教活动极为尊重，甚至热心参与。大陆的政治环境虽然与台湾不同，但近年来，也意识到宗教在现代化社会稳定民心的效果，所以两岸推动以宗教文化为主的交流，应有极大的空间。

台湾在1987年开放大陆探亲，与大陆的宗教交流随之兴起，尤其是台湾的佛道教多源自大陆，往来最为热络。两岸在宗教活动上的契合，实具有相辅相成之效。台湾与福建的宗教交流，因为地缘、神缘、人缘、语缘、庙缘之故，相对于台湾与大陆其他地区，具有时间早、人数多、代表性广的特色。总结20余年来两岸的宗教交流模式，大致包括参访交流、法会庆典交流、院校交流、学术交流等几种类型。[①] 实际上，常见复合式的交流，例如举行庆典的同时也进

---

① 何绵山主编《闽台区域文化》，厦门大学出版社，2004，第60~70页。

行学术交流。

笔者担任财团法人海峡两岸合作发展基金会董事长、台湾彰化八卦山大佛寺管理委员会主任委员、彰化八卦山大佛风景协会董事长,与大陆宗教文化交流有超过10年的经验。举其要者,例如2000年3月初,率团前往河南洛阳拜访关林管理委员会,洽谈宗教文化交流事宜,并商得同意赠与关林奉祀金面帝君像新塑一尊,以及青龙偃月大刀,以供奉于大佛寺恩主殿。随即策组迎圣团于同年5月26日前往河南关林迎圣。又如2002年5月,由山东庙岛迎回具有880年历史的铜身北方妈祖,为全台唯一。

2008年7月,笔者带领台湾彰化定光庙信众参访团,参加由闽西客家联谊会与龙岩市政协文史和学习委共同主办的"海峡两岸定光古佛与客家民间信仰学术研讨会"。会议在龙岩市举行,来自海峡两岸的民俗学专家、学者、信众齐聚,并促成永定金谷寺的重修及安置定光仙佛。此次,武平县举办"首届海峡客家风情节暨定光佛文化节",能躬逢其盛,备感荣幸。

观察这十几年来的宗教活动,宗教信仰不再只具有祭祀、信仰的面向,而是一种文化活动。"文化节"的概念,点出目前宗教发展的趋势,宗教活动不是只有节庆祭仪,更可被视为一种文化活动,具体的活动内容更应该多元化、现代化,以适应群众在精神上、休闲活动上、经济发展上的需求。宗教交流原本即具有一定的观光、商业功能,古代的庙会吸引香客、信徒,常伴随临时市集的产生。时至今日,这样的功能更加强化,信众多、香火旺的寺庙,周边的商业或旅游必定发达。

为推广两岸交流,笔者与大陆宗教、文教、商业团体交流,将八卦山大佛推广到大陆,扩大彰化县的观光资源,于2009年11月27日前往四川乐山,与峨眉山乐山大佛风景名胜管委会签署旅游观光合作意向,开创两景区的观光旅游联盟,促进两地的宗教、旅游事业的发展。2010年5月1日，八卦山大佛风景协会与四川峨眉山乐山大佛风景名胜管委会，在八卦山大佛前广场上签署宗教、旅游合作协议。由乐山市委副书记罗建安率团来台出席，并由乐山大佛景区党委书记秦福荣与本人代表签署协议。乐山大佛为大陆第一大佛，佛高71米，完成迄今已逾1200年，已列入联合国教科文组织全人类珍贵遗产，而八卦山大佛于1961年完工，高24米，为台湾第一大佛，两座大佛各具特色，相互辉映，在八卦山大佛兴建满50周年之际，两岸大佛结盟，格外有意义。

再举八卦山大佛的艺文教育功能为例，艺文方面设有"禅阁艺廊"，用于举办各项艺文展览活动，提供信众参拜或游客旅游之余，能有艺术欣赏的机会，提升群众艺文素质。教育方面，设有"台湾孔子研究院"从事孔子学说与儒家文化的专业研究与推广，并与读经会积极合作，举办中、小学的读经会考，或是提供校外参观教学。另设"普林宗教学研究所"，筹划开设宗教学课程，礼聘大学宗教系所教授授课。艺文与教育的功能不只是服务台湾的民众，在与大陆进行宗教交流时也能扩大交流的层面。

宗教的本质与核心价值没变，都是给予人们精神的寄托、心灵的安定与升华，多元化指的是因应时代的需求，扩大宗教层面，服务更多群众、造福社会。宗教文化化、宗教观光化、宗教学术化、宗教产业化、宗教慈善化等方向，都需要经营、管理与宣传。武平县各界以定光佛为号召，促进两岸的旅游业发展和文化经贸交流，从对外考察、规划管理、硬件建设、活动举办，都显示出现代化的积极思维，是全县齐心协力的结果。① 此次两岸信众共襄盛举，成果有目共睹，经营管理的经验也值得交流学习。

---

① 武平县政协课题组：《全力打造定光古佛祖庙品牌》，《定光古佛史传文论选集》，2010年第269~278页。

六　结语

定光佛信仰形成于闽西客家文化，再跨海来台，扎根台湾，维系海峡两岸信众的感情。不管在大陆还是在台湾，定光佛都是客家开山祖的象征，在人民开山辟土之际，提供精神上的寄托、思念家乡的象征。台湾的定光佛庙虽然不多，但汀州客家人并没有在台湾开拓史上缺席。正是因为人少，团结互助是绝对必要的，与祖籍地的联系更为重要。宗教上是定光佛庙，社交上则是汀州会馆，两者相辅相成，互为表里。这样的定光佛信仰特色，在今日的两岸交流中更应重振、发扬。

武平县举办首届海峡客家风情节暨定光佛文化节，是定光佛信仰发展上的一大里程碑。将客家文化与定光佛信仰结合，由两岸共同参与，将两岸宗教交流提升到文化、观光、经贸层次，意义多重、功能扩大。两岸信众通过这样的交流将更加密切互动，台湾的汀州人重温祖籍地客家文化，感受先祖的文化、信仰。即使不是定光佛信众，也能借此活动了解、认识客家文化。

最后，我们有如下期许：第一，持续推广仙佛信仰，将定光佛信仰的特质展现出来，在现代社会中，发挥稳定人心、提升心灵的作用；第二，各地定光佛庙持续交流，不管是宗教上的参拜庆典、社交上的参访联谊、学术上的研究讨论，都可以扩大规模，使形式多样化；第三，两岸的定光佛庙信徒交流仅是初步，可以扩大至其他信仰的庙宇，进行广泛交流；第四，台湾的河洛客人数众多，虽然不再使用客家话，仍应广邀其参加定光佛文化活动，借此重新认识客家文化；第五，在台湾的客属地区（如新竹、桃园、苗栗），可以建立以定光佛为主题的客家信仰文化中心，以振兴闽西客家文化、信仰。

传扬古佛信仰的典范载体

——闽西四座具有代表性的定光寺庙的人文分析

吴福文*

【摘　要】　寺庙道观是信仰文化的重要载体和标志。本文详细叙述了闽西四座具有代表性的定光古佛庙,全面阐释这些寺庙对形成定光古佛信仰所产生的不同作用与影响。说明定光古佛信仰不但在闽粤赣客家地区,而且在非客家地区乃至海外都有深远的影响。

【关键词】　传扬　信仰　典范　载体

寺庙是信仰文化的重要标志和载体。定光佛(又名定光古佛)作为盛行于闽西及其周边乃至两岸客家地区的重要民间信仰,见证和传扬这一文化的寺庙在这些地区不计其数。然而,在这众多定光寺庙中,绝大多数仅以寄托、满足和延续一时一地有关信众的信仰而存在,真正对定光佛信仰的传播和发展有重大历史贡献和深远社会影响的则凤毛麟角。研究和探讨源远流长并地域广泛的定光佛信仰,不能不注意到这种现象,尤其当了解和把握了其中典型或具代表性的寺庙及其有关人文之后,对于定光佛信仰的认识或能起到窥一斑而见知全豹的功效,甚至有助于抓住有关问题的本质。依据这一思路,笔者认为位于闽西龙岩市境内的均庆寺、定光院、金谷寺和灵远宫,便是定光寺庙

---

*　吴福文,龙岩市委宣传部副处级调研员,新闻科科长。

中极具典型或代表性的一类。它们在定光佛信仰发展史上，有的产生过不可替代或举足轻重的作用，有的具有里程碑意义或仍在产生着重要的影响。

一　均庆寺：定光信仰缘起延绵的圣地

均庆寺位于武平县岩前镇狮岩（古称"南岩"或"南安岩"），始建于北宋，历宋、元、明三朝几次毁坏又几次修建，现所见规模为清乾隆十六年（1751）重修所遗的部分建筑，由中轴线自南向北依次为三宝殿、大院坪、千佛楼及大院坪两侧的钟楼、鼓楼等，其中三宝殿为双檐歇山顶抬梁式，燕尾高翘，古香古色，蔚为壮观。①

考究历史和调查比照，均庆寺所蕴含和附丽的人文内涵，远非其如今展示的那么空泛和简陋，而是非常深厚和影响深远。它不仅自身演进贯穿于定光佛信仰渊源的始终，而且历史以来在广大定光佛信众中具有无比神圣的地位。

其一，均庆寺是见证定光佛在南岩修炼、起居和圆寂的定光祖庙。据《临汀志》"寺观"和"仙佛"篇章记载：北宋乾德二年（964），定光佛驻锡南岩时，因其普救众生且法力无边，周边民众"咸起敬信，相与披榛畚土，筑室岩中，遂为一方精舍"，这便是均庆寺的前身；淳化二年（991），又"别立草庵居之"，这成为均庆寺的雏形；祥符八年（1015）正月初六，定光佛82岁时圆寂于狮岩后，"众收舍利遗骸"，所塑真相及其他遗物便供奉和收藏于此。由此可见，均庆寺是一座见证定光佛大半生的修炼、起居并连续其生前卒后神威的寺庙，因而是名副

---

① 练康豪：《武平狮岩冠"三界"》，郭义山、张龙泉主编《闽西掌故》，福建人民出版社，2002，第109页。

其实的定光祖庙。

其二，均庆寺是宋代以来最受信众敬崇并唯一香火延绵至今的的定光寺庙。由于见证和伴随了定光佛驻锡南岩50多年的生涯，并且连接了定光佛生死两界的神威，所以，自宋代以来特别是定光佛灭度之后，均庆寺便成为定光佛信众心中的圣地，四面八方前来朝圣者络绎不绝，正所谓"若其化后，香火之盛，栋宇之崇，其威光显赫，不可殚载……数郡士女，结白衣缘，赴忌日会，肩骈踵接"①。而每次毁坏后修建时，都得到各地信众的热心响应和积极捐助。如元代初年重修时，"无论是达官贵人还是平民百姓，均慷慨解囊"②；乾隆十六年重修时，"外募十方，远及台湾"③。正因有如此广泛的虔诚信众，所以均庆寺自宋代以来香火一直旺盛并延续至今。这是没有任何其他定光寺庙可以相比的。

其三，均庆寺是与台湾定光佛信仰渊源最密切的大陆定光寺庙。明末清初以来，随着包括汀州民众的大陆客家一批批渡海迁台，定光佛信仰也被传播到岛内。由于均庆寺是定光祖庙和定光佛信仰的发源地，任何地方流传的这种信仰都能并且只能在这里找到自己的根，因此，均庆寺对于台湾定光佛信众同样是梦萦魂牵的圣地，他们甚至不畏山高水阻前来朝圣拜谒。如2002年初，均庆寺附近出土一块"大清雍正十一年岁次癸丑孟春"所立的石碑，正反两面分别镌刻"募叩台湾乐助碑记"和"台湾府善信乐助建造佛楼重装佛菩萨碑"，共记有700余位台湾善男信女姓名及捐助数量。④台湾自"解禁"以来，岛内一些信众更是迫不及待前来寻根朝拜，其中淡水鄞山寺住持胡俊彦

---

① 刘将孙：《养吾斋集》卷28《定光圆应普慈通圣大师事状》，转引自刘大可《闽台地域人群民间信仰研究》，海风出版社，2008，第316页。
② 刘大可：《闽台地域人群民间信仰研究》，海风出版社，2008，第316、317~318、317页。
③ 刘登：《重建三宝殿碑记》，武平县政协编《武平县文史资料》第8辑。
④ 刘大可：《闽台地域人群民间信仰研究》，海风出版社，2008，第316、317~318、319页。

等人在1989年就跨越海峡走遍福建几个县寻找均庆寺,未果后又于1991年组织了35人来到大陆寻根,结果在杭州法相寺查阅有关资料得知均庆寺在武平后,随即前往朝圣,并包上香灰才欣然返台,此后每隔两三年他们都组织十几至数十人不等来均庆寺朝拜。① 这种对均庆寺的热心捐助和热切向往,充分体现了均庆寺与台湾定光佛信仰的密切渊源。

其四,均庆寺创造了闽西宗教史上的多个"第一"。一是最早敕赐寺名的寺庙。均庆寺在北宋祥符以前没有寺名,但"祥符四年,郡守赵公遂良状其灵异闻于朝,赐额'均祥禅院'"②。这种被皇帝赐予寺名的寺庙,历史上闽西只有两座。另一座是嘉熙四年(1240)敕赐的汀州定光院,比均庆寺晚了229年。二是首座供奉高僧遗骸并收藏其遗物最完整的寺庙。供奉和珍藏名僧特别是高僧、圣僧遗骸与遗物,是衡量寺庙知名度的重要标志。从宋朝至少六位皇帝七次敕赐定光寺名和定光师号以及苏轼、惠洪等名人为之赋诗作传来看,定光佛应列高僧。而均庆寺是在他灭度后及时收取"舍利遗骸髅塑为真相"以供奉,并收藏其舍利、遗偈、衣钵等遗物的寺庙。③ 虽然这些在均庆寺"烬于劫火"后被汀州定光院移去,但这恰恰说明定光佛遗骸、遗物的珍贵。三是最早具有规模并曾经最大的寺庙。据史载和考证,均庆寺在元初重修后,至大德七年(1303)规模已"宝轮炫耀,栋宇高深,龙蛇通灵,护持显赫",后来又得到汀州、梅州、循州、惠州、连州等地信众的巨额捐资,修建了大雄宝殿、雨华堂、山门、五百罗汉堂、云会堂、斋堂、塔等建筑并购置若干田产;④ 僧侣最盛时甚至

---

① 何安庆:《闽台定光佛,根源在武平》,闽西客联会编《定光古佛与客家民间信仰》(2008年内部刊行)。
② 胡太初修、赵与沐纂《临汀志》"寺观"。同书"仙佛"记"赐'南安均庆院'额"。
③ 胡太初修、赵与沐纂《临汀志》"仙佛"。
④ 刘将孙:《养吾斋》卷17《汀州路南安岩均庆禅寺修造记》,转引自刘大可《闽台地域人群民间信仰研究》,海风出版社,2008,第316~317页。

达300余名，其寺产之丰，登狮岩而眺望，一片平畴尽是其田产。[①] 如此规模和气派，就是现在闽西境内也难有其他寺庙可比，因而有研究者称其为曾经"汀州最大的寺院"。

二　定光院：定光信仰辐射周边的中心

定光院位于汀州府衙后正北（现长汀县城中心地带），原为宋祥符四年（1011）临汀郡守赵遂良为便于向定光佛请益而用州衙房宅以供其住宿的庵房。嘉熙四年（1240）经汀州吏民请求郡守向朝廷表奏而赐名"定光院"，以后几经修建而香火极盛。20世纪70年代初，长汀县为兴建人民电影院而将其拆除。由此可见，定光院也是创建于北宋并在定光佛在世时就已存在的定光寺庙，而且是第一座以"定光"命名的寺庙。但与均庆寺相比，它的创立和命名分别晚了47年和229年，并且现已不复存在。

然而，定光院在历史上为定光佛信仰的传播和发展所起的作用却是巨大的，甚至可说定光佛信仰在南宋就很快辐射周边而成为"赣闽粤边各地共同的守护神"[②]，很大程度应归功于定光院。这一认识至少可从以下几方面推断和说明。

其一，定光院因定光佛信仰长期受到汀州最高决策者重视和推广而独具影响。据《临汀志》"寺观"和"仙佛"记载，在定光佛生前及灭度后，数任临汀郡守都极推崇定光佛及其信仰，甚至为宣扬定光佛的神威而不遗余力。如祥符四年在任的赵遂良听说了定光佛的大名就"延入郡斋"礼为上宾，还表奏朝廷赐其在南岩的居所为"南安均

---

① 傅子：《闽南人氏客家神——闽台客家的定光古佛信仰》，龙岩市社科联等主办《客家纵横》2001年第1期。
② 谢重光、卢秀文：《宋代莅汀官师与定光佛信仰的形成》，闽西客联会编《定光佛与客家民间信仰》（2008年内部刊行）。

庆院"；嘉泰年间的郡守陈晔还认为"雨旸之应如响，是佛与守分治汀民也"；甚至定光佛的"定光圆应普慈通圣大师"法号，也是许尝、陈粹等几任郡守及有关官员先后于熙宁八年（1075）、崇宁三年（1104）、绍兴三年（1133）、乾道三年（1167）和嘉熙四年（1240）共五次上奏朝廷逐步诏赐的。体现在对定光院的建设上，从最初祥符年间赵遂良"结庵为师往来栖息之所"，到嘉泰年间陈晔"遂加广辟"，再到嘉熙年间戴挺"助俸率从鼎创"，直至淳祐年间卢同父"前创拜亭"等，都是郡守亲自决策甚至亲力亲为，从而使定光院长期成为汀州的"一把手工程"。由于有这种行政的推动特别是州府最高决策者高度重视甚至身体力行，定光院对定光佛信仰的传扬无疑甚于草根性的均庆寺，而且必将强势和顺利地影响广大汀州吏民甚至传到周边。

其二，定光院因内涵不断充实甚至从均庆寺获取重要佛物而独具魅力。与上述郡守对定光佛信仰及定光院工程的重视相关，宋代几任临汀郡守还十分重视提升定光院的宗教内涵以强化其魅力。据《临汀志》"寺观"和"仙佛"记载：元祐年间郡守曾孝总塑定光佛像于庵房（定光院前身）；嘉熙年间临汀郡守戴挺听从吏民请求向朝廷奏请诏赐"定光院"额；淳祐年间郡守卢同父倡办如同今日各地举办的大型节庆活动，即在"每岁正月初六定光佛坐化之晨"开展庙会法事活动，盛况达"四方敬信辐辏，名香宝炬，幡盖庄严，难以数计，虽隘巷亦成关市"；更有甚者，淳熙年间郡守吕翼之还把武平均庆寺的定光佛真身移到这里；嘉熙年间郡守戴挺又趁均庆寺"烬于劫火"而把定光佛的"御书、佛牙、衣钵等"接管到定光院；等等。这些不仅大大充实了定光院的信仰内涵并强化了其知名度和吸引力，同时还削弱了均庆寺的应有影响，从而使定光院成为"人心之皈"的寺庙。可见从南宋开始甚至在很长一段时间，定光院的影响不逊于均庆寺，甚至大于后者。

其三，定光院因地理条件和社会环境优越而更便于人们朝拜。定光院位于长汀县城中心的原"州治北"，而长汀县城自唐开元以来直至民国初年都是闽西最高行政建置——州郡路府的治所所在，是历史上闽西的经济、政治和文化中心，同时又毗邻赣南和地处连接粤东和赣南的汀江河畔，所以是闽粤赣边的重要交通枢纽，加上宋朝汀州城就有"十万人家溪两岸"和"阛阓繁阜，不减江浙中州"的繁华，① 因而其人流、物流和信息流都位闽西之首。因此，从所处的地理位置和社会环境来说，定光院对定光佛信仰的传播明显优于处于武平乡下的均庆寺。

正是由于以上因素，目前有关人士调查所了解的闽西境内特别是长汀、武平两县以及闽西境外的定光寺庙数量，才明显呈现这样的态势：一是长汀远多于武平。其中长汀仅专祀包括定光佛的三太祖师寺庙至少有21处，非专祀三太祖师但同时供奉有定光佛的寺庙至少有49处，遍及全县各个乡镇；② 而武平暂时只发现历史以来有供奉定光佛的寺庙35处③。二是靠近长汀而位于闽西北部非闽西地区的定光寺庙，远比靠近武平而位于闽西南部非闽西地区要多，如靠近长汀而位于闽西北的宁化、清流、顺昌、建瓯、将乐等县及赣州、吉安等地不少县（市）都有定光寺庙；而靠近武平的梅州、汕头等地定光寺庙比较少。这无疑是历史上定光院的辐射和影响强于均庆寺的结果。由此可见，定光院在南宋以来很长一段时期对于定光佛信仰往周边辐射和传播具有中心意义的地位。

---

① 胡太初修、赵与沐纂《临汀志》"桥梁"、"坊里墟市"。
② 张鸿祥：《长汀定光古佛与三太祖师信仰》，闽西客联会编《定光古佛与客家民间信仰》（2008年内部刊行）。
③ 刘大可：《关于闽台定光古佛信仰的几个问题》，福建省客家学会主办《客家》1994年第4期。

三　金谷寺：定光信仰播迁入台的推手

金谷寺位于永定县金砂乡西湖寨村。据立于寺内的《金灯胜会碑》所记"大明天启间，善士张济良、丘□□六十六人"捐钱卖米以置田产作为祀奉佛像常年经费来看，该寺至迟建于明天启年间（1621~1627）。它是历史上永定著名三大古寺之一，并曾因作为中共永定县委于1928年领导永定暴动的指挥部，在新中国成立后被列为省级文保单位而按原貌修葺、保存完好。其建筑由上下两厅、内外天井及两侧厢房组成，占地300余平方米，砖木结构，背靠青山、面临池塘，屋栋镌有燕尾和翘蛾，飞檐雕有花草和飞禽，立柱及悬梁画有龙凤及"水漫金山"等民间故事，整座建筑典雅古朴。

现金谷寺已辟为永定暴动陈列馆，寺内摆设多是有关永定暴动的文物和史料。但据史料记载和当地长老讲述，它从建成至20世纪40年代一直香火很盛，供奉的神灵有释迦牟尼、阿弥陀佛、观世音、弥勒佛、定光佛、地藏王等。60年前寺内一直有僧尼住持，其中现在永定还有不少人敬信的原万寿寺著名住持恒发大师，在康熙年间住持万寿寺前就曾在金谷寺住持了7年。数百年来除每年定期几次法事活动极为隆重外，每月初一、十五前往焚香念佛的善男信女都络绎不绝。① 可见往日金谷寺佛事之盛和当地信众对包括定光佛的尊崇。

然而，金谷寺的存在除了见证和寄托了数百年来金砂一带民众对包括定光佛等神灵的崇敬之外，还有一个独特的贡献就是在某种程度上直接推动了定光佛信仰在台湾的传扬。众所周知，台湾客家特别是其北部汀州籍后裔跟大陆客家一样有信仰定光佛的传统，"各户在家

---

① 罗福初：《金砂金谷寺摭谈》，永定县政协编《永定文史资料》第19辑。

庭大厅中神明榜上，普遍供奉了定光古佛"①，其中专祀定光佛的寺庙以彰化定光佛庙和新北淡水镇的鄞山寺最为著名。这两座寺庙的创建和延续，固然是当地"汀众"共同努力的结果，但与渡台金砂人有特别的关联，甚至可说与他们受到原乡金谷寺的影响直接相关。

首先，从彰化定光佛庙和淡水鄞山寺的生成与延续来看。据道光《彰化县志》记载："定光佛庙在县治西北，乾隆二十六年（1761）永定县士民纠金公建。"②而据调查考证，这些"永定县士民"就是"先期从金砂西湖寨迁台的张姓人士"③。该庙于道光二十八年（1848）因受地震毁坏，由张连喜等人重新修建并将原名"定光庵"改为"定光佛庙"。④而张连喜又是迁台的金砂后裔。⑤至于淡水鄞山寺，据《淡水厅志》"古迹考"附"寺观"记载："（鄞山寺）在沪尾山顶，道光二年（1822）汀州人张鸣岗等捐建，可斌施田。"⑥此"张鸣岗"为何籍暂无人考，但"可斌"却是迁台的金砂人。这从鄞山寺前罗公亭内所立墓碑正面所刻"汀州永定金砂可斌、荣罗公墓"就一目了然。据考：罗可斌、罗可荣兄弟是清代嘉庆年间从金砂来到淡水经商并在东兴街开店发迹，道光二年是由他们捐献田地，张鸣岗等人募款集资而创建鄞山寺的；鄞山寺建成后，罗可斌兄弟又捐出寺前一带三段田地，每年可收租谷350石（7万斤）以供鄞山寺作为活动经费。⑦从鄞山寺专门为罗可斌兄弟建亭立碑即可

---

① 廖伦光：《台北县汀州客寻踪》，台北县政府文化局出版，第69页。
② 转引自林瑶棋《汀州客团结的象征——以彰化定光佛庙为例》，闽西客联会编《定光古佛与客家民间信仰研究》（2008年内部刊行）。
③ 罗福初：《金砂台湾有佛缘》，龙岩学院等主办《客家纵横》2011年第1期。
④ 转引自林瑶棋《汀州客团结的象征——以彰化定光佛庙为例》，闽西客联会编《定光古佛与客家民间信仰研究》（2008年内部刊行）。
⑤ 罗福初：《金砂台湾有佛缘》，龙岩学院等主办《客家纵横》2011年第1期。
⑥ 转引自台北县客家公共事务协会编《台北县的客家人》，（台湾）爱华出版社，2007，第31页。
⑦ 罗福初：《金砂台湾有佛缘》，龙岩学院等主办《客家纵横》2011年第1期。

看出其对该寺贡献最巨。

其次，从彰化定光佛庙和淡水鄞山寺的建筑结构来看。虽然笔者未亲临目睹这两座寺庙，但淡水鄞山寺从图片和有关文章描述可知是"两进两廊左右厢房"的格局，[①] 与金谷寺极相似，甚至有研究指出："道光三年（1823），汀州人罗可斌、罗可荣发起在淡水建庙，奉祀定光古佛，大家捐一万余元，从大陆运来建筑材料建起寺庙，并从永定鄞山寺（注：应为金谷寺，因为永定无名为"鄞山寺"的寺庙）迎来定光佛，是为淡水鄞山寺。"[②] 至于彰化定光佛庙的建筑结构，迁徙彰化的金砂西湖寨张姓后裔、台湾前"立委"、中华海峡两岸合作发展基金会理事长张世良于2007年2月27日首次回金砂寻根而朝拜金谷寺时，认为两者的建筑结构"太相似了"，并说"祖辈告诉我，在筹建定光佛庙时，曾派人渡海回大陆老家绘制金谷寺的建筑结构图，回到台湾以后，按照金谷寺的样式建造"[③]。

此外，从金砂与别地迁台者对建造两座寺庙的热情和贡献的比较来看。闽西是重要的台胞祖籍地，历史上迁台者不计其数，如今后裔已繁衍至70万左右，而且早期还涌现过刘国轩、胡焯猷等在台湾史上著名的军政和实业人物，但永定金砂迁台的人历来极少，如果不是因为台湾这两座定光寺庙的有关文物和史料记载，可能连罗可斌等人是金砂迁台者都无人知道。然而，在这么多闽西迁台者中，建造当地定光寺庙的热情和贡献，却表现为以人数极少、经济实力普遍不出众的金砂籍人最为突出。这充分说明是建设者深受家乡金谷寺的影响。

[①] 江彦震：《定光古佛在台湾》，闽西客联会编《定光古佛与客家民间信仰研究》（2008年内部刊行）。

[②] 林国平、范正义：《台湾的定光古佛崇拜》，闽西客联会编《定光古佛与客家民间信仰研究》（2008年内部刊行）。

[③] 罗福初：《金砂台湾有佛缘》，龙岩学院等主办《客家纵横》2011年第1期。

四　灵远宫：定光信仰拓展非客的代表

灵远宫位于龙岩市新罗区江山乡九侯山。这里地理位置偏僻却香火极旺，香客中尤以驾车者和新婚或婚后不育的夫妇为众。特别是每年春节期间，前往祈愿的司机驾着各色车辆穿梭于沿途；宫中一排排功德碑上，车牌号码夹杂于信男善女的名字之中，成为灵远宫区别于其他寺庙的一大特色景观。

灵远宫之所以香火如此之盛，据说是宫中主祀的石佛公十分灵验。但这石佛公为何方神灵多数人却不得而知，只是传说在明崇祯七年（1634），当地乡民张预、林明、廖宾从九侯山南面（今石佛公门楼处）往现在灵远宫方向行走时，三人同时发现前方不远处有一位和尚，于是都加快脚步试图赶上，和尚却突然不见了，只在其消失处发现一块大石头。第二年春天，他们就在和尚消失的地方建起了灵远宫，并将那块大石头作为神灵来供奉。据一些人说，当年张预等三位乡民发现那块大石头时，上面有"定光古佛"字样。[①] 但因为这块石头在灵远宫里一直被红绸遮盖而使人难以见其面目，所以该神灵身份一直没人知道，长期以来大家都称它为"石佛公"。

其实，不管那块石头是否有"定光古佛"字样，只要稍有文化或细心一点的香客和游人都能从有关信息中得知石佛公就是定光佛。

一是神龛两边有副对联已经昭示。这副对联是："定力无边感召有情，光照社稷庇护百姓。"这是一副镌字联，两边首字分明就是"定光"。

---

① 王永昌：《定光古佛，客家人的守护神》，闽西客联会编《定光古佛与客家民间信仰研究》（2008年内部刊行）。

二是定光佛在宋代就有"石佛"的别称。如收于黄庭坚《山谷集》的长诗《定光石佛赞》及其开头即谓"定光石佛，不显其光……"这大概是定光佛生前卒后都与石有缘：不仅卓锡于"南安石洞"，而且许多祀奉之处都与岩石有关，如上杭东安岩、连城滴水岩、建瓯定光岩、沙县洞天岩等。

三是从拜祈者对象及香火兴盛时间也可看出。如前所述，祈拜石佛公者多是驾车者和新婚或婚后长久不育的夫妇，香火最旺时是春节期间。这其实是受定光佛神迹法力及其身世影响所致。据史籍记载，定光佛普救众生的神迹法力主要有六大方面：祷雨救旱、驯服猛兽、活泉止水、治河护航、赐嗣送子、避免战祸。这六大善术中，"祷雨救旱"和"活泉止水"现已被先进科技所解决，"驯服猛兽"则现在连老虎都濒临灭绝而需保护，"避免战祸"则和平与发展年代一般不用为其操心，唯有"赐嗣送子"因多数人受传统文化影响还很重视；而"治河护航"属于交通安全，这方面旧时以舟楫航远为主的交通方式在山区已一去不复返，取而代之的主要就是公路汽车，所以受到驾车者的重视。至于灵远宫在春节期间香火最盛，则因为正月初六是定光佛的忌日，以往此日及前后，许多有定光寺庙的地方都要举行庙会以纪念定光佛。

灵远宫所在的新罗区是非客家人口占95%以上的县（市、区）。这种在非客家或非纯客家地区有定光寺庙的现象许多地方都有，如福建泰宁的丹霞禅院、顺昌的古佛庵、将乐的古佛堂、平和的龙归堂、同安石鼓山的铜钵岩，以及广东汕尾的清云山定光寺，江西吉安的西峰宝龙祥符寺，浙江衢州的天宁寺，四川广安肖溪的中相寺等，都是非纯客家或非客家地区崇奉定光佛的寺庙；[①] 即使台湾也是一样，如

[①] 王永昌：《定光古佛，客家人的守护神》，闽西客联会编《定光古佛与客家民间信仰研究》（2008年内部刊行）。

位于桃园县大溪镇的福仁宫，其正殿主祀开漳圣王的左龛就是定公（光）古佛。[1] 然而，灵远宫地处深山却香火如此之旺——在20世纪末就"有说每日供求拜者的斋饭就得煮三、二百担大米，又说每年香客的捐金甚于江山乡的财政收入"[2]，并成为当今闽西著名的宗教圣地和"崇奉定光大师寺庙之最"[3]。这种状况是很少有其他定光寺庙可比的，因而当之无愧地可视为体现定光佛信仰在非客家地区传播的典型或具代表性的定光寺庙。

---

[1] 傅子：《闽南人氏客家神——闽台客家的定光古佛信仰》，龙岩市社科联等主办《客家纵横》2001年第1期。
[2] 傅子：《掀起你的盖头来——闽西新罗区石佛公神灵及其信仰剖析》，龙岩市社科联等主办《客家纵横》2001年第2期。
[3] 王永昌：《定光古佛，客家人的守护神》，闽西客联会编《定光古佛与客家民间信仰研究》（2008年内部刊行）。

定光佛信仰的民间文化基础及其现实意义

林清书[*]

【摘　要】　客家地区的物质基础和哲学基础，以及民族融合等因素，给定光佛信仰提供了客观的条件。郑自严法师主动了解民风民情，分析闽粤赣地区的实际情况，努力寻找佛教哲学和民间信仰的结合点，普及基本的佛学理念，争取官方的理解和支持，奠定了定光佛信仰的基础。这是郑自严法师主观努力的结果。

定光佛信仰的主要意义：佛学与民间信仰融合的典型个案；客家文化形成和发展研究的重要内容；提炼传统文化精华、促进现代人人性反思和现代人文建设的重要启示。

【关键词】　客家　定光佛　郑自严　民间信仰　人性反思

定光大师是五代末、宋初的高僧，俗名郑自严，公元934年出生，1015年圆寂，享年82岁。泉州府同安县人，11岁时出家，17岁起，先后在豫章（南昌）、庐陵（吉安）、太和、梅州、武平、汀州、南康一带修学和行道。1240年，朝廷赐汀州府衙后为定光佛建造的庙名为"定光院"，并敕封自严为"定光圆应普慈通圣大师"，于是民众尊称其为定光古佛。[①]

---

[*] 林清书，龙岩学院文学与传媒学院教授，主要从事客家方言与客家文化、汉字文化学研究。
[①] 谢重光：《福建客家》，广西师范大学出版社，2005，第33页。

一 定光佛信仰在客家地区形成的民间文化基础

(一) 客家地区的物质文化基础

山区的地理特征,形成了以农耕和狩猎为主的经济模式,形成了山地文化特点。

(二) 客家地区的哲学基础

1. 人生观、价值观体现了耕读为重、重农抑商的特点。

2. 由于闽越、畲族、汉族文化的交融,闽粤赣交界地区在民间信仰方面逐渐形成了多元信仰、实用主义的特点。定光佛信仰顺应并发展了这个特点。

(三) 从郑自严法师到定光佛——定光佛信仰的形成

1. 佛教 (禅宗) 弟子郑自严法师及其主要贡献

根据学者们的考证,郑自严法师童年在泉州皈依佛门,17岁游学豫章、庐陵,约有5年的时间。这一带是禅宗盛行的地方。在郑自严法师的少年时代,云门文偃(? ~949)开创了云门宗。郑自严法师既然在云门宗学习,自然是学习禅宗(南宗禅)。[①]

我心即佛、不立文字、直指人心、不拜偶像等禅宗的宗旨,以及亦僧亦俗的特点,使得法师的言行更多地体现了禅宗的特点。

因此,从禅宗入手,才能更加准确地理解郑自严法师的一些个性行为特点。比如法师很少有传世之作,不穿袈裟,"白衣、寿帽、素履"亦可,与道教何仙姑和平共处,不避世俗,与政府官员进行沟

---

① 谢重光:《福建客家》,广西师范大学出版社,2005,第34页。

通，等等，不同程度上体现了禅宗的理念和特点。

作为佛教弟子的郑自严法师有如下主要贡献。

树立和传播佛教的主要观念。在佛学看来，道德上的善恶和心境的染净以及人生、宇宙的本质的真假，完全一致。所谓善就是净，也就是真；所谓恶就是染，也就是假。所谓众生成佛，就是去恶从善、由染转净、由假返真的过程和结果。① 郑自严法师对真善美的肯定，对假丑恶现象的惩罚，体现了对人性的考验，同时对客家人的人生观和价值观的形成产生了重大的影响。

郑自严法师的活动范围主要是在闽粤赣交界地区，当时的人员构成主要是部分闽越族后裔、畲族、土著以及部分移民；在这个区域范围之内必然会涉及俗事和佛事，通过了解、分析闽粤赣地区的实际情况，吸收当地地域文化的成分，如民间信仰、民族信仰等，努力寻找佛教哲学和民间信仰的结合点，探索普及佛学的道路。他能够适应当地地域文化的要求，力求解决实际问题，因此得到信众的尊敬。同时能够争取官方的理解和支持，扩大弘扬佛法的成果。

佛教与儒教、道教三教合一的基本思路和实践，以及佛教的开放性特点和变异性特点，都使得郑自严法师吸收当地的民间信仰、原始宗教（包括巫术）、道教以及儒教的内容和形式，有了理论上的依据。

佛学的变异性，是佛学的一个基本的特点。纵观2500多年来佛教哲学的演变，可以看出，由于社会历史条件的作用、其他学说的影响和佛教哲学自身的逻辑脉络，决定了佛教哲学的鲜明的变异性。佛教哲学的变异性，使其内容更加复杂，也表现了它的适应性功能，这也是佛教经久不绝、延绵至今的重要原因之一。②

作为僧人，郑自严法师在当时比较蛮荒的闽粤赣边区，就是高级

---

① 方立天：《佛教哲学》，中国人民大学出版社，1986，第231页。
② 方立天：《佛教哲学》，中国人民大学出版社，1986，第234页。

知识分子，具有广博的知识，能够为当地政府和百姓提供智力支持，解决许多日常生活中的难题，比如为政府提出建议、帮助调解纷争、指导百姓躲避灾害、为百姓治疗疾病等，以普济天下为己任的僧人，都会自觉地承担这些责任和义务。郑自严高僧为当地做过许多好事，才会取得当地老百姓的信任和尊敬，才会有很高的声誉。

因此，郑自严法师在客家地域文化，特别是客家民间信仰、集体性格以及人生观、价值观等方面的逐步形成当中，作出了重要贡献。

2. 在郑自严法师的基础上逐渐形成的定光佛形象

郑自严法师的故事，通过民间和官方的加工和流传，逐渐形成了"定光佛"的形象。

其一，民间传说定光佛具有神奇的法术。如运用神功搬动大石、大山，移动河水、泥浆，搬运柴火（将腿伸进灶膛，实际上是把桌子、凳子的腿儿搬运到灶膛里）等。其目的是征服自然、打击贼寇，或考验人性真善美、奖善罚恶、树立正气、打击邪气等。

其二，各种"应验"的神奇故事，提升了定光佛的声誉，使得定光佛的功德广为传播。

相传"宁化余某，求嗣立应。后夫妇抱子齐来叩谢，距岩二十里，子忽毙。余夫妇敬心不改，把子暂寄荒岭，仍亲到岩。致斋毕，乃归，视子坐食馒头，遂尽舍财产入寺。今其岭犹传'寄子'云"[1]。

其三，定光佛在出游中经常考验人性的善恶美丑，或加以褒奖，或加以惩罚，体现了佛学的基本观念，表达了客家普通老百姓美好、善良的心愿。同时提高了定光佛的知名度。例如：

"一江猪子"的故事[2]。

---

[1] 见清宣统元年（1909）所立"定光大师来岩事迹碑"，现存武平县均庆寺内。转引自谢重光《福建客家》，广西师范大学出版社，2005，第39页。

[2] 参见苏振旺、何志溪主编《闽西民间故事选》，华艺出版社，2009。笔者对原文的故事情节进行了简单的概括。

主题：考验人性"真善美"。

人物：定光古佛、商人、村姑。

事件：定光古佛把随汀江滚滚而下的乱石泥浆，叫作"猪子"。商人讲话习惯"顺杆爬"，乱石泥浆继续向前；村姑讲实话，乱石泥浆立刻停下，因此，她的村子江水平缓。

又如：

"梁野山古母石"的传说。

主题：考验人性"真善美"；惩罚财主。

人物：定光古佛、财主。

事件：定光古佛化身为乞丐，向财主乞讨。财主不肯施舍。定光古佛拿出自己带的米，用自己的腿当作柴火，伸进灶膛里燃烧。实际上是运用了法术，把财主的桌子、凳子的腿儿统统当作柴火烧了。财主很生气，就派家丁追赶，定光古佛就用伞柄挑着一块石头，放到梁野山山顶上，摇摇欲坠，把没有一点恻隐之心的小气的财主吓坏了。

其四，皇帝的册封，进一步提高了定光佛的知名度。

1240年，朝廷赐汀州府衙后为定光佛建造的庙名为"定光院"，并敕封自严为"定光圆应普慈通圣大师"，于是民众尊称其为定光古佛。

其五，各地寺庙的建立，使得定光佛声名远播。

据《临汀志》所载，截至南宋为止，专门或主要崇奉定光佛的寺庙，武平县有南安均庆寺、东山禅果院，南安廨院，汀州州城及长汀县有定光院、文殊院、南安廨院、定光堂，上杭县有东安岩，连城县有太平庵、东田石、白仙岩、广灵岩、定光庵，清流县有灞涌岩。

在客家地区，被长期尊奉的定光佛，是为民除害的英雄，是穷人的依靠，是客家人凝聚人心的保护神。

(四) 客家地区的民间文学基础

定光佛的传说吸收了各地民间故事的素材，在不断传播的过程中不断修改、逐渐完善。

定光佛故事是在郑自严法师的基础上，经过官方和民间长期和广泛的流传，逐步形成的。其中包含了许多民间人士的创造和加工。通过口头传承的方式，一代一代流传在客家地区，使定光佛的故事得以保存下来，使定光佛成为客家民间文学的一个重要形象。

(五) 定光佛局限在客家地区传播的主要原因

首先，佛教在中国的宗派很多，传播范围广泛，各有一定的地域范围。

其次，禅宗不立文字的理念、师徒口传的方法、历史的久远，也使得有关郑自严法师言论的书面资料难得一见，更多的是依靠口头的传承和《临汀志》等有限的记载。

再次，闽粤赣交界地区基本上是山区，交通闭塞，政治、经济、文化地位不高，传播力度有限，影响力有限。

最后，是地域文化形成和传播规律自然约束的结果。唐宋之际，闽粤赣交界地区主要是百越遗民和畲族的聚居区，汉族移民逐渐迁入，客家地域文化尚处在形成的起步阶段。

因此，早期定光佛信仰的传播范围主要集中在客家地区。

二 定光佛信仰的历史意义和现实意义

(一) 定光佛信仰是佛教与道教、民间信仰融合的一个典型个案，是民俗佛学生成与发展研究的一个范例

定光佛信仰，包含了传统佛教特别是禅宗的内容，吸收了原始

宗教和民间信仰的成分，吸收了道教（比如郑自严法师和何仙姑的和谐共处，互相支持的传说，说明了佛教和道教之间的互相影响的可能性）和巫术的成分，有的学者认为，定光佛信仰是一种民俗佛学。①

因此，定光佛信仰是佛学与道教、民间信仰融合的一个典型个案，是民俗佛学生成与发展研究的一个范例。

郑自严法师的高僧地位，在闽粤赣地区的佛教传播中具有特别重要的意义，是体现和传播汉文化的一个重要渠道，是老百姓心目中非常敬仰的偶像。所以逐步为官员所理解，并得到他们的支持。

（二）定光佛信仰是客家文化形成和传播研究的一个重要内容

凡是说客家方言的、保持客家的生活习俗的、具备客家的共同性格特点的、坚持客家精神的人，就是客家人。

在兼收并蓄而又有所选择的哲学理念的基础上形成的基本的人生观和价值观是客家民系不断发展的动力所在。

开放与创新是客家民系发展的活力所在，是客家人生存与发展之道。

共同的哲学基础上形成的人生观和价值观，共同的心理基础是客家精神的根本。

综合起来说，客家人的哲学基础包含了儒、佛、道、原始宗教、侠义精神以及历史上的各种思潮。随着哲学思想的发展而发展。所以，客家的哲学基础也是一个发展的概念，不能满足于静态的观察。在综合的、发展的哲学思想的基础上，逐渐形成了客家民系的人生观和价值观，用以指导客家人的生产生活实践。

客家民系的人生观、价值观，有与其他民系基本的共性的方面，

---

① 谢重光：《福建客家》，广西师范大学出版社，2005，第 38 页。

也有一些自己的特殊的方面，综合起来看就能够显示客家民系的人生观、价值观方面的特点。

定光佛信仰在儒、佛、道和民间信仰的结合方面作出了成功的探索，在建立客家民间哲学方面作出了贡献，是客家民间宗教的一个最重要的、最有影响力的组成部分，是客家人善恶观、美丑观、真假观等人生观、价值观逐渐形成的一个重要阶段，是客家文化的一个重要的组成部分。

谢重光先生认为，自北宋初至南宋末，以汀州为中心，旁及赣南、粤东、闽西北等地，已经形成一种取代昔日巫觋迷信，具有广泛群众基础，适应官民、土客各方面、各阶层需要的民间信仰——定光佛信仰。这种信仰是以汀州为中心的一个新民系在意识形态方面的鲜明旗帜，是这个民系在意识形态方面与其他族群、民系相区别的重要标志。[1]

定光佛信仰是民间不断塑造和流传的结果，是客家民间文学研究的一个重点。

(三) 定光佛信仰是民心民意的自然体现

定光佛信仰代表着改造自然、改善生活环境和生活条件、提升物质生活水平的意愿。因此，定光佛信仰在一定的程度上可以说是民心民意的自然体现。

(四) 定光佛信仰是海峡两岸文化交流的一个重要媒介

根据有关报道：

1991年，台北淡水镇鄞山寺住持胡俊彦带领信士35人，找到武平均庆寺。1992年，胡住持斥资雕刻定光佛像立于狮口，每隔3年在

---

[1] 谢重光：《福建客家》，广西师范大学出版社，2005，第40页。

定光佛像前包装香灰回台。2000 年，台南大竹镇派人到均庆寺举行分香仪式。

2010 年 3 月中旬以来，已有彰化定光佛宗教文化研究会、台湾狮子会、台湾大叶大学、台湾客家公共事务协会、花莲劳工教育发展协会、台北市武平同乡会等单位、团体回访武平，或到均庆寺举行进香朝拜仪式。

2010 年 12 月中旬，由武平县人民政府和台湾中华海峡两岸客家文经交流协会、彰化定光佛庙、台北淡水鄞山寺联合举办定光佛金身巡游台湾活动。

定光佛信仰逐渐演绎成为两岸宗教文化交流、客家文化交流和加强五缘关系的重要媒介。

两岸共同的定光佛信仰和交流，也为进一步的佛教文化、客家文化的研究与交流打下了基础。

（五）定光佛信仰是现代文化创意的一个重要素材

定光佛信仰已经在客家地区、海峡两岸形成了一定的影响力。因此，最好有一位具备一定影响力的僧人，主持均庆寺的各项工作，与政府形成更方便的沟通，争取在传播禅宗文化、在研究定光佛信仰与客家文化的形成、在提炼传统文化精华、在形成定光佛系列创意文化等方面，都有一个更好的发展。

定光佛信仰可以成为现代文化创意的一个重要素材，在影视、音乐、美术等许多领域，都有创意价值。

（六）定光佛信仰是提炼传统文化精华、促进现代人人性反思和现代人文科学建设的一个重要启示

定光佛奖善罚恶、对人性反复考验的故事，推崇人性真善美的基本理念，坚持无私奉献的精神，促使现代人进行深刻反思：在拜金主

义、私欲膨胀、环境恶化、信仰缺失的现象面前，我们是否应该警醒，冷静而深刻地反思，应该做一个什么样的现代客家人？现代客家人，作为中华民族的一个重要的民系，应该带头深刻反思和解剖自己，总结和概括传统文化中的精华，加以发扬光大，促进现代人文科学建设，才是对定光佛最好的纪念。

"南安岩定光佛"文献初步研究

张木森　邹文清[*]

【摘　要】　因种种原因,南安岩定光佛史传的文献资料甚少,幸存的些许文献虽残缺不全,却弥足珍贵。本文对现存宋代以来的有关南安岩定光佛主要文献写作年份、文章内容、作者等相关内容作了深入浅出的探究,辨其真伪,鉴其巅末,以利于读者更好地了解郑自严生平,更好地走进郑自严的内心,更好地继承他广造福田的善举。

【关键词】　定光佛　文献研究

本文所说的定光佛,专指宋初卓锡于汀州南安岩被敕封为"定光圆应普慈通圣"大师的郑自严。

一　宋代定光文献学初析

(一) 文献的写作情况

据《临汀志·定光传》记载,宋代定光赞诗写作出现过两个高潮。

一是定光圆寂前,汀州郡守胡咸秩"解印入觐,历言朝列,丞相

---

[*] 张木森,龙岩市政协原文史委主任;邹文清,龙岩市政协文史委干部。

王钦若、参政赵安仁，密学刘公师道皆寄诗美赠"。《临汀志·郡县官题名》载胡咸秩大中祥符六年（1013）起任汀州知州，《宋史·刘师道传》载刘师道"大中祥符七年六月卒"，说明这些赠诗出现在定光大中祥符八年（1015）正月定光圆寂前。

二是定光圆寂后，朝廷对定光的四次追封期间，尤其是崇宁三年（1104）定光被朝廷第二次加封为"定光圆应"，这是朝廷对其"定光佛应身"的正式承认，《临汀志·定光传》所称"名公巨卿，大篇短章，致赞叹意，无虑数百篇"的情况应主要出现在崇宁三年。

现将有关文献的情况排列如下。

①约大中祥符七年（1014），王钦若（962~1025）、赵安仁（958~1018）、刘师道（961~1014）的赞诗有待发现，也可能旧已佚失。

②熙宁八年（1075），定光被追赐"定应"封号，这是定光获得敕号的开始，沈辽（1032~1085）的《南安导师赞》应为此际所作。

③崇宁三年（1104），定光被敕封为"定光圆应"之际，应有一股赞诗写作高潮，《临汀志·定光传》中所谓的"名公巨卿"主要应指士大夫，已知的赞诗主要有：《临汀志·定光传》中署名苏轼（1037~1101）的《定光石佛赞》（应为黄庭坚之作，详参后文小考）和黄庭坚（1045~1105）的《定光佛石松赞》。惠洪（1071~1128）的《南安岩严和尚传》、《南安岩严尊者传》（录于《禅林僧宝纪》）、《南安岩主定光古佛木刻像赞》、《南安岩主定光生辰五首》，及释宗杲（1089~1163）的《南安岩主赞》也应作于此后。

④乾道三年（1167），定光被朝廷累封至八字，据《元一统志》卷八"风俗形势"门所引《鄞江志》佚文"郡有三仙二佛"及《临汀志·定光传》所载，1198年所修《鄞江志》应录有《定光古佛行实编》，同时所编的《鄞江集》也应录有定光偈语，并成为日后《临汀志·定光传》的基础。

其后有洪迈（1123~1202）的《夷坚甲志》卷一、《夷坚志补》

卷一四提及了定光，周必大（1126～1204）约1202年前后写有《新创定光庵记》（详参下文小考），《临汀志》（1259年修成）录有长达2000余字的《敕赐定光圆应普慈通圣大师》（以下简称《临汀志·定光传》），志磐的《佛祖统纪》（成书于1269年）卷四四亦提及定光，宋末元初吉州籍在汀州做教授的刘将孙（1257～？）写有《定光圆应普慈通圣大师事状》及涉及定光的《西峰宝龙祥符禅寺重修记》、《汀州路南安岩均庆禅寺修造记》（均收于刘将孙《养吾斋集》）。

（二）惠洪与定光传记

惠洪所作的定光传记是现知最早的定光传记，现存最翔实的定光传记——《临汀志·定光传》前半部分内容与惠洪定光传记如出一辙。

惠洪的《禅林僧宝纪》成书于其圆寂前4年的1124年，这时距定光圆寂已有113年，那么，惠洪是怎样写出定光传记的？

首先，与惠洪的僧人身份、籍贯、行踪有关。晚唐以来，禅宗主要在江南地区发展，惠洪为北宋筠州新昌（今江西宜丰县）人，早年出家，对禅宗高僧事状是颇有了解的，故能写出《林间录》、《禅林僧宝纪》等有关寺院、高僧的著作。

定光行踪遍及闽粤赣一带，他在庐陵西峰周旋五年、"密契心法"，据刘将孙《西峰宝龙祥符禅寺重修记》载，"（庐陵）郡士民与四方皆知事定光"，"西岩虽盛于临汀，而灵异尤著于庐陵与仰山等方寺"，刘是庐陵人，他的描述说明定光在江西亦有很大影响，《临汀志·定光传》中出现的王钦若、王贽、胡咸秩、黄庭坚、周必大都是江西人，都很崇拜定光，也能说明这点。惠洪祖籍新昌在吉州庐陵之北，他对定光的事迹应是耳熟能详的。

其次，与惠洪和以僧彦圆为代表的汀籍僧人的交往有关。据惠洪《石门文字禅》卷一八《南安岩主定光古佛木刻像赞》一文载："僧彦圆自汀州来，出示定光化身木刻像，平生偈语百余道"，可知僧彦圆的转述是惠洪了解定光的一个重要渠道。

僧彦圆何许人？查《临汀志·道释》载："僧彦圆，胡姓，长汀县人"，并载其于靖康己酉七月于汀州龙潭求雨成功的异事。

靖康己酉（应为建炎三年）即1129年，以定光为例，一名僧人为世认可应在高龄阶段，设若僧彦圆求雨时60周岁，则其大约生于1069年，与生于1071年的惠洪年纪相仿。僧彦圆为入传《临汀志·道释》的十名高僧之一，本身很可能就是定光在汀州的嫡传弟子，他在游方过程中与惠洪相识相交，将定光事迹转告惠洪是情理之中的事情。

又据《临汀志·道释》所载高僧小传，汀籍僧人多与江西关系密切，著名者如庐山罗汉院小南禅师（？～1094，事载惠洪《林间录》），这些汀籍僧人也可能将定光在汀事迹带入了江西。

再次，可能与惠洪读过《定光传记》有关。惠洪《南安岩严和尚传》说：定光"亦自有传，然传不载其得法师名字"，说明定光弟子可能写有定光事状。惠洪读了这些事状，发现内中未载定光在江西的"得法师"名字，而这正是惠洪所熟知的，于是在他所写的《定光传记》中补写了这些情况。而惠洪定光传记中有关定光在汀事迹，则来自原先的定光传记。

惠洪圆寂于1128年，此前定光已被朝廷追敕为"定光圆应"，这是朝廷对定光为"定光佛应身"的重要肯定，这也应是惠洪为定光作传的一个重要原因。

（三）《新创定光庵记》的写作年份

有研究者据《临汀志·定光传》等记载认为："现存最早的有关记载闽西定光古佛生平的文献是南宋文人周必大（1126～1204）的《新创定光庵记》"，"周必大对定光古佛的生平的描述虽然比较简略，但寥寥数笔清晰地勾画出定光古佛生平的基本轮廓,没有任何神话色彩,成为后世志书撰写定光古佛传记的蓝本"。[①]

通过上文所列,我们知道这些说法不准确,应该说"现存最早的有关记载闽西定光古佛生平的文献是北宋惠洪的《南安岩严尊者传》等定光传记"。

事实易辨,但我们还是来考证一下《新创定光庵记》的写作年份。

先来了解汀州定光庵的创修过程。《临汀志·寺观》"汀州定光院"条、《临汀志·定光传》等记载了这方面的情况:祥符四年(1011),郡守赵遂良结庵州后,延请晚年定光往来栖息话次;元祐间,郡守曾孝总(1091~1092年任汀州知州)重修;嘉泰间,郡守陈晔(1201~1202年任汀州知州)遂加广辟。

所以说,"新创定光庵"一事,即是指1201~1202年间陈晔新创定光庵。

除《新创定光庵记》,《临汀志》还提及周必大为汀州作记的事情,《临汀志·坛壝》载:"长汀县社稷坛,在县西一里……嘉泰间(1201~1205年),宰谢周卿重创,少傅、益国公周必大为之记。"《郡县官题名·长汀知县题名》又载:"谢周卿,承议郎。嘉泰元年十二月到任,四年十二月满替……创县治,诚斋杨万里记。创社坛,益公周必大记。"

谢周卿嘉泰元年至四年(1201~1204)任长汀知县,有关他的事迹记载很少,《宋史·本纪第四十一·理宗》中载理宗登基的宝庆元年(1226)因帝位之争的所谓"湖州之变"时,谢周卿任湖州知州。

谢周卿应与杨万里(1127~1206)、周必大同为吉州人,故请两人为其创县治、社坛作记。谢周卿嘉泰元年十二月任长汀知县,当年

[①] 林国平:《定光古佛探索》,《圆光佛学学报》1999年第3期。

不可能创县治、社坛，而陈晔新创定光庵在嘉泰二年（1202），若《新创定光庵记》与《长汀创社坛记》为同年所作，则这一年应为嘉泰二年。

周必大落籍吉州庐陵，对定光事迹必有了解，又于南宋乾道四年（1168）曾知福建南剑州（今福建南平市以南和三明市除西南部一带），《临汀志·寺观》"汀州定光院"条载："嘉熙间……近南剑人士金饰十八尊者附置阁上"，说明定光在南剑州一带亦有影响；同时，陈晔与其兄陈晔为福建长乐人，同为进士，周必大与之应有交往。所以，周必大为陈晔新创定光院作记，是顺理成章的。

所以说，周必大的《新创定光庵记》最有可能作于其晚年的嘉泰二年（1202）。文中的"定光平生简述"不但不是后世定光生平传记的蓝本，反而很可能取材于惠洪等前朝定光传记。

另外，《新创定光庵记》行文重点应为"创庵"，其所述"定光生平事状"必然简略。《新创定光庵记》现载周必大的《周益文忠公集》，笔者无缘读及，估计内容及创作年份应符合笔者推测。

（四）《定光石佛赞》的作者

《临汀志·定光传》中署名苏轼的长诗《定光石佛赞》，是现存最长的定光赞诗，这首诗又被题名为《南安岩主定应大师真相赞》收入黄庭坚的《山谷集》。

那么，这首诗的作者究竟是苏轼还是黄庭坚呢？笔者倾向于认为是后者。主要是考虑了以下几个因素。

一是诗中"定光石佛"的称呼因素。定光生前并无"定光佛"、"定光石佛"之类称呼，《临汀志·定光传》说："师见在，民呼曰'和尚翁'，亲之也；师灭度，民皆曰'圣翁'，尊之也。"定光除外出赣南盘古山3年外，近50年生活在南安岩一带，但他在此弘法并非一帆风顺，惠洪《定光传记》及《临汀志·定光传》这方面的记载很多，甚至到晚年，汀州郡守欧阳程还疑其为左道。定光的荣耀大多出现于圆寂后，崇宁三年（1104）被朝廷加封为"定光圆应"，其中的"定光"两字极其重要，它表明朝廷已正式承认了定光是"定光佛应身"。若没有朝廷的敕封是不能随便在诗文中称一个僧人为"定光佛"的，作为士大夫的苏轼、黄庭坚不会不知道这一规矩。

《定光石佛赞》开句便说："定光石佛，不（丕）显其光"，说明此诗应作于崇宁三年（1104）以后，查《宋史·苏轼传》载：苏轼"建中靖国元年，卒于常州"，建中靖国元年即1101年，而黄庭坚逝世于崇宁四年（1105），从这一点来说，黄庭坚作此诗的可能性大于苏轼。至于诗尾的"名曰'定应'"，应是为了押韵而只称定光的第一个封号，或是为了押韵对"定光圆应"的简称。

二是黄庭坚的籍贯及与惠洪的交往因素。黄庭坚是洪州分宁（今江西修水）人，分宁地近吉州庐陵，黄庭坚对定光的了解显然要多于苏轼；再者，黄庭坚与惠洪可谓"忘年交"，而惠洪虽然很景仰苏轼，但据考证与苏轼并无直接交往，[①] 所以黄庭坚很可能从惠洪等处详细了解定光事状，才能写出对定光事迹准确描述和评价的《定光石佛赞》。

三是黄庭坚与汀籍禅师的交往因素。宋代汀州人多为江西移民，与江西交往密切，汀籍禅师亦多入江西，如《临汀志·道释》载长汀籍庐山罗汉院小南禅师（事载惠洪《林间录》）绍圣丙子（1096）圆寂后，黄庭坚"为之伤悼，不食肉者累日，颂以祭之"，"既葬，复为铭以表其塔"，黄庭坚从汀籍禅师处了解定光并为之写诗的可能性也显然要大。

另外，黄庭坚还作有《赠南安岩主大严禅师》，诗云："蒲团木榻

[①] 萧丽华、吴静宜：《苏轼诗禅合一论对惠洪"文字禅"的影响》，玄奘大学"佛学与文学学术研讨会"论文，2003。

付禅翁，茶鼎重炉与君同。万户参差泻明月，一家寥落共清风"，也可作他心仪定光的旁证。

二 文献中定光事状分析

（一）定光的生卒年

定光的生卒年为934～1015年，本不是一个问题，但由于某些时候研究者掌握文献不足，或者取材不当，造成一些歧说。

据《临汀志·定光传》记载：定光逝于北宋大中祥符八年（1015）正月初六日，春秋八十有二。古人虚岁纪岁，由此前推则定光生于五代后唐应顺元年、闽国龙启二年（即934年）。按定光自称他是生于正月初六，圆寂于正月初六。惠洪的《南安岩严尊者传》虽然年号有误说定光圆寂于"淳化乙卯"、"阅世八十有二"，北宋淳化年间只有5年，元年干支为庚寅，下推至乙卯年，正是"大中祥符八年"。

歧说主要有两种，一是丘逢甲的"元代说"，二是王增能的"917年"说。

丘逢甲先生在台抗日失败后，于1895年回祖籍地广东蕉岭县文福，文福与武平南安岩（狮岩）接壤，丘逢甲曾到上杭，应也曾到过南安岩。丘逢甲上杭同宗丘复总纂的民国《武平县志·古迹》载：丘逢甲据《元至治自严尊者碑》中的"自严尊者，元仁宗时曾应诏入都"等记载，得出结论说："今所传宋封定光圆应大德普度古佛者，当元仁宗而讹"，此中不但定光的封号不尽准确，结论更显有误，盖因《临汀志·定光传》曾载宋真宗诏宴定光一事所致，而宋仁宗正是宋真宗第六子，下一位皇帝，应诏入都之事，由宋真宗而成宋仁宗，由宋仁宗而成元仁宗，鲁鱼亥豕，不能不辨。

而王增能先生据武平《何氏族谱·序》中的"北宋乾德二年（964年），郑自严卓锡于南安岩，时年四十八岁"记载推算，认为"公元917年为定光古佛诞生年，确属明白无误"①这个结论也经不起推敲，且不说族谱记载的失实率之高，若按这种生年计，则定光当八十二岁圆寂于989年，即太宗端拱二年，则惠洪及《临汀志》所载的定光与郡守欧阳程的冲突、前往南康盘古山诸事，皆成了子虚乌有。族谱比之时人惠洪、《临汀志》等之记载，可信度孰高，自是不言而喻。

至于将五代浙江西湖法相寺中也称定光佛转世的长耳和尚（僧行修，？~950年，亦泉州人），与郑自严混为一谈，称郑自严圆寂于杭州法相寺的说法，也是考证不精所致。

定光乾德二年（964）来到南安岩时，曾说过："当年我如来佛祖，静坐沉思以致芦苇丛生淹没过膝，鹊鸟不察在他头顶上筑巢，这样才修得正果"，考释迦牟尼出家静坐时正值29~35岁，彼时定光正值31岁，联想到佛祖成道一事，决心停止云游委身南安岩以度群品，故而怃然有叹，这或许也可作验证定光生卒年考证的一个联想吧。

（二）定光的信仰

定光是个佛徒，这是毫无疑义的。但是有研究者据文献记载中定光的穿着、行事的某些怪异性，质疑他的佛徒身份。②

谢重光先生在《佛教的外衣，道教的内容——福建民俗佛教论略》一文中，指出定光佛信仰是唐宋时福建的一种民俗佛教，以巫术和道法作为主要传教手段，具有民俗佛教"佛皮道骨"或"佛道不分"的宗教性质。

---

① 王增能：《武平文史资料》第8辑。
② 蔡相辉：《台湾的祠祀与宗教》；陈一舟、涂元济：《福建摩尼教寺院遗址考》。观点转引自谢重光《闽台定光佛信仰宗教性质辨析》，《佛学研究》2006年第15期。

在《闽台定光佛信仰宗教性质辨析》①一文中，谢重光先生结合唐宋以来密宗在江南流行、禅宗与密宗广泛结合的历史背景，以及《临汀志》等所记定光佛的所作所为，诸如在庐陵西峰寺向圆净禅师学习密法、使用具有密教咒语法术性质的偈语、前往盘古山应验唐代密教僧人波利禅师谶语等，证明定光佛是禅、密兼修的云门宗禅僧。

联系禅宗发展史及惠洪定光传记，定光的禅宗身世源流会有更为清晰的脉络。慧能禅宗发展到晚唐，一花五叶，南岳怀让法系分化出沩仰、临济两派，青原行思法系分化出曹洞、云门、法眼三派，称为"五家"；宋代，临济宗又分出黄龙、杨岐二派，合称"五家七宗"。经梳理，定光的宗派源流谱系如下。

佛教传入中国（两汉之交）——达摩创立禅宗（北魏）——慧能（638~713，禅宗六祖，住广东韶州曹溪宝林寺）——青原行思（？~740，住吉州今吉安青原山，创禅宗青原系）——石头希迁——天皇道悟——龙潭崇信——德山宣鉴——雪峰义存（822~908，泉州南安人）——云门文偃（864~909，禅宗十三传，青原六传，往韶州云门山大觉寺，创云门宗）——奉先深、清凉智明（与定光同为文偃弟子，青原七传，云门二传，深住金陵奉先寺，智明住金陵清凉寺）——西峰云豁（即圆净大师，奉先深、智明禅师弟子，青原七传，云门三传，住吉州西峰宝龙寺）——南安岩严（即定光，云豁弟子，禅宗十六传，青原八传，云门四传，住汀州武平南安岩）。

云门宗五代南唐末年由文偃的三传弟子自严禅师和省因禅师传入福建，省因禅师卓锡于泉州南安云台山荐国报忠禅院。云门宗在福建传了六传，大约于北宋神宗朝（1068~1086）在福建发展至全盛，南宋孝宗朝（1163~1190）以后衰微。

惠洪《定光传记》及《临汀志·定光传》有关定光是云门宗禅师

---

① 谢重光：《闽台定光佛信仰宗教性质辨析》，《佛学研究》2006年第15期。

的记载很多，《临汀志·山川》"金乳泉"条载南宋绍兴间汀州郡守张宪武为定光开凿于汀州卧龙山下的金乳泉写诗说："六祖卓锡，曹溪发源；定光说偈，卧龙涌泉"，也资说明定光是卓锡于韶州曹溪的禅宗六祖慧能的嫡传，朝廷敕封也说明定光是个道高行深的禅僧。

据谢重光先生《闽台定光佛信仰宗教性质辨析》一文介绍，近年有研究者将定光当作摩尼教师僧，谢先生经过详赡考证，驳斥了这种说法。

但是定光与摩尼教的关系，的确是一个值得研究的问题。据载，摩尼教在我国三国前后起源于西亚，其基本教义是崇尚光明，有日月崇拜、衣服尚白、摩尼光佛造像有背光等特征，唐宋传入中国，宋代福建是摩尼教的南方重要传播地。

除定光穿白衣易使人将其与摩尼教相联系外，《临汀志·定光传》中的"草庵"是探究定光与摩尼教关系的很值得重视的一个词语。传中出现"草庵"两处："淳化间，（定光）去（南安）岩十里立'草庵'牧牛"，"淳化二年，别立'草庵'居之"。定光佛是个禅师，本在南安岩开石窟修行，为什么要离开南安石窟十里别立"草庵"呢？除了传中所写的"同道惧其大甚"外，还有没有别的原因？"草庵"非必是茅草搭成的简易庵庙，很可能是庵名。

耐人寻味的是，今泉州晋江市华表山麓还有一庵名"草庵"，是全国仅存的摩尼教遗迹。据载，宋朝摩尼教在南方大港泉州一带盛行，摩尼教原创时和后来为了发展都吸收了佛教内容。定光正是泉州同安人，自小受业于泉州，后来又是一名禅、密、道兼容并蓄的僧人，那他为什么就不能兼蓄摩尼教呢？

（三）定光受封与诏宴

据《临汀志·定光传》载：定光1015年圆寂后至1167年累封至八字大师，花去了150余年，其过程如下：

①熙宁八年（1075），定光圆寂一甲子（60年），由其泉州同籍、汀州郡守许当（尝）上表祷雨感应，朝廷诏赐定光为"定应"。

②崇宁三年（1104），朝廷加号为"定光圆应"。

③绍兴三年（1133），嘉"普通"二字；

④乾道三年（1167），又嘉"慈济"二字；

⑤嘉熙四年（1240）后，定为"定光圆应普慈通圣"大师。

据载，宋代随着佛教的进一步世俗化，朝廷对高僧（多为禅僧）多有赐封，一般为追封，一次赐两字，一般僧人能得一赐号已为至高荣誉，但也有极少数高僧能获得三次甚至四次封号。

定光就是得到四次封号的极少数八字大师之一。而八字之中，至为重要的是"定光"两字，这是朝廷承认其为"定光佛转世应身"的标志。其余六字乃是封号的常用之字，一些高僧的封号就广泛使用了这些字，如《宋会要辑稿》等载有："法威慈济妙应大师"（卓锡建宁府崇安县瑞岩禅院）、"灵感通济广惠大师"、"神济妙应圆照大师"、"正觉慈应普济禅师"、"圆觉慧应慈感普救大师"（卓锡遂宁府广利禅寺）、"通林真觉慈应慧感大师"、"昭应广惠慈济善利大师"（卓锡安溪县清水岩）等，还有《临汀志》所载的卓锡长汀平原山的伏虎禅师也是八字大师："威济灵应普惠妙显大师"。

据载，"定光佛"是佛教中决定人之来世的"未来佛"，在信众中有极高的地位，宋代虽有多人托名定光佛转世，除郑自严外，著名的还有五代长耳和尚行修，但《武林西湖高僧事略》载僧行修"崇宁二年赐谥崇慧大师"，而郑自严在崇宁三年却成为唯一获得了朝廷正式承认和敕封为"定光"的高僧。在此之前，定光只能按其他高僧"卓锡地+法名"通例，被称为"南安岩严"，而后"定光"就成为其无比荣耀的封号。

《临汀志·定光传》还载有宋真宗（998~1022年在位）诏宴定光在内的天下高僧一事，在记载中，定光被众高僧奉为"佛祖"，而且能早发汀州，万里京汀一日还，这和传说中定光骑竹马腾云驾雾去苏州赏戏一样，都意在说明定光的广大神通。

因宋代支持佛教，一些皇帝与高僧多有交往，惠洪《南安岩严尊者传》就载有宋太宗诏召定光师父西峰圆净大师馆于北御园舍中一事，这些可佐证定光在真宗诏宴之列的真实性。

(四) 文献中的地名考

①建兴寺或建兴卧像寺：今泉州市区北南安市洪濑镇有古刹建兴寺，定光 11 岁出家的泉州建兴寺应即为此寺，可能因塑有释迦佛祖右胁卧逝的卧像，故又称"卧像寺"。

②西峰：据宋末元初刘将孙《西峰宝龙祥符寺重修记》载，西峰在庐陵（今江西吉安市）中，宝龙祥符寺应因建于北宋大中祥符间而得名。西峰及宝龙寺现在吉安市何处，待查。

③怀仁江与龙洲：今江西泰和县有桥头镇龙洲村，应即为《临汀志·定光传》中所谈及的"龙洲"，流经龙洲村的河流为朱砂河，又名牛吼河，发源于井冈山，为赣江支流，此河应即怀仁江。

④乾（干）溪：很可能在今广东梅州平远县差干镇，差干镇，《临汀志·至到》作"沙干村"，村名可能与"乾溪"有关，乾溪很可能为今石窟河在差干镇的一段河道。梅江支流、发源于武平的石窟河，也应与定光在南安岩开石窟修行有关。

⑤南安岩：即今狮岩，为何称"南安岩"，一般解释是据清代杨澜《临汀汇考》称此地五代为南安场，北宋与武平场升为武平县，南安、武平二名系因汉初闽越首领织的封国在这里，织的封号为"南安侯"，后添"安平"二字为"南安"、"武平"二场名。

但《临汀志·山川》载，南安岩俗呼"龙穿洞"，《临汀志·建置沿革》只载"武平场"而无"南安场"，"南安场"之名晚出，可能未必为史实。颇疑"南安岩"一词与定光剃度于泉州南安建兴寺有关，南安在北宋为泉州属县，故定光或其他人因此称武平"龙穿洞"为"南安岩"。

如果南安岩在定光卓锡之前确称"南安岩"，不妨推想，当定光云游至"南安岩"时，想起自己早年受业的南安建兴寺，想起自己的故乡和亲人，想起自己的恩师契缘法师，想起如来与自己同龄之际苦修以普救众生，于是怃然而叹发下"愿委身此地，以度群品，若不然者，当使殒碎如微尘"的大誓愿，决心在此开石窟弘法。

⑥盘古山：在今赣南于都县南部的盘古山镇。今毗邻盘古山镇的安远县北部有浮槎乡，"浮槎"一名应与《临汀志·定光传》所载定光在此抚槎桩使之随流浮逝一事有关。今流经此地有河名龙布河，为赣江上游贡水支流。

（五）定光"与何仙姑斗法传说"的真实性

在武平岩前一带流传着定光与何仙姑斗法的故事，武平《何氏族谱》等载：何仙姑之父何大郎曾任宁化知县，定居于宁化石壁村，因入征梅州，后唐天成元年（926）迁居南安岩，后晋天福二年（937）生女何仙姑。何仙姑隐遁南安岩修真，成为神仙。宋乾德二年（964），郑自严游历武平，选中南安岩为寺院。有人劝何仙姑另找地方修炼，仙姑不答应，说："我生于此，长于此，静修于此，岂能舍岩而他住？"有一天，何仙姑外出，郑自严乘机入岩趺坐。仙姑回岩后，发现有大蟒、猛虎盘伏在郑自严周围，十分驯服，将此告诉父亲。何大郎钦其神异，遂施岩为佛殿，并捐献田地为寺院供养。

不论是否真有定光与何仙姑斗法的史实，但定光来南安岩弘法并非一帆风顺，而是充满了矛盾甚至斗争是不争的事实。撇开惠洪写的《定光传记》及《临汀志》所记定光与官府的冲突不说，定光与民众、同道之间的关系也经历了一番曲折。

惠洪《南安岩严尊者传》说："公恨所说法听者疑信半，因不语六年。"定光在南安岩一带为百姓宣扬佛法,但人们半信半疑,这竟使他沉默了六年。《临汀志·定光传》说得更清楚:"同道者惧其大甚,师曰:'只消吾不语耳。'遂不语。"所谓"同道者",当然包括同道的僧人,也包括"何仙姑"这样的道教中人甚至是巫女,因而黄庭坚定光赞诗说:"彼逆我顺,彼顺我逆",意在说定光与周围道教、巫教以及不敬佛人群的分歧。

所以,姑且不论武平南安岩是否真有一个"何仙姑",但把她当作与定光争夺信众的化身代表是恰当的。

（六）定光"惩恶传说"的真实性

武平还流传"定光梁野山惩罚财主"的传说:定光某日到武平县梁野山下的萝斗坑一带化缘,某财主不但不理,而且连借锅煮饭也不给柴火,定光说:"我只好用腿当柴火了。"说罢,竟将双腿伸入灶膛,噼噼啪啪烧了起来。须臾饭熟,餐毕,定光扬长而去。财主发现定光双腿完好,而家中的饭桌凳脚悉被烧光,遂持打狗棍追了上来。定光行走如飞,来到水口,背起一块大石头放在梁野山顶,让石头悬空而立,危危欲坠,使为富不仁的财主担心巨石从山上滚下来而惶惶不可终日。此石即今梁野山上的"古母石"。

作为民间一个"济公式"的高僧,定光惩恶传说无疑寄托了人们对为富不仁者的谴责与规劝。

与之相应,惠洪定光传记及《临汀志·定光传》都提到这么一件事情:有一个南海郡（今广州）僧人来南安岩,告知定光惠州河源县江中有大船搁浅沙中,请定光帮助移动沉船,以便用来运砖造塔为百姓"生福田",定光写偈给他帮助移船成功,船顺东江进入广州,运砖完毕,有一巨商趁机要求借船运载木材牟利,结果船很快就被恶风卷走,商人落得个竹篮打水一场空。

而关于定光途经梅州黄杨峡求水一事,有关文献记载不尽相同,惠洪的《南安岩尊者传》说是定光到达黄杨峡时想饮水，恰逢溪水干涸，定光把锡杖丢于溪中水就来了。南宋僧志磐的《佛祖统记》载为定光"移近于道"，即把河流从远处移到跟前取水喝。但《临汀志·定光传》对此事的描述却相反，称当地人不给定光水喝，定光用法术使溪水外迁数里以示惩戒。

扬善与惩恶相辅相成，同为定光弘法的重要途径。

（七）定光"牧牛凿水传说"的真实性

在旧汀州大量流传定光童年牧牛凿水的传说。

定光幼时为东金（财主）牧牛，常用竹枝画地牢牛，然后和牧童们一起四处游逛，还能用竹枝搭成竹马骑着腾云驾雾一起去苏州赏戏。定光也常用竹枝凿穿石壁为农田开导水源。东金为人忠厚，又发觉定光灵异非凡，就留心善待定光，而东金妻子为人吝啬，常刻薄定光。忽一日，定光说他要成佛离去了，为感激东金也度化他成佛，东金妻闹着也要成佛，定光将一盆水倒入"泥羹汁"（水沟）说：你钻入"泥羹汁"吧，就能成佛。东金妻赶忙踏入水沟，却变成了一条蛇。东金后来成为"蛇王菩萨"（或称"蛇岳灵王菩萨"），手上就握着一条蛇。

查《临汀志·定光传》有定光"淳化间，去岩十里立'草庵'牧牛"之记载，说明定光牧牛传说是有史实根据的。至于定光凿水事迹也是文献大量记及的。

三 定光事迹、受封年表

帝号纪年	公元纪年	年　龄	事　迹
后唐应顺元年	934	1岁	生于五代闽国泉州同安县令家中
后晋开运元年	944	11岁	离家到泉州建兴卧像寺，依契缘法师为童子，法名自严

续表

帝号纪年	公元纪年	年　龄	事　迹
后汉乾祐三年至北宋乾德元年	950~963	17~30岁	①17岁前往豫章（今南昌）、庐陵（今吉安）西峰，依云豁法师（圆净大师）5年，成为云门宗第四代传人； ②过太和县（今江西泰和县）怀仁江，投偈为民除蛟害，其地因名"龙洲"； ③过梅州黄杨峡，以杖得水（或迁溪流数里之外），其地因号"乾（干）溪"； ④前往上杭来苏团（今中都）东安岩
乾德二年	964	31岁	①到汀州南安岩，发普度众生大誓愿，开石窟修行； ②伏虎降蛇，百姓以为神人，为之建庵。
乾德三年至至道元年	965~995	32~62岁	①因焚化邻寺僧人遗体，官吏为之大怒； ②60岁前后离开南安岩十里创"草庵"，与一猴相伴牧牛3年，其间书偈毙虎，猴死，为之建庵； ③因同道者惧其太厉害，沉默6年
咸平四年至景德四年	1001~1007	68~74岁	①70岁前后，因输纳布匹事件，与郡守欧阳程发生冲突，从此穿白衣； ②受南康郡百姓之邀，乘船前往盘古山，应500年前波利禅师之谶，途中除江中槎桩，在盘古山凿泉。创丛林，共三年。
大中祥符元年	1008	75岁	因海南郡（广州）僧人来南安岩请助，写偈助其拨动惠州河源县沉船运砖造塔南海郡。
大中祥符四年	1011	78岁	①郡守赵遂良在州后建庵，延请定光往来谈话； ②在汀州投偈凿"金乳泉"，在龙潭投偈除害； ③赵遂良上表，朝廷赐郑自严"均庆护国禅师"，赐"南安均庆院"额匾； ④赵遂良请下雪，果然下雪。
大中祥符六年至八年	1013~1015	80~82岁	①宋真宗诏宴定光，前往京都东京； ②郡守胡咸秩入京，历言朝列，丞相王钦若、参政赵安仁、枢密学士刘师道寄诗美赠； ③82岁圆寂于南安岩。

续表

帝号纪年	公元纪年	年龄	事迹
熙宁八年	1075		郡守许尝上表祷雨感应,诏赐号"定应"。
崇宁三年	1104		①郡守陈粹上表定光真相生白毫,加号"定光圆应"; ②名公巨卿苏轼、黄庭坚等,大篇短章致赞叹意。
约宣和六年	约1124		诗僧惠洪作《南安岩严尊者传》,是为现知第一部定光详实传记。
南宋绍兴三年	1133		显灵助虔化县令刘仅击退"虔寇"李敦仁,江西漕司上表,加"普通"二字。
乾道三年	1167		朝廷加号"慈济",累封至八字大师。
绍定三年	1230		与伏虎大师一起显灵汀州,惊退宁化盐商"磜寇"。
嘉熙四年	1240		朝廷赐"定光院"匾,定为"定光圆应普慈通圣"大师。

四 定光与宋代客家畲族关系略论

定光的活动足迹主要在赣中、赣南、粤东北、闽西,这里是客家、畲族分布的中心地域。《临汀志·定光传》称:"师见在,民呼曰'和尚翁',亲之也;师灭度,民皆曰'圣翁',尊之也";元刘将孙《定光圆应普慈通圣大师事状》称:"自江以西,由广而南,或刻石为相,或画像为祠,家有其祀,村有其庵";清杨澜《临汀汇考》卷二说:"伏虎、定光,生为汀人,没为汀神。"这些描述说明定光在客家、畲族中心区域有很大影响。

定光的祖父为唐末官员,父亲是五代泉州同安县令,则定光祖、父应是唐末五代的中原入闽移民。而定光生活的宋代,正是移民不断进入赣南、闽西、粤东的重要时期，也是客家形成和畲族发展的关键阶段，定光在此际弘法于赣闽粤边受到移民和土著的欢迎，又由于宋代崇佛的时代大背景及官员积极上奏等种种因素互为推动，于是形成了影响深远的定光信仰。

定光与移民、土著的良性互动关系表现为以下三个方面。

一是定光帮助解决了移民、土著的生产、生活的实际难题。宋代是汉移民和部分少数民族大量徙入闽粤赣边与闽越遗裔土著共同生活、开发闽粤赣边的重要阶段，对新移民来说，开基落户、开山辟田、对开交往需要凿井、引水、导航，以虎蛇为代表的恶劣自然环境需要战胜，而定光正是为解决这些难题做了大量工作。

二是定光在闽粤赣边宣扬佛教轮回报应之说，促进了族群的和谐相处。当新移民和土著相遇矛盾大增之际，定光在"异类中住"，为"无法天尊"，劝人们"畏业报而息冤怨"，号召人们行善，这自然调和了土客矛盾，有利于不同族群消除矛盾、和谐共处。

三是定光圆寂后所谓的"显灵御寇"等灵异之事，有利于赣闽粤边社会的稳定。

"生为汀人，没为汀神"，一千年前，一个年仅 11 岁的同安幼童毅然离开官宦之家投身沙门，一个正直而立的青年僧人立于南安岩前发下"普度众生"的大誓愿，一个年逾八十的耄耋僧人为了脚下这片土地的安宁风尘仆仆往返闽赣粤边，这一切表明他无愧于"定光佛转世应身"封号。

以上通过对定光有关文献的分析，希望有利于后人更好地了解定光生平，更好地走进定光的内心，更好地继承定光广造福田的善举。

岩前定光大师"金身留浙水"楹联考辨

罗炳星[*]

【摘　要】　岩前狮岩洞定光大师祖庙宝殿两边的楹联"金身留浙水，宝珞镇蛟湖"的蕴涵，近十几年来引起了许多人的猜测与争议。笔者试以典藏文献和当地的民间传说、田野调查为据，澄清是非，以正视听：定光大师祖庙是在岩前，而真身的确滞留在原浙江杭州法相寺。

【关键词】　定光大师　金身　考辨

岩前狮岩洞均庆寺定光大师祖庙的宝殿大门两边，挂着一副用上好樟木板镏金阴刻的楹联："金身留浙水，宝珞镇蛟湖"。据祖居在狮岩洞附近的几位八旬儒叟回忆，在他们孩提时期挂的就是这副既无作者署名亦无年代显示的楹联。20世纪60年代"破四旧"时，定光大师佛殿被荡涤无存。80年代依原貌重建大师宝殿时，依原来的楹联字体、内容和尺寸大小复制，仍将此联挂上。诸多方家认为，此联中的平仄、对仗是无可挑剔的，堪称为工对。但随着岩前定光佛信俗热的不断升温，对定光大师的研究不断深入，联中的含义却引起了一些争议，甚至有人建议，要拆下这副楹联。为此，本人不揣浅陋，对此联的蕴涵谈谈个人看法，祈请专家、

---

[*]　罗炳星，武平县政协文史资料研究员，现任《武平文史资料》责任编辑。

学者斧正。

据宋代胡太初修、赵与沐纂的《临汀志》所记录的材料，定光古佛俗姓郑，名（一作法号）自严（又作自岩），福建泉州同安人。祖父在唐代曾任"四门斩斫使"，父任同安令。自严 11 岁时恳求出家，依本郡建兴寺契缘法师席下；公元 950 年自严 17 岁时游豫章（今江西南昌）、过庐陵（今江西吉安市），契悟于西峰园净大师；公元 964 年，自严到汀州武平，驻锡南安岩（即现在狮岩洞）；1011 年，汀守赵遂良延入郡斋；1015 年正月初六申时圆寂于南安岩，春秋八十有二，僧腊六十有五。淳熙元年（1174），时汀州知府吕翼之，将郑自严真身迎入州后庵，以便祈祷，从民请也。后均庆寺屡请还岩，郡不能夺。可是当自严真身座轿至返岩途中，却沉重得无法抬动。问卜后得知，自严真身愿留汀州府后庵，众人只得把自严大师漆金真身塑像抬回汀州府后庵安放。

据刘将孙《养吾斋集》卷二八《定光圆应普慈通圣大师事状》文载和民间传说，定光大师，祷应如响。生前，客家人称其为"和尚翁"、"白衣岩主"，此为亲之也；灭度后，则皆曰"圣翁"，此为尊之也。名公巨卿有大篇短章致赞叹之意者不虑百篇，流传至今。民间也流传着许多有关郑自严生前死后德行高尚、超凡入圣，获得常人所没有的特异功能的传说。北宋乾德年间（963~968），郑自严在江西太和县怀仁江（即今朱砂河）为民除蛟害；乾德二年（964）甲子，自严抵武平南安岩后，用偈语、金钟、铁链制伏湖中蛟龙（现遗迹尚在，保存完好），这是"宝珞镇蛟湖"的由来，一千多年来，庶民官吏，笃信无疑。

但源于"金身留浙水"的联对，后人对定光佛圆寂地亦众说纷纭，康熙《县志》谓"正月初六日申时集众而逝，遗骸塑为真像"，未明言卒于何地；乾隆《府志》谓"淳化八年坐化，邑人塑其肉身以祀"；民国《县志》掇拾元至治（1321）《自严尊者碑》旧闻，谓示寂于杭；清《宣统碑记》谓"宋淳化间，坐化杭州法相寺，杭人全其肉身，岩人塑其像以礼"；清末民初的上杭学者丘复（荷公）在《南武赘谭》中亦谓："碑称示寂于杭者可信。《府志》云邑人塑其肉身以祀者，误也"；武平县著名学者王增能先生生前亦认为"定光古佛卒地属杭州为无疑矣"；如此等等。这些都致使定光佛殿前的"金身留浙水"许久以来，一直无人持异。

定光大师的圆寂地和真身真的是"属杭州而无疑"吗？

福建师范大学闽台区域研究中心文化所所长、福建师范大学社会历史学院教授、博士生导师谢重光先生经研究考证后，在《论定光佛信仰的形成和传播》一文中云："在定光大师的身世和生卒问题上，还有一种把闽西定光大师与江浙长耳和尚混为一谈的错误。江浙一带称长耳和尚为定光佛的应身。""吴任臣《十国春秋》卷八十九载其事甚详，略曰：僧行修，泉州人本陈氏子。生而异香满堂，长耳垂肩。迨七岁犹不可言，或曰哑邪，忽应声曰：'不遇作家，徒撞破烟楼耳！'长游方外，至金陵瓦官寺，祝发受具，参雪峰义存。后晋天福（936~947年）时，行修至四明山中独栖，松下说法，天花纷雨，又趺坐龙尾岩，结茅为盖，百鸟衔花飞绕。""后晋天福元年（936年），来杭之法相院，依石为室，禅定其中。乾祐初（948~950年），忠懿王以诞辰饭僧永明寺，僧延寿告王曰：'长耳和尚，定光佛应身也。'王趣驾参礼，行修默然，但云永明饶舌。俄倾，跏趺而化，后赐号宗慧大师。"

谢重光先生还把僧行修与僧自严两相对照："一个俗姓陈，一个俗姓郑；一个活动于江浙，一个活动于闽粤赣边；一个于五代乾祐初逝世，一个于宋祥符八年（1015）逝世；一个赐号宗慧大师，一个赐号定光圆应普慈通圣大师。"可见他们彼此间除了同为泉州人之外，几乎没有什么相同之处。以僧行修之事来说明闽西定光大师的生卒年和寂化地点，实属失察。实际是定光佛（郑自严）北宋祥符八年

(1015)正月六日,示寂南安岩中。而五代乾祐初跏趺而化的为长耳和尚。有些人认为"金身留浙水"就是说定光古佛是在浙江法相寺圆寂的。谢先生认为这是"犯了张冠李戴的错误,是考证不精所致"。历史学博士、文学博士后,福建省委党校社会发展研究所所长刘大可先生,经多方考证后,亦赞同这个观点。还有些人以为,由于"金身留浙水"联的误导,致使1989年,由台北淡水镇鄞山寺住持胡俊彦先生一行,跨越海峡,虽经辗转反复、跋山涉水、费尽心机寻找定光古佛的根,却无功而返。至1991年,胡俊彦先生一行35人,再次来到大陆,这次他们第一站到了杭州法相寺,参拜了定光古佛金像,又查阅了大量的资料,后把源头追溯到福建武平县岩前狮岩,才找到了定光古佛的"根",遂了几代人的凤愿。这段史实,除了可证实自严大师并非在浙江法相寺圆寂外,还有必要声明一下,1989年胡俊彦先生一行并非是寻找定光大师的"真身",而是在寻找定光大师的"根",是来大陆寻根谒祖的。将1989年的"无功而返"归咎于"金身留浙水"的误导,有失公允。

那么定光古佛金身留在浙水的说法又缘何而来呢?热衷于定光古佛研究的中南工业大学硕士研究生清亲先生,经过查找历史文献,反复多方考证和多处实地考察、田野调查,得知宋恭帝德祐元年(1275)正月,元军大举进攻,宋军的长江防线全线崩溃。文天祥(江西吉安人)于宝祐四年(1256)考中状元后,曾在江西吉安、江西省府、宁海军、京都、湖南、江西赣州等地任要职。他内心非常清楚国家的危难,自身的前程难测,生死未卜。悉知自严大师圆寂后,仍关注社稷民生、屡显毫光、驱逐贼寇、护国佑民的事,于是考虑再三后,带上数人快马加鞭赶到福建汀州府,请求定光大师漆金真身塑像跟随江西义军同行,祈祷自严大师能多多显灵保佑,消除灾祸,使国泰民安。时汀州知府答应了文天祥的请求,派出四名壮汉,抬着自严大师的真身漆金塑像跟随文天祥来到了江西赣州。先将大师的真身塑像存放在江西吉安西峰宝龙寺，后义军到了京城临安（杭州），经人推荐，将定光大师真身塑像暂时安放在法相寺。此后因法相寺屡经战火的洗劫几成空壳，大师的漆金真身塑像也不知去向了。景炎元年（1276）五月，文天祥辗转到达福州，被宋端宗赵昰任命为右丞相。但由于与一些权臣的意见相左，于是主动离开南宋小朝廷，以同都督的身份在南剑（今福建南平）开府，指挥抗元。不久，文天祥转移到汀州，看到州府后面的定光院中的定光大师的木雕像，想到元军占领下的临安城法相寺中存放的定光大师漆金真身塑像，心如刀绞、悲痛万分、后悔不迭，便找到当地工匠，用樟木雕刻成一小尊定光大师像，随时带在身边供奉。那尊在汀州雕刻的定光大师樟木像，伴随他到过福建、广东、江西的州州县县，取得了抗元斗争一个又一个的胜利。最后从广州一路北上到达北京，并陪伴他度过了最难熬的岁月，直至为国殉难。而定光大师漆金真身塑像，也就只能算是滞留在浙江临安城（杭州）法相寺了。

综上所述，郑自严大师确实是在武平狮岩均庆寺圆寂的，均庆寺是自严大师的祖庙，自严大师宝殿侧的楹联"金身留浙水"及何氏族谱谓"定光菩萨真身留在杭州府法相院"，的确言之有理，言之有据，并非空穴来风。

参考文献

1. 谢重光：《论定光佛信仰的形成和传播》，政协武平县文史与学宣委编《定光古佛史传文论选集》，2007。
2. 清亲：《毫光照大千——定光古佛传奇》，闽西作家协会武平分会，2010。
3. 丘复：《南武赘谭》，《武平文史资料》第 18 辑。
4. 王增能：《谈定光佛——兼谈何仙姑》，《武平文史资料》第 8 辑。
5. 张木森、邹文清：《"南安岩定光佛"宋代主要文献校注》，闽西客家联谊会、龙岩市政协文史和学习委员会合编《定光古佛与客家民间信仰》，2008。

6. 何安庆:《闽台定光佛,根源在武平——兼谈定光佛与入闽始祖何大郎公的亲密关系》,闽西客家联谊会、龙岩市政协文史和学习委员会合编《定光古佛与客家民间信仰》,2008。

7. 刘大可:《圣人、圣物与圣地:闽西武平县定光古佛神迹崇拜研究》,闽西客家联谊会、龙岩市政协文史和学习委员会合编《定光古佛与客家民间信仰》,2008。

从"左道""妖僧"到定光大师

——宋代宗教信仰政策与定光古佛信仰的形成

周雪香[*]

【摘　要】 据历史文献资料记载，郑自严出家得道后，虽为百姓做了许多善事，却被当时的官员和同道诬为"左道妖僧"，受到种种拘束和非礼。直至北宋祥符四年朝廷才赐正式寺额，郑自严及其祠庙才取得合法地位。本文从宋代的宗教信仰政策入手，阐述定光古佛信仰的形成和不断扩大影响的过程，是受朝廷政策导向影响的结果，是跟当地官员本身的宗教信仰倾向及当地民众信仰的态度相关联的。

【关键词】 定光古佛　宗教信仰政策

关于定光古佛信仰，学者们已进行了许多深入的探讨，其中谢重光先生《宋代汀州官师与定光佛信仰的形成》[①]一文很有启发性，他注意到宋代汀州官师的态度对于定光佛信仰的形成"实有至关重要的作用"。至于前后汀州官员何以态度迥然不同，他在论述祥符年间的郡守赵遂良、胡咸秩对自严法师崇敬有加时推测，"他们可能比较信佛，也可能是行政手法比较圆滑"。事实上，地方官员对当地民众信仰的态度，除了受本身宗教信仰倾向和行政手段影响外，不能不受朝

---

[*] 周雪香，厦门大学历史系副教授，博士。
[①] 原载闽西客家联谊会、龙岩市政协文史和学习委员会编《定光古佛与客家民间信仰》，龙岩市侨联彩印有限公司，2008。

廷政策导向的影响。但是，宋代宗教信仰政策对定光古佛信仰的影响，目前尚未见专文论述，这就为本文的探讨提供了一定的空间。

一 宋代宗教信仰政策

"国之大事，在祀与戎。"传统王权向来重视国家祭礼，所谓"事神保民莫先祭祀"[①]。常被引为祀典判定标准的是儒家经典之一的《礼记·祭法》所载的立祀条件："夫圣王之制祭祀也，法施于民则祀之，以死勤事则祀之，以劳定国则祀之，能御大灾则祀之，能捍大患则祀之。……及夫日月星辰，民所瞻仰也，山林川谷丘陵，民所取材用也，非此族也，不在祀典。"不列入祀典的，通称为"淫祠"或"淫祀"，《礼记·曲礼》对"淫祀"的定义是："非其所祭而祭之，名曰：淫祀，淫祀无福。"所谓"非其所祭而祭之"有两项标准：一是"或其神不在祀典"，二是"或越份而祭"。后者包括不依身份而祭，不依礼仪而祭。

《宋史·礼志八》陈述宋朝立祀情形与原则："自开宝、皇祐以来，凡天下名在地志，功及生民，宫观陵庙，名山大川能兴云雨者，并加崇饰，增入祀典。"[②] 可见，宋朝自开国以来，不断扩大祀典规模。"名山大川能兴云雨者"与上述《礼记·祭法》的"山林川谷丘陵，民所取材用也"略有不同，关键点是"能兴云雨"。皇祐年间，因水旱频仍，仁宗接受知制诰胡宿之议，下诏："凡山川能兴云雨，不载祀典者，以名闻。"[③]

熙宁七年（1074）十一月二十五日，神宗下诏："应天下祠庙，

[①] （清）徐松辑《宋会要辑稿》卷1203"礼二〇之二"皇祐二年十二月十一日条，中华书局，1957，第765页。

[②] 《宋史》卷105《礼志八》，中华书局，1977，第2561页。

[③] 《宋会要辑稿》卷1203"礼二〇之二"皇祐二年十二月十一日条，第765页。

祈祷灵验，未有爵号者，并以名闻，当议特加礼命。内虽有爵号，而褒崇未称者，亦具以闻。"① 不管神格如何，只要"祈祷灵验"，便可以从"淫祠"变成国家合法的神祇。其申请程序："诸神祠所祷，累有灵应，功德及人事迹显著，宜加官爵、封庙号额者，州具事状，申转运司。本司验实，即具保奏。道释有灵应加号者，准此。"② 地方人士向州提出申请，州将文书上缴各路转运使，转呈给朝廷。确认神迹后，由太常寺将"祀典、神祇、爵号与封袭、继嗣之事当考定者，拟上于礼部"③，即将拟定庙额、爵号名称，交由礼部所属祠部郎中、员外郎复核称号是否妥当。朝廷之赐额加封，成为祠庙合法化及位阶提升的重要途径。

元丰三年（1080）闰六月十七日，太常博士王古提出"先祠庙后神祇"的原则，并且建议，神祇受封后，如果灵验事迹仍然不断，便以增加神爵号字数的方式表示褒崇。方案如下："诸神祠无爵号者，赐庙额。已赐额者，加封爵：初封侯，再封公，次封王。生有爵位者，从其本。妇人之神，封夫人，再封妃。其封号者，初二字，再加四字。如此，则锡命驭神，恩礼有序。凡古所言，皆当于理。欲更增神仙封号，初真人，次真君。"④ 王古意图以阶段式、数字化的方法，管理天下祠庙，以达到"锡命驭神，恩礼有序"的目的。南宋高宗建炎三年（1129）正月初六，修正完善了王古的制度："神祠遇有灵应，即先赐额，次封侯，每加二字，至八字止；次封公，每加二字，至八字止；次封王，每加二字，至八字止。神仙即初封真人，每加二字，至八字止；妇人之神即初封夫人，二字至八字止。并本寺条节文，道释有灵应，合加号者，并加大师，先二字，

---

① 《宋会要辑稿》卷1203 "礼二〇之二" 熙宁七年十一月二十五日条，第765页。
② 《宋会要辑稿》卷1203 "礼二〇之七" 徽宗建中靖国元年三月二十四日条，第768页。
③ 《宋史》卷164《职官四·太常寺》，中华书局，1977，第3883页。
④ 《宋会要辑稿》卷1203 "礼二〇之六至七" 元丰三年闰六月十七日条，第767~768页。

每加二字。"①

根据《宋史》记载:"凡祠庙赐额、封号,多在熙宁、元祐、崇宁、宣和之时。……其他州县岳渎、城隍、仙佛、山神、龙神水泉江河之神及诸小祠,皆由祷祈感应,而封赐之多,不能尽录云。"②

二 "王官苦拘束"的"左道""妖僧"

定光古佛的原型是五代宋初僧人,俗姓郑,法名自严,生于五代王闽龙启二年(934),卒于北宋真宗大中祥符八年(1015)。他11岁出家为"童行"(即到寺院生活未剃度者),17岁为大僧,前往江西庐陵西峰寺,受业于圆净大师,修学五年,"密契心法"③,"行解微密"④,"遂证神足"⑤。宋太祖乾德二年(964),他来到武平南安岩,"大蟒前蟠,猛虎旁睨,良久,皆俯伏而去。乡人神之,争为之畚土夷堑,刊木结庵"⑥。"民以雨旸、男女祷者,随其欲应念而获。家画其像,饮食必祭。"⑦

虽然自严法师因法术高超而受到信众的供奉、膜拜,但是一直没有得到官方的承认,而被视之为"左道"、"妖",先后两次引来地方官员的干涉。北宋沈辽《云巢编·南岩导师赞》、惠洪《禅林僧宝传·南安岩严尊者》、黄庭坚《南安岩主定应大师真赞》和南宋《临汀志·仙佛》等文献均有记载。

---

① (清)陆增祥:《八琼室金石补正》卷117《渠渡庙赐灵济额牒》,文物出版社,1985,第825页。
② 《宋史》卷105《礼志八》,中华书局,1977,第2562页。
③ (宋)惠洪:《禅林僧宝传》卷8《南安岩严尊者》,《四库全书》第1052册,第677页。
④ (宋)沈辽:《云巢编》卷6《南岩导师赞》,《四库全书》第1117册,第590页。
⑤ (宋)胡太初修、赵与沐纂《临汀志》,《仙佛·敕赐定光圆应普慈通圣大师》,福建人民出版社,1990,第164页。
⑥ 《临汀志》,《仙佛·敕赐定光圆应普慈通圣大师》,第164页。
⑦ (宋)惠洪:《禅林僧宝传》卷8《南安岩严尊者》,第678页。

沈辽《云巢编·南岩导师赞》云：

师所导化，洞言凶吉，或请于师，天机勿泄，时师肯首，因是结舌，遂不复言。人无以伐，彼守羼提，谓我颠越，捕系廷下，面加讯折，神色宴然，不自辩别，褫帽投火。火方烈烈，火灭帽完。守怒愈疾，遂以为妖，涂之污血，有炽其薪，帽益光洁。彼乃悔罪，讼其凡劣。

惠洪《禅林僧宝传·南安岩严尊者》云：

邻寺僧死，公不知法当告官，便自焚之。吏追捕，坐庭中，问状不答，索纸作偈曰："云外野僧死，云夜野僧烧，二法无差互，菩提路不遥。"而字画险劲，如擘窠大篆，吏大怒，以为狂，且慢己，去僧伽黎，曝日中。既得释，因以布帽其首，而衣以白服。公恨所说法听者疑信半，因不语者六年。岩寺当输布，而民岁代输之，公不忍，折简置布束中祈免。吏张晔、欧阳程者，相顾怒甚，追至，问状不答，以为妖。火，所着帽明鲜，又索纸作偈曰："一切慈忍力，皆吾心所生，王官苦拘束，佛法不流行。"

黄庭坚《南安岩主定应大师真赞》云：

定光古佛，不显其光。……亦俗亦真，一体三宝。彼逆我顺，彼顺我逆。过即追求，虚空鸟迹。驱使草木，教诲蛇虎。愁霖出日，枯旱下雨。无男得男，无女得女。法法如是，谁夺谁与？令若威怒，免我伽梨。既而释之，遂终白衣。白帽素履，发鬓皤皤。①

---

① （宋）黄庭坚：《山谷集》卷14《南安岩主定应大师真赞》，《四库全书》第1113册，第122页。《临汀志·仙佛》中署名苏轼的长诗《定光石佛赞》，即黄庭坚所作《南安岩主定应大师真赞》，只是《临汀志》引录时，出现一些讹误与衍文，如"定光石佛"即"定光古佛"之误，"南安石窟，开甘露门，异类中住，无天中尊"一段为衍文。《临汀志》中所引黄山谷（庭坚）诗，《山谷集》中的诗名为《南安岩主大严禅师真赞》。

《临汀志·仙佛》云：

> 民有祈祷，辄书偈付与，末皆书"赠以之中"四字，无愿不从。……民有询过去未来因者，师皆忠告，莫不悚然。同道者惧其大甚，师曰："只消吾不语耳。"遂不语六年。岩院输布，师以手札内布中，监临郡倅张公晔见词，闻于郡守欧阳公程，追摄问状，师不语。守、倅愈怒，命焚其衲帽，火烬而帽如故；疑为左道，以彘血蒜辛厌胜，再命焚，而衲缕愈洁，乃遣谢使归。自是白衣而不褐。

以上四种文献记载略有不同，综合起来，自严法师由于为百姓预测过去未来、预言吉凶祸福而遭到同道的嫉恨与排斥。邻寺一僧死，自严法师未告官便自焚之，引来官府的拘捕，被脱去僧服，当众曝晒。释放后，"白衣而不褐"，即只穿俗衣，不穿袈裟，应是被迫而为。同时也引起信众信仰危机，"所说法听者疑信半"。为此，他好长一段时间不说话。后来自严法师又因输布问题激怒郡倅张晔、郡守欧阳程，被视为"左道"和"妖"。《礼记·王制》曰："执左道以乱政，杀。"孔颖达注云："左道，谓邪道。地道尊右，右为贵，故正道为右，不正道为左。"《宋史·刑法一》云："左道乱法，妖言惑众，先王之所不赦，至宋尤重其禁。凡传习妖教，夜聚晓散，与夫杀人祭祀之类，皆著于法，诃察甚严。"[1] 自严法师受到火焚衲帽、彘血蒜辛厌胜等惩罚。有学者认为，自严法师此后离开武平，到江西南康盘古山，可能是被流放或编置，而非主动离去。[2]

根据《临汀志·郡县官题名》记载，欧阳程咸平四年（1001）任汀州郡守，景德二年（1005）陈彦博接任。自严法师自乾德二年来到

---

[1] 《宋史》卷199《刑法一》，中华书局，1977，第4981页。
[2] 王见川：《从南安岩主到定光古佛——兼谈其与何仙姑之关系》，《圆光佛学学报》2006年第10期，第219页。

武平，至咸平景德年间，已近40年。在这40年间，虽然由于他"慈悯众生，无求不应"①而拥有许多信众，但是始终没有得到官方的认可，他所居庵院没有得到朝廷赐额，他本身被地方官员视为左道妖僧而受迫害，即如其偈文所云："王官苦拘束，佛法不流行。"

三　朝廷赐额加封——定光古佛信仰合法性的建构

真宗大中祥符元年（1008）十二月十三日诏："应天下有名在地志，功及生民，宫观陵庙，并加崇饰。"②即凡是对生民有功的宫观陵庙，都可上报朝廷，加以"崇饰"，进入祀典。

大中祥符四年，赵遂良接任汀州太守，"闻师名，延入郡斋，结庵州后，以便往来话次"。据记载，赵遂良先后请自严法师"出水"、"除蛟"，结果一一奏效，他便"表闻于朝，赐'南安均庆院'额"③。自严法师所居的庵院终于得到朝廷赐予的寺额，变成合法的寺院，他本人也就不再是过去官府眼中的"左道"、"妖僧"，而是官方认定的法师、大德。赵遂良离任时，请自严法师祈祷天晴；路经南安岩的转运使王赟，请自严法师祈祷下雪，都如愿以偿。"自时厥后，恭事愓沐，有或不虔，莫不相诘。"④大中祥符六年，胡咸秩接任汀州郡守，"闵雨，差吏入岩祈祷，师以偈付来吏，甫至郡而雨作，岁乃大熟"。胡卸任进京时，"历言诸朝列，丞相王公钦若、参政赵公安仁、密学刘公师道皆寄诗美赠"⑤。

大中祥符八年，自严法师去世，人们对他的崇信有增无减。"众

---

① 《临汀志》，《寺观·南安岩均庆禅院》，第77页。
② 《宋会要辑稿》卷1203"礼二〇之二"，第765页。
③ 《临汀志》，《仙佛·敕赐定光圆应普慈通圣大师》，第165页。
④ （宋）沈辽：《云巢编》卷6《南岩导师赞》，《四库全书》第1117册，第590页。
⑤ 《临汀志》，《仙佛·敕赐定光圆应普慈通圣大师》，第165页。

收舍利遗骸骼塑为真相。……师见在，民呼曰'和尚翁'，亲之也。师灭度，民皆曰'圣翁'，尊之也。"① 如前所述，熙宁七年（1074），神宗下诏，天下祠庙，只要"祈祷灵验"，都可奏请"特加礼命"。此后，自严法师因灵验神迹不断而屡次受到朝廷赐额加封，累封至八字大师。《临汀志·仙佛》记载如下：

> 熙宁八年（1075），郡守许公尝表祷雨，感应，诏赐号"定应"。崇宁三年（1104），郡守陈公粹复表真相荐生白毫，加号"定光圆应"。绍兴二年（1132），虔寇猖獗，虔化宰刘仅乞灵于师，师于县塔上放五色毫光，示现真相，贼遂溃。江西漕司以闻，绍兴三年，嘉"普通"二字。乾道三年（1167），又嘉"慈济"，累封至八字大师。民依赖之，甚于慈父。……绍定庚寅（1230），磜寇挺起，干犯州城，势甚炎炎，师屡现显。贼驻金泉寺，值大雨，水不得渡；晨炊，粒米迄未熟，贼众饥困。及战，师于云表见名旗，皆有草木风鹤之疑，遂惊愕奔溃，祈求乞命。汀民更生，皆师力也。嘉熙四年（1240），州人士列状于郡，乞申奏赐州后庵额。有旨，赐额曰"定光院"。续又乞八字封号内易一"圣"字，仍改赐"通圣"。今为"定光圆应普慈通圣大师"。

《宋会要辑稿》亦载："神宗熙宁八年六月，诏南安岩均庆禅院开山和尚，特加封号曰：定应大师。"② 南宋建炎四年（1130）夏，李纲"由梅川以趣闽中，道南安岩均庆禅寺瞻礼定光古佛遗像"③，作了两首赞美定光古佛的诗，即《南安岩恭谒定光圆应禅师二首》④。凡此亦可证

---

① 《临汀志》，《仙佛·敕赐定光圆应普慈通圣大师》，第 166 页。
② 《宋会要辑稿》卷 925 "道释一之二"，第 7869 页。
③ （宋）李纲：《梁溪集》卷 133《汀州南安岩均庆禅院转轮藏记》，《四库全书》第 1126 册，第 541 页。
④ （宋）李纲：《梁溪集》卷 27《南安岩恭谒定光圆应禅师二首》，《四库全书》第 1125 册，第 745 页。

明《临汀志·仙佛》所记载自严法师受封情形有其可靠性。

朝廷对自严法师及其所居庵院的屡次赐额加封,不仅使庵院取得合法性,而且大大提升了自严法师的地位和影响。特别是崇宁三年(1104)敕赐"定光圆应"封号,这是对世传其为定光佛之应身的正式承认[①],对定光佛信仰的形成产生重大的影响。黄庭坚(1045~1105)《南安岩主定应大师真赞》云:"定光古佛,不显其光。……七闽香火,家以为祖。"说明其时定光佛信仰已大盛于福建各地。前引《临汀志·仙佛》记载,绍兴寇乱时,虔化县(宁都县)宰刘仅在危急时刻乞灵于定光佛,定光佛显灵退寇。当时的江西漕司(即转运使),误以为定光佛的祖庙在虔化县,他在向朝廷奏请为定光佛增加封号的上书中写道:"虔州南安岩定光圆应大师,于虔之虔化县塔上放五色毫光,惊破剧贼李敦仁,收复二县",于是敕赐"普通"二字。[②] 南宋著名文学家洪迈《夷坚志补·梅州异僧》记载:"宋贶益谦,当涂人。……绍兴甲子(1144)以后,宋为秦丞相委用为金部右司郎官,提举赡军诸库……秦亡,言者论击,贬团练副使,安置梅州。……或曰:'此邦崇事定光佛,庵在城外,有签告人,极灵感。'欣然往谒。……自是日往焚香致敬。既而因母老,故恩许自便,作木像僧真,舆以归。到新安,于宅傍建庵,名曰'慈报'。"[③] 说明在两宋之际,定光佛已成为闽粤赣边各地共同的守护神。

综上所述,宋代朝廷的宗教信仰政策对定光古佛信仰的形成产生深远的影响。自严法师在闽西传道的前40年间,一直没有得到官方的认可,被地方官员视为"左道"、"妖僧"而受到迫害,因"王官苦拘束",使得"佛法不流行"。直到他去世前4年,他所居的庵院才得到

---

① (宋)惠洪:《林间录》卷下"南安岩俨和尚,世传定光佛之应身也",《四库全书》第1052册,第858页。

② (元)刘将孙:《养吾斋集》卷28《定光圆应普慈通圣大师事状》,《四库全书》第1199册,第268页。

③ 收入(宋)洪迈撰,何卓点校《夷坚志》,中华书局,1981,第1677~1678页。

朝廷赐予的寺额，成为合法的寺院。他去世后，因灵验神迹不断而屡次受到朝廷赐额加封，累封至八字大师。特别是崇宁三年敕赐"定光圆应"封号，标志着朝廷正式承认其为定光佛之应身。这对定光佛信仰的形成与传播产生了重大的影响。元代汀州教授刘将孙《定光圆应普慈通圣大师事状》云："自江以西，由广而南，或刻石为相，或画像以祠，家有其祀，村有其庵。"[①] 所云虽有些夸大，但大致反映了定光佛受到闽粤赣各地民众广泛崇信的情形。

---

① （元）刘将孙：《养吾斋集》卷28《定光圆应普慈通圣大师状》，第271页。

圣人、圣物与圣地：闽西武平县定光古佛神迹崇拜研究

刘大可*

【摘　要】　本文通过在定光古佛信仰中心进行实地考证、田野调查，结合相关文献，在"圣人""圣物""圣地"三个方面对定光古佛的神迹崇拜进行探索，并在开发、利用定光古佛信仰，以及弘扬其价值方面提出独到的见解。

【关键词】　定光古佛　神迹

在宗教学研究中，前人对于神迹崇拜的种类、性质、意义，以及各种宗教体系中的神迹，有过不少精辟的论述。但多偏重于对"神迹"的概念分析和理论探讨，而比较缺乏对神迹崇拜的实证研究。

在定光古佛的研究中，早在20世纪90年代，王增能、劳格文、林国平、汪毅夫、谢重光、杨彦杰等先生和笔者[①]，就定光古佛信仰

---

* 刘大可，历史学博士、文学博士后，福建省委党校副校长，社会发展研究所所长、教授。
① 王增能：《谈定光古佛——兼谈何仙姑》，《武平文史资料》第8辑；劳格文："Dingguang Gufo: Oral and Written Sources in the Study of a Saint"（约6万字，未刊英文稿）；林国平：《定光古佛探索》，《圆光佛学学报》1999年第3期；汪毅夫：《定光古佛与伏虎禅师》（客家民间信仰，福建教育出版社，1995年）谢重光：《闽西定光古佛信仰的形成与传播》，徐正光主编《宗教、语言与音乐》（第四届国际客家学研讨会论文集），台湾"中研院"民族学研究所，2000；杨彦杰：《淡水鄞山寺与台湾的汀州客家移民》，《福建省社会主义学院学报》2001年第3期；刘大可：《关于闽台定光古佛的几个问题》，福建省客家学会主办《客家》1994年第4期；刘大可：《台湾的闽西客家移民与定光古佛信仰》，《台湾研究》2003年第1期。

的形成、传播，相关的祭祀、祭仪，以及发挥的社会功能等进行了比较系统、全面的探讨，但对其神迹崇拜的研究，却一直比较薄弱。

有鉴于此，本文试图在定光古佛信仰中心——闽西武平县田野调查的基础上，结合相关文献，从圣人、圣物、圣地三个方面对定光古佛的神迹崇拜进行新的探索。

一　圣人

定光古佛——郑自严，属宗教体系中的创造奇迹事件的"圣人"。首先，他是人，生于五代后唐应顺元年、闽国龙启二年（934），卒于宋祥符八年（1015）。比之于许多宗教创建者的超人地位，他更接近于人。但他苦修得道，"年十一，恳求出家，依本郡建兴寺契缘法师席下。年十七，得业游豫章、过庐陵，契悟于西峰圆净大师，由此夙慧顿发，遂证神足，盘旋五载"[①]。由于德行高超，从而超凡入圣，获得常人所没有的异能，"师见在，民呼曰'和尚翁'，亲之也；师灭度，民皆曰'圣翁'，尊之也"[②]，是佛教所谓禅定苦修而获得神通的高僧。

定光古佛郑自严在世时，民间就流传着许多有关他神通广大的传说，这些传说大致可以分为以下几种类型。

一是除蛟伏虎，为民除害。宋修《临汀志》载："渡太和县怀仁江，时水暴涨，彼人曰：'江有蜃为民害。'师乃写偈投潭中，水退沙壅，今号龙洲"；"乾德二年届汀。之武平，睹南岩石壁峭峻，岩冗嵌腔……数夕后，大蟒前蟠，猛虎旁睨，良久，皆俯伏而去"；"淳化间去岩十里立草庵牧牛，夜常有虎守卫，后迁牧于冷洋径。师还岩，一

[①] （宋）胡太初修、赵与沐纂《临汀志》，福建人民出版社，1990，第164页。
[②] （宋）胡太初修、赵与沐纂《临汀志》，福建人民出版社，1990，第164页。

日偈云：'牛被虎所中'。日暮有报，果然。师往彼处，削木书偈，厥明，虎毙于路"。① 民国《武平县志》云："南归道杭州，遇山出蛟，以帝赐金钟覆之。"②

定光古佛郑自严除蛟伏虎的神通还见于民间文献，据武平《何氏族谱》记载，乾德二年（964），郑自严游历武平，选中南安岩，便到处募化建造寺院。此地原为何仙姑的修炼之地，有人劝何仙姑另找其他地方修炼，仙姑不答应，说："我生于此，长于此，静修于此，岂能舍岩而他住？"有一天，何仙姑出观洪水，郑自严乘机入岩趺坐。仙姑回岩后，发现有大蟒、猛虎盘伏在郑自严周围，十分驯服，就将所见告诉父亲。何大郎钦其神异，遂施岩为佛殿，并捐献地三十三亩八分，腴田四千七百秤，塘田四十六亩为寺院供养。乡人在建造佛殿供定光佛居住外，还构楼以祀仙姑。③

二是疏通航道，寻找泉水。传景德初年（1004），定光古佛应邀到江西南康盘古山弘扬佛法途中，经过某一条江河时，"江有槎桩常害人船，师手抚之曰：'去！去！莫为害。'当夕无雨，水暴涨，随流而逝"。到了盘古山后，发现井水枯干，禅院缺水，"遂以杖敲云：'快出！快出！'至中夜，闻有落泉溅崖之声，诘旦涌出满溢"。又传祥符四年（1011），郡守赵遂良结庵州后，请定光古佛住持，庵前有一枯池，定光古佛"投偈而水溢，今名'金乳'"。又传祥符初年（1008），"有僧自南海郡来告曰：'今欲造砖塔，将求巨舰载砖瓦，惠州河源县沙洲有船插沙岸，无能取者，愿师方便……师乃书偈与僧，僧持往船所，船应手拔'"。④

三是祈祷雨阳、筑陂开圳。祥符四年，汀州久雨不晴，郡守赵遂

---

① （宋）胡太初修、赵与沐纂《临汀志》，福建人民出版社，1990，第164页。
② 丘复主纂《武平县志》（下），福建省武平县志编纂委员会，1986，第462页。
③ 政协武平县文史资料工作组编《武平文史资料》第8辑，第61~62页。
④ （宋）胡太初修、赵与沐纂《临汀志》，福建人民出版社，1990，第165页。

良请定光古佛搭台祈晴,获应。此后,汀州又发生旱灾,"(郡守)咸秩闵雨,差吏入岩祈祷,师以偈付来吏,甫至郡而雨作,岁乃大熟"①。

定光古佛的神通还见于筑陂开圳的传说。据武平县报告人刘集禧先生说:

> 有一次定光古佛路过一地,见有百把人在工地上吃饭,他上前过问,工人先把自己的午饭拿给他吃,然后叫他去看实在难筑的水陂。他看后使出法术,脱下草鞋,这边丢一只,那边扔一只,不多久便凸起一座牢固的石陂来。

又据武平县王增能先生调查说:

> 相传某地筑陂,因水流湍急,久而不能合龙。一天,一位老太婆给筑陂的儿女送饭,正好遇到变化成乞丐的定光古佛向她乞食。老太婆将筑陂事及家中困苦状一五一十地告诉他,对他的乞食面有难色。定光古佛拖着沉重的步伐走开了,老太婆见他饿成这个样子,忽动恻隐之心,将所有的饭菜施舍给他。定光古佛吃完后,来到水陂,叫众人走开,即脱下草鞋,甩往垄口,弹指间水陂合龙,且十分牢固,经久不毁。②

四是为民请命,心系百姓。相传,官府向寺院征收布匹,布匹则由当地百姓代交,定光古佛于心不忍。"一年,岩院输布,师以手札内布中,监临郡倅张公晔见词,闻于郡守欧阳公程,追摄问状,师不语。守、倅愈怒,命焚其衲帽,火烬而帽如故;疑为左道,以彘血蒜

---

① (宋)胡太初修、赵与沐纂《临汀志》,福建人民出版社,1990,第165页。
② 参见王增能《谈定光古佛——兼谈何仙姑》,政协武平县文史资料工作组编《武平文史资料》第8辑,第53页。

辛厌胜，再命焚，而衲缕愈洁，乃遣谢使归。自是白衣而不褐。"①

据武平县报告人刘集禧先生说，相传定光古佛内心一直偏好武平人：

> 有一次他到宁化去，心里却还惦记着武平的土地瘠瘦，粮食产量少，盘算着怎么使武平的田地更肥沃，能多产粮食，养活更多的人。他趁武平有人到宁化买米，就托他带一包东西到武平，并千交代万叮咛，不到武平地界不能把东西拿出来看。那人走到宁化与长汀交界的山岭上，又累又饿，突然想起痫痫和尚（指定光古佛）托他带的那包东西，他连忙把它打开一看。一看不要紧，没想到是一包不软不硬的狗屎，气不打一处来，认为是定光古佛在捉弄他，便气愤地把它朝宁化方向一扔，落在宁化的地界上。结果，宁化一带的土地比以前更肥沃，而武平的土地依然很瘠瘦。原来，定光古佛托他带的是能使武平土地变肥沃的东西。

五是神通三界，佛法无边。《临汀志》载："真宗朝，尝斋于僧，对御一榻无敢坐者。上命进坐，僧答曰：'佛祖未至。'少顷师至，白衣衲帽，儒履擎拳，即对御就坐。上问：'师从何来？甚时届道？'答曰：'今早自汀州来。'问：'守为谁'？曰：'屯田胡咸秩。'斋罢，上故令持伊蒲供赐咸秩，至郡尚燠。咸秩惊疎，表谢。上乃谓师为见世佛，御赐周通钱一贯文，至今常如新铸。"②

定光古佛神通三界的传说，还见于如下三则口头传说：

其一，关于定光古佛称号的由来。据武平县桃溪镇报告人王灿田先生说：

> 宋朝有一位皇帝十分孝顺母亲，母亲死后仍十分想念。于是，

---

① （宋）胡太初修、赵与沐纂《临汀志》，福建人民出版社，1990，第165页。
② （宋）胡太初修、赵与沐纂《临汀志》，福建人民出版社，1990，第165页。

他下令说有谁能使他的母亲显身与他对话,他就封其做官。有人建议说,请100个和尚来显法总会有办法。皇帝便请了100个和尚前来作法,其中就有郑自严,但他嫌郑自严个矮貌丑,想不要郑自严参加。可是郑自严不参加只有99个和尚,无法凑齐100个,只好叫他参加。在显法过程中,其他和尚显法只能使皇帝与其母对话,而不能使其母显身。最后,郑自严说:"我来试试!"于是,郑自严用灯芯搭台,坐在台上念咒,果真使皇帝母亲显身了,并与皇帝对了话。皇帝要封郑自严为官,可是他不应声,封了几次都不吭声。皇帝说:"郑自严!你怎么像古佛似的!"这时,郑自严即跪下谢恩。此后,郑自严便成了古佛。

其二,关于寄子岭的传说。据武平县岩前镇报告人曾献英先生说:

相传宁化余某,曾向定光古佛祈求子嗣,不久,妻子果真怀孕,生下一子。余某夫妇感恩不尽,抱着儿子一齐到南安岩均庆寺叩谢,想不到离南安岩20里处小儿子突然死去。余某夫妇仍坚信定光古佛法力无边,定能使自己的儿子死而复生,就把儿子暂且安放在荒岭,一起到南安岩均庆寺进香祈祷。拜毕,回到荒岭,死去的儿子早已复活,正坐在那里吃馒头呢,后世人称此荒岭为"寄子岭"。①

其三,关于"野嘴菩萨"的传说。据武平县报告人何安庆先生说:

岩前狮岩有中岩和东侧岩,相传何仙姑曾以施主之女的姿态跌坐中岩上座,郑自严(定光古佛)意欲得之,便心生一计。一

---

① 参见王增能《谈定光古佛——兼谈何仙姑》,政协武平县文史资料工作组编《武平文史资料》第8辑,第53页。

天，他突然作起法来，使天降暴雨，山洪暴发，折了支芒梗（芦苇秆）在河中一堵，河水顿时往北流（即往何仙姑娘家方向），大声对仙姑说："仙姑你看，洪水向北倒流，将淹没你娘家和百姓的房子了！"何仙姑不知是计，忙起身去看，果然洪水往北咆哮奔流。仙姑心系乡亲，不忍百姓遭灾，便立即作起法来，把洪水引往狮岩右侧朝北再折西流去。定光古佛见仙姑离开座位，即趁机坐上。仙姑回看自己的座位被定光古佛占去，方知上当受骗。任凭怎么说理，定光古佛总是不肯让座。仙姑气得火冒三丈，用力拉定光古佛起来。这么一拉，定光头撞岩顶石壁，壁顶顿时被撞了一个半圆形窝痕，但定光古佛依然坐着不动。何仙姑无可奈何，急得跑上岩顶朝定光古佛的座位上撒了一泡尿，尿水刚好滴在定光古佛面前。从此，岩前城的河水就一直往北倒流，狮岩定光古佛主座前总是滴水不止，弄得定光古佛"嘴野野的"！定光古佛也被人们戏称为"野嘴菩萨"。[①]

定光古佛的神通广大，赢得了广泛的赞誉。同时，定光古佛的为民请命、心系百姓也赢得了广大信徒的虔诚膜拜："首夏青苗发水田，定光伏虎绕横阡，醮坛米果如山积，奏鼓咚咚祝有年"[②]；"虽然乡村地方小，年年规矩仍照老。梁野山中大老佛，迎来敬打保安醮。香钱座米无人分，跟佛和尚自家到。午朝上供裹馒头，夜间建醮早发表"[③]。

定光古佛郑自严在世时，只有"白衣岩主"、"和尚翁"等称号，去世后不久，百姓则称之为"圣翁"。直到后来被朝廷正式敕封

[①] 参见李坦生、林善珂《武平县岩前庙会醮会概况》，杨彦杰主编《汀州府的宗族庙会与经济》，国际客家学会、海外华人研究社、法国远东学院，1998，第55页。

[②] 民国《连城县志》卷17"礼俗"，维新书局。

[③] 林宝树：《一年使用杂字文》，参见刘大可《传统的客家社会与文化》，福建教育出版社，2001，第326页。

为"定光"封号后,才逐渐被人们称为"定光古佛"。人们之所以相信定光古佛郑自严能行奇事、创奇迹,主要是基于这样一种认识——"圣人"通过苦修使精神摆脱肉体的束缚而获得了自由,因而具有精神本有的超自然力。

二 圣物

定光古佛信仰中,圣人——郑自严尽管其生前即被神化,但毕竟是人,他的寿命总是有限的,所以有"春秋八十有二,僧腊六十有五"之说。但他又留下不少"圣物",如非生命的遗骸、舍利等。《临汀志·寺观》记:"南安岩均庆禅院,祥符八年正月六日,师卧右胁示寂岩中。每岁是日,诸路云集,几不可容……"①《临汀志·仙佛》说:"八年正月六日申时,俄集众云:'吾此日生,今日正是时,汝等当知妙性廓然,本无生灭示有去来,更言何事?言讫,右胁卧逝,春秋八十有二,僧腊六十有五。众收舍利遗骸骼塑为真相……定光,泉州人,姓郑名自严。乾德二年,驻锡武平南安岩。淳化二年,别立草庵居之……至八年终于旧岩。"②康熙《武平县志》亦谓"正月六日申时集众而逝,遗骸塑为真像"③;乾隆《汀州府志》谓:"淳化八年坐化,邑人塑其肉身以祀"④。

曾有文献记载说定光古佛肉身在杭州,如民国《武平县志》载:"旋示寂于杭,闽人塑遗像于寺及岩中"⑤;"杭州法相寺,定光佛之金身在焉"⑥。宣统《定光大师来岩事迹》碑文转录《胡墥杂记》

---

① (宋)胡太初修、赵与沐纂《临汀志》,福建人民出版社,1990,第69页。
② (宋)胡太初修、赵与沐纂《临汀志》,福建人民出版社,1990,第165~166页。
③ 赵良生重纂《武平县志》,福建省武平县志编纂委员会,1986,第223页。
④ (清)曾曰瑛修、李绂纂《汀州府志》,方志出版社,2004,第682页。
⑤ 丘复主纂《武平县志》(下),福建省武平县志编纂委员会,1986,第462页。
⑥ 丘复主纂《武平县志》(下),福建省武平县志编纂委员会,1986,第514页。

云：淳化间，坐化于杭州法相寺。杭人金其肉身，岩人塑其像以祀。① 我们认为，这些文献、碑刻均较《临汀志》迟了很多，甚至比乾隆《汀州府志》还迟了不少。按：《临汀志》为宋开庆元年（1259）胡太初修、赵与沐纂，其成书年代离定光佛（郑自严）生活时代相去不远，又具官修性质。根据"选择证据以古为尚。以汉唐证据难宋明，不以宋明证据难汉唐"②的原则，应该说《临汀志》的记载是比较可取的。至于杭州法相寺的定光古佛，可能自成系列，与闽西客家地区的定光古佛没有关系。③

武平县因拥有定光古佛的"圣物"而相传受到定光古佛的特别保护，成为定光古佛信徒朝拜的中心。因此，岩前镇的均庆寺围绕定光古佛遗留在世上的圣物——遗骸、舍利、肉身菩萨，产生了大量神奇的故事，如《临汀志》载："自淳熙元年，郡守吕公翼之迎真相入州后庵，以便祈祷，从民请也。后均庆屡请还岩，郡不能夺，百夫舆至中途，莫能举，遂留于州。"④

据刘将孙《养吾斋文集》载：

> 相传，南宋淳熙年间，汀州太守吕翼之为便于祈祷，将定光古佛遗骸从武平均庆寺迎至长汀。均庆寺僧人多次请求让定光古佛回家，太守不好拒绝，许之。然而，当轿夫抬定光古佛遗骸进入武平地界后，忽然感到轿子十分沉重，虽百人亦抬不定，寸步难移。轿夫认为，这表示定光古佛不愿回家（均庆寺），便掉头而行，回头的路上，轿子又变轻了，不一会儿即回到长汀。此后，

---

① 政协武平县文史资料工作组编《武平文史资料》第8辑，第65页。
② 梁启超：《清代学术概论》，上海古籍出版社，1998，第47页。
③ 林国平：《定光古佛探索》，《圆光佛学学报》1999年第3期；谢重光：《闽西定光古佛信仰的形成与传播》，徐正光主编《宗教、语言与音乐》，"中研院"民族学研究所，2000；刘大可：《关于闽台定光古佛的几个问题》，福建省客家学会主办《客家》1994年第4期。
④ （宋）胡太初修、赵与沐纂《临汀志》，福建人民出版社，1990，第166页。

定光古佛遗骸便不再返回武平的均庆寺。①

武平县桃溪镇王灿田先生还报告了一则类似的传说：

某年，桃溪村旱灾特别严重，村民十分着急。张屋人遂牵头去岩前狮岩请定光古佛来桃溪清醮一日。打醮后，果然十分灵验，上天降下了及时雨。桃溪村各姓人氏便更加敬重定光古佛，一时香火极旺。不知不觉，定光古佛来桃溪已有不少时日了，该送它回岩前了。但当菩萨被抬至桃地坳时，新轿杠断掉了，虔诚的弟子们觉得事出有因，便通过僮子拜请问佛。古佛说，桃溪的香火很旺，它愿意在桃溪落下。于是，张姓十五世祖嵩磷公前往岩前协商。征得同意后，嵩磷公付了50个银元，请岩前人另施一尊佛像。从此，岩前的这尊定光古佛像便留在桃溪东林寺，接受百姓的崇拜。

同样，武平县梁野山的白云寺也因拥有定光古佛的"圣物"，而成为定光古佛信徒的向往之地。据当地报告人林荣丛先生说，定光古佛郑自严圆寂火化后，白云寺住持将其舍利——宝珠分别放在大古佛和四古佛像内腹保存供养。后来佛像由于历年久远开始腐朽，有一次抬佛像路过中堡镇高坊村时，宝珠不小心掉下来了，不知去向，曾有人晚上路过看见宝珠发光，一直尾随其后，直到天亮后又不见了。又有人说，"文化大革命"时破四旧，宝珠从佛像内掉出来后，有人捡到将其藏在家中柱内，但他死后，子孙再没有找到。

又相传，定光古佛圆寂后，有人行山巧遇梁野山中有一香藤奇结五个大核包，便取其核包雕刻成五尊法师身像，将其舍利移至内腹供奉。由于古佛每年都要"穿衣"二三十次，特别是武北，每个村打醮

---

① 参见（元）刘将孙《养吾斋文集》卷28《定光元应普慈通圣大师事状》。

都会穿一次衣，天长日久，古佛像变成现在这样眼、鼻比较突出，像是戴了一副墨镜。由于这五个古佛很灵验，武平、长汀、上杭、粤东、赣南等地百姓，每年都将这几个古佛迎至各地建醮祈福、消灾、解厄、祷雨、救旱道场，游巡供奉，随后香火绵延不断，在各处建造众多的定光寺院，故有"无庵不成村，庵庵有定光"之说。如武北梁山村禅隆寺、昭信村的田心寺、亭头村的太平寺、湘坑村的宝林寺、龙坑村的福田寺等，主神为定光古佛，陪神则是定光古佛的五个化身——大古佛、二古佛、三古佛、四古佛、五古佛"五兄弟"。

关于定光古佛化身——五个古佛，当地流传众多不同版本的故事传说。据永平乡孔厦村报告人吴汉华先生说，这五个古佛是梁山顶一棵树上的五个"结"雕成的五尊菩萨，所以它们的形象比较古怪，其顺序则从树根第一个结依次为大古佛、二古佛、三古佛、四古佛、五古佛。由于这五个古佛十分灵验，有一次不小心被江西人全都偷走了，梁山人前往追赶，经过明察暗访，得知这五个古佛被藏在一座庵里，但当地人十分狡猾，已经另外做了五个一模一样的古佛，以致梁山人也无法辨别哪五个是自己的真古佛、哪五个是假古佛。他们只好焚香祷告说："如果是梁山的真古佛，你们就往前挪动一寸"，说也奇怪，梁山的五个古佛真的就往前移动了一寸，真假不辨自明。于是，梁山人就将这些古佛带回，但在回家途中又遇到抢劫，在争抢中二古佛掉入龙个潭里，再也找不到了，所以只剩下四个古佛，回来后再补雕了一个，但补雕的二古佛再也没有像以前的二古佛那么灵验，所以当地人后来就比较不信二古佛了。

同样的故事母题，还有不同的版本，据林荣丛先生说：

> 武平县北门坊人在浙江做官，有一年当地一直干旱，求遍当地所有神明都不下雨，这位官员对当地人说："我家乡梁野山的定光古佛求雨都很灵验，不妨请来试一试！"当地人果真把梁

野山的定光古佛请去求雨，天上下了及时雨。第二年，当地人出于报恩，又到梁野山来请菩萨前往打醮。打醮完后，当地人认为定光古佛比有手有脚的人还灵验得多，便强烈要求五个古佛中留两个下来，提出要么头尾两个，要么中间两个。所以，当梁野山的施主前往浙江迎回定光古佛时，发现当地人雕了五尊一模一样的定光古佛，一时难以辨认哪些是梁野山的古佛，哪些是当地人新雕的。梁野山的施主急得没有办法，便在这些神像面前烧香祷告："梁野山的古佛如果想回家的话，晚上要移出来一点。"第二天一大早，果真发现有五尊古佛移出了一点，梁野山的施主就将这些古佛抬走了。当地人发现后感叹说："福建佬敢精"，但还是想留一两尊古佛下来，便派人追赶，梁野山的施主正在过渡时，发现有人追赶，便十分慌张，一不小心把二古佛掉到河里找不到了。后来虽然补雕了一个二古佛，但补雕的终究不如原先的灵验。

又相传某年正月，四邻五村同时到梁野山白云寺迎接定光古佛下山打醮，几个村庄争得不可开交，甚至大打出手，头破血流，搞得定光古佛在暗地里觉得盛情难却，又不知如何是好，万般无奈时忽生妙计，随手摘下五个檀香苞子，吹一口气变成五个化身，分别称作大古佛、二古佛、三古佛、四古佛、五古佛，分派至五个村庄去分享人间香火，一场纠纷才告平息。此后，梁野山周围的村落凡建造定光古佛寺庙，除了塑定光古佛本像外，还常常选择一棵大樟树，依次雕刻五个化身或其中几个化身，以便分身各地，满足四邻百姓的需要。①

类似这样的故事还有不同的情节，据武平县亭头村太平寺住持石保先生说：有五个人行梁山，同时看到一棵树上长着五个檀香苞子，

---

① 定光古佛的五个化身形态不一，据说性格脾气各异，大古佛形象高大，仁慈宽厚，较灵验。三古佛性格刚烈，脾气粗暴。

五个人遂结拜成兄弟，将这五个檀香苞子雕成五个菩萨，以他们的姓命名为徐大伯（大古佛）、郑细哥（二古佛）、林三爷（三古佛）、高四子（四古佛）、连五满（五古佛）。这五个古佛中，每个古佛的性格脾气是不一样的，如大古佛比较忠厚，性格也较悠，反应比较慢；二古佛已脱离福建，且跌落深潭后，比较不灵验；三古佛性格较急躁，如果遇到紧急情况，诸如火烧屋、发生洪水、打仗等就必须求助于它。一位报告人给我们讲述了一则与三古佛讨价还价的故事，说以前梁山村有一人放木排，突然遇到了洪水，眼看要遭到重大损失，于是他跪在木排上向三古佛呼救，朝天许愿说："如果洪水得以消退，他回家后还五十块大洋的香钱愿"，话音未完，洪水就开始消退。他认为可能不是三古佛起的作用，于是就改口说还三十块大洋的愿，这时洪水又突然涨了起来，他不得不再次向三爷古佛许五十块大洋的愿，许愿完毕洪水便开始退了。①

关于定光古佛和五个古佛的故事，武平县城的钟德盛先生也给我们讲述了一段有趣的故事：据说郑自严初到武平岩前，与何仙姑争夺南安岩石洞。两人斗法，何仙姑不胜，狮岩洞被郑自严占去。何仙姑气不过，便诅咒郑自严将来必定绝嗣，没有后代继承衣钵。但郑自严却以法力，把树枝的瘿和藤蔓、果实等变成人形，一下便化生了五兄弟——大古佛、二细古佛、三古佛、四古佛和五古佛。五兄弟中只有三古佛喜欢出远门，每逢迎神赛会必与定光古佛同往。②

此外，武平县还传说有众多定光古佛生前亲身显示神迹的圣物。如史载禅果院后有龙泉井，常有龙珠在井中发光，相传为定光佛所凿。离南安岩数十里处的绿水湖，"水色深绿，可以彩画。旧传定光佛创院岩

---

① 参见刘大可《闽西武北的村落文化》，国际客家学会、海外华人资料研究中心、法国远东学院，2002，第487页。
② 参见钟德盛《武平县城关的庙会与醮会》，杨彦杰主编《闽西的城乡庙会与村落文化》，国际客家学会、海外华人研究社、法国远东学院，1997，第50页。

中，彩画大绿，皆取诸此"。南安岩前有十二峰，相传因定光佛的偈语"一峰狮子吼，十二子相随"而得名。黄公岭上有泉水名圣公泉，"旧传定光佛过此，偶渴，卓锡而出。视其所有，仅杯勺，一日，千兵过之，饮亦不竭"①。

众多与定光古佛相关的圣物中，又以梁山顶的古子石传说最为当地人所津津乐道：

> 有一年老斗坑人为了欢庆收成，正在水口五谷大神神位前煮食聚餐，定光古佛化缘路过这里，见锅里正在煮肉，便对村民说能不能他的饭也一起煮，村民说：你的是素食，我们的是荤食，怎么可以一起煮呢？定光古佛说：那有什么关系，只见他用一根芒管在锅中间一隔两半，他素食那头一会儿工夫就热水翻滚，很快就煮熟了，而荤食这边却还未开始煮。他吃完饭后，看见水口石不但硕大无朋，而且十分好看，便和村民们商量说能不能把这块石头送给他，村民们见他一个糟老和尚，便开玩笑说：你如果拿得动，就拿去好了。定光古佛便伸出手拍了拍，巨大的石头却越拍越小，最后他用伞把把它背走了。这时，村民们才觉得水口石怎么可以随便让人拿走呢？于是就赶紧追了上去，一直追到了梁山顶。眼看快要追上了，定光古佛随手抓了一把泥土撒向天空，顿时烟雾蒙蒙，挡住了村民们的视线，再也看不见定光古佛和那块水口石了。据说，梁山顶的古子石就是老斗坑的水口石，所以在老斗坑这一侧至今看不到这块巨石。

另一则传说也与水口石有关：

> 相传定光古佛某日到老斗坑一带化缘，正好到了一位富翁家

---

① （宋）胡太初修、赵与沐纂《临汀志》，福建人民出版社，1990，第51至52页。

里，主人不理睬他。定光古佛原已化缘到一些米，便想借锅一煮，主人不想给他煮，便借口没柴了。定光古佛说：我用我的脚做柴好不好？竟将双脚放到灶膛里，噼噼啪啪烧了起来。一会儿饭熟了，定光古佛吃完后旋即离去。主人大吃一惊，一看家中的饭桌、板凳，都被烧光，而定光古佛的双脚仍是好好的，连一个伤疤也没有。主人持打狗棍追了出来，而定光行走如飞。到了水口，定光古佛看到有个镇水口的大石，便用绳子绑住，用伞把把它背走了。待屋主人追来，定光已将大石背上梁山顶，生气地往地上一放，悬空而立，危危欲坠。从此，老斗坑人时时担心巨石会从山上滚将下来而惶惶不安。①

同样的故事母题，还有不同的传说细节，据林荣丛先生说：

> 据说老斗坑人十分腐败，腐败到连小孩子坐栏的坐垫都是用黄米饭做的。定光古佛某日到老斗坑化缘，想化一些米，老斗坑人不肯，定光古佛说我很饿了，那小孩的坐垫挖一点给我吃可以吗？老斗坑人还是不肯。定光古佛原已化缘到一些米，说想借锅煮饭，老斗坑人不想给他煮，便借口没柴了。定光古佛说：我用我的脚做柴好不好？就将双脚放到灶膛里，噼噼啪啪烧了起来。一会儿饭熟了，定光古佛吃完后旋即离去。老斗坑人大吃一惊，一看家中的饭桌、板凳，都被烧光，而定光古佛的双脚仍是好好的，连一个伤疤也没有。老斗坑人持打狗棍追了出来，而定光古佛行走如飞。到了水口，定光古佛看到有个镇水口的大石，便站在一旁。老斗坑人赶到后想上前抓住定光古佛，定光古佛说你如果追上来，我就把石头扔过来。老斗坑人不相信定光古佛有那么大的力气，还是上前追赶。定光古佛便用手在石头上拍了拍，大

---

① 同样的故事情节也见于武平县政协编《武平文史资料》第8辑，第53~54页。

石头越变越小，然后用绳子把石头捆住，用伞把把它背走了。老斗坑人继续追赶。待追到云磜时，老斗坑人还叫云磜人一起帮忙追赶。直追到了梁山顶。眼看快要追上了，定光古佛随手抓了一把泥土撒向天空，顿时烟雾蒙蒙，挡住了他们的视线。从此，梁野山顶上的古子石云磜人可看到一点，老斗坑人看都不让看，这块石上还刻有"此石出在老斗坑，佛法无边背上岭"一行字，而老斗坑人因为看不见古子石而时刻担心大石头会从山上滚下来。

凡此种种，都说明一个道理，即一个地方，如果拥有"圣人"的遗骨或与"圣人"有关的遗物，那么这个地方就会受到神明的特别保护，而成为信徒朝拜的中心。因此，各地寺庙会为争夺这些"圣物"而钩心斗角，甚至互相窃取。以这些圣物为中心，也就逐渐产生许多神奇的神迹故事。围绕定光古佛"圣物"的故事与传说正是如此。不过，与其说这些"圣物"是定光古佛神迹发生的主体，不如说是定光古佛狂热而又好奇的善男信女虔诚崇拜的对象。

三　圣地

宗教圣地的产生与宗教崇拜有着密切的关系。各种人为宗教圣地的设置大都和宗教创始人或著名宗教徒有关，如印度佛教初期形成的圣地，主要是释迦牟尼出生、修行、成道、说法、涅槃的地方。在武平县定光古佛的神迹崇拜中，岩前狮岩的均庆寺、梁野山的白云寺就是其著名的圣地。岩前狮岩被说成是定光古佛的驻锡地与卒地，《临汀志》载："南安岩，在武平县八十里。形如狮子，旧为龙鼋窟宅，俗呼为'龙穿洞'。后定光佛卓锡于此。书偈云：'八龙归顺起峰堆，虎啸岩前左右回，好与子孙兴徒众，他时须降御书来。'中有二洞：南岩为正，窈窕虚旷，石室天然，又有石门、石窗、石床、石鼓、石虎、龙、龟、猫之属，即佛之正寝；东岩差隘，而石龛尤缜密，即佛宴坐之地。"① 《临汀考言》亦载："南安岩在邑治南八十五里，形如狮子，旧为蛟龙窟宅，俗呼龙穿洞，定光大师卓锡于此，中有二岩，南岩窈窕幽广，石室天成，东岩差隘而石龛尤缜密。南岩石洞何年有，欹釜疑是神工纽，碧峰独立势常尊，明月相过虚自受，开遍琪花别一天，飞来云气通千牖，渔翁仔细探桃源，亘古名山雷电守。"②两书虽有前后因循的痕迹，但都道出了岩前狮岩的宗教渊源和鬼斧神工的自然景观。这种宗教渊源与奇特的自然景观，很容易让人对岩前狮岩产生种种神秘感和神圣感，从而被信徒顶礼膜拜。狮岩旁边的均庆寺早在宋代就有所谓："若其化后，香火之盛，栋宇之崇，其威光显赫，不可殚载……然数郡士女，结白衣缘，赴忌日会，肩骈踵接，岩寺屹然，道不拾遗，无敢犯者。"③ 悠久的宗教渊源配以神奇的天然石窟，岩前狮岩均庆寺自然很容易成为定光古佛信徒心中的圣地。

由于战乱，岩前狮岩的均庆寺在南宋末年也"寺焚碑毁"。但在元代初年即被重修，重修时无论是达官贵人还是平民百姓，均慷慨解囊，捐资修建，到大德七年（1303）已成为一座规模宏大的寺院，刘将孙《养吾斋集》载："予客授临汀，大德癸卯，有旨诵经，环一郡六邑，惟南岩均庆禅寺定光古佛道场有新藏。于是陪府公莅焉。贝叶新翻，列函严整，宝轮炫耀，栋宇高深，龙蛇通灵，护持显赫。"后来，又得到汀州、梅州、循州、惠州、连州等地善男信女的巨额捐资，

---

① （宋）胡太初修、赵与沐纂《临汀志》，福建人民出版社，1990，第51页。
② （清）王廷抡：《临汀考言十八卷》清康熙刻本，《四库未收书辑刊》捌辑21~182，北京出版社，2000。
③ （元）刘将孙：《养吾斋集》卷28《定光圆应普慈通圣大师事状》，影印文渊阁《四库全书》集部一三八，别集类。

修建了大雄宝殿、雨华堂、山门、五百罗汉堂、云会堂、斋堂、塔等建筑，并购买若干田产，从而成为汀州最大的寺院。①

作为定光古佛信仰的祖庙，均庆寺曾在明万历年间和清乾隆十六年（1751）先后两次重修，乾隆十六年重修所需银两，除了在武平境内募缘外，还"外募十方，远及台湾"，共花费了一千多两银子，使之更加富丽堂皇。②此外，该寺还曾为建造佛楼向台湾等地信众募捐，2002年1月7日，武平县岩前镇建筑队在南岩定光古佛寺——均庆寺旁，开挖水沟时挖掘出一块石碑，为我们提供了这方面的有力证据。

这块石碑长1.2米、宽0.55米、厚约0.1米。石碑两面分别镌刻"募叩台湾乐助碑记"和"台湾府善信乐助建造佛楼重装佛菩萨碑"。石碑记载了总计700余名台湾信男善女为助建佛楼捐献银两。由此可见，岩前狮岩的均庆寺影响远及台湾，并被台湾信众奉为定光古佛的祖庙。

梁野山白云寺被认为是定光古佛到武平弘扬佛法的另一个圣地。《临汀志》载："梁野山在县东三十五里。俗传高五千余仞，分十二面，绝顶有白莲池。昔乡民采茗，误至一岩，见垂龙须草幕其门。披蒙茸而入，中有佛像、经帙、钟磬、幢盖，俨然如新。欲再往，迷失故路。按《梁野山》记：'古迹，有素书三百卷。瀑布奔入千秋溪，旁垂石如覆釜。'"③《临汀考言》亦载："梁野山在邑治东三十五里，险峻叠出，绝顶有白莲池，昔乡民采茗误至一岩，见门垂龙须草，蒙披而入，内有佛像、经帙、钟磬、幢盖如新，再往迷路。"有诗云："仙山自昔开生面，梁野于今遗古殿，岩邃钟声出谷闻，峰高树影从天见，莲池浴日吐朝霞，石壁披云横素练，洞里残

---

① （元）刘将孙：《养吾斋集》卷17《汀州路南安岩均庆禅寺修造记》，影印文渊阁《四库全书》集部一三八，别集类。
② （清）刘登：《重建三宝殿碑记》，武平县政协编《武平文史资料》第8辑，第64页。
③ （宋）胡太初修、赵与沐纂《临汀志》，福建人民出版社，1990，第51页。

棋尚未收,沧桑几度韶光变。"① 我们在田野调查时,亦听到当地报告人说,梁野山顶云仙岩至今尚存宽阔的佛堂及多处坐禅的小洞,洞壁还留着安放照明油灯的遗址,这些地方都是定光古佛的修炼之处。

天下名山僧建多。田野调查的资料进一步实证了梁野山白云寺很早就成为定光古佛信仰的重要寺庙的说法。据林荣丛先生报告说,这座寺庙的庙址在风水上属于"兔子回龙"的龙脉:

> 相传定光古佛在梁野山弘扬佛法时,住在梁野山顶的庵岩,有一天中午睡午觉前,他特地交代徒弟要看住,说如果有什么东西(指动物)路过要叫醒他。他睡后不久,徒弟见到有一只狮子张开血盆大口走来,他吓得半死,不敢去叫醒定光古佛。过了一会儿,他又见到一只老虎呼啸而过,更是吓得不敢言。最后,他看见一只兔子蹦蹦跳跳跑过来,便连忙叫醒定光古佛,说是有一只兔子路过,定光古佛大喝一声,这只兔子便回过头停在那儿,这就是被称为"兔子回龙"的白云寺庙址。这里的地形,正面是古子石,展眼望去则是一浪高于一浪的山脉。

峰高险峻的梁野山,神奇的传说,宗教圣地的主题得到尽情的体现。因此,尽管山高路远,寺庙几经兴毁,但白云寺一直香火旺盛,吸引了无数的善男信女前来朝拜,使他们得到了精神寄托和心灵的慰藉,成为赣闽粤边客家人一道无言的风景和虔诚膜拜的圣地。

围绕两大定光古佛的圣地,武平县村落有许多分香的寺庙。如武北桃溪的东林寺和岩前周围的寺庙多由狮岩均庆寺分香而来,而武北村落的四大名寺——亭头太平寺、湘坑宝林寺、龙坑福田寺则多从梁

---

① (清)王廷抡:《临汀考言十八卷》,《四库未收书辑刊》捌辑 21~182,北京出版社,2000。

野山白云寺分香而来。定光古佛信仰的这两大圣地，由于具有象征性的宗教意义和宗教价值，从而成为信徒朝圣和崇拜的中心。朝拜圣地，常被宗教组织定为信徒的善功，许多善男信女把这作为一生最大的心愿。在定光古佛信仰中也是如此。

武平县朝拜定光古佛圣地的形式有如下几种。

1. 朝山醮。所谓朝山，是某地信徒到定光古佛香火所源自的庙宇或居民认定的祖庙——梁野山白云寺、岩前均庆寺，去行谒拜之礼。这两大祖庙意味着历史悠久、神明更灵验、香火更旺盛。朝山醮的日期各村落没有统一的时间，但具体某一个村落都有自己的规定。朝山进香的基本仪式与平时打醮大体相同，不同的是一方面朝山醮迎接的菩萨是以事先准备好的香旗为代表，以香旗是否在归途的风中或水流交汇处打结来判定神明是否到位，或将祖庙的香灰包一些回去打醮，从而增加神性[①]。如武北桃溪村每年朝拜梁野山定光古佛日期为农历八月二十四日，每年的八月二十三日，桃溪村就会组织人员前往梁山顶，扛着定光古佛回桃溪，一路上彩旗招展、锣鼓喧天，大乐、小乐、纸炮齐鸣。磜迳高氏每年祭祀定光古佛的活动有两次：第一次是正月二十的古佛醮，这次打醮的主神是湘坑保林寺的大古佛；第二次是十一月二十的古佛醮，这次打醮祭祀的主神是梁野山的古佛，因此，这次打醮实际上就是朝山醮。但由于经费、路途遥远等方面的原因，他们并不会每年都去朝梁野山，而是每隔两三年去一次，而没去朝山的年份打醮时就扛着梁野山的大古佛牌位到水流交汇的河坝上或较近的高山寨子紫擎着香旗，望空而拜，朝天迎接。梁野山的定光古佛是否降临、香火是否接续的标志是看香旗的带子是否打结。据说，漳州市平和县龙归堂的古佛庵是狮岩定光古佛的分身，每两年龙归堂的主持

[①] 之所以要包香灰，据说是一些寺庙的香火来自祖庙，间隔时间长了会慢慢失灵，故每隔两三年要到祖庙谒祖进香。

来狮岩一趟，收取香灰回寺。每次香灰携至龙归堂时，善男信女数千人夹道迎接，敲锣打鼓，燃放鞭炮，甚是隆重热烈。

2. 打大醮。又叫放焰口，一般隔 12 年一次，与普通打醮不同的是，普通打醮时往往抬就近寺庙的菩萨。如前述亭头太平寺、湘坑宝林寺、龙坑福田寺的定光古佛，而打大醮则必须到梁野山或岩前狮岩去迎接定光古佛。

3. 朝菩萨求签。民谚云："跨进庙门两件事，烧香抽签问心事。"朝拜圣地，还往往体现在到圣地求得比其他寺庙更灵验的"签"。我们每次到梁野山白云寺、岩前狮岩均庆寺，都会见到一批又一批的求签者。求签是他们来圣地朝拜定光古佛的重要活动之一，当他们抽到好的签文时或暗自高兴，或心花怒放；相反，当他们抽到不好的签文时，则立即请求化解，或当场许愿，甚至当场还愿。为了更好地说明问题，我们不妨先将梁野山白云寺的签文摘录如下：

上上签：求出此签为第一，佛降民间万事吉。即上灯油二斤半，再奉檀香四两七。

第一签：律转阳和宇宙新，普天之下庆三春。园林富贵花如锦，万户千门喜色临。

第二签：新月如弓未上弦，一朝弦上照三千。文星虽乡蛾眉显，精渐氤氲始蕃田。

第三签：正道衰时邪道番，人情微薄曲如弯。百般计算生机巧，何日悠悠得自安。

第四签：丹凤衔书入九重，风云际会显英雄。玎珰玉佩真奇异，五色云中架彩龙。

第五签：铁砚难磨正奈何，掩留岁月叹蹉跎。算来费尽心和力，历遍崎岖险路多。

第六签：将军垓下失英雄，南北东西路未通。途塞途穷兵散去，可怜独步过江东。

第七签：宝匣才开一镜湾，清光皎洁映朱颜。细看无限精神驻，明月团圆照世间。

第八签：春来风雪雨丝丝，林苑萧条尚未滋。一朝若得风雨暖，红红绿绿照千枝。

第九签：日已衔山万物苍，云山迢露路茫茫。昏鸦声噪愁人意，岩谷山头有虎狼。

第十签：日出东海景色新，衣冠齐整拜朝廷。虽然恩降如霖雨，灾祸消除福禄昭。

第十一签：月出苍海上元青，万里浓云点点红。若得中宵风力扫，必然涌出一轮明。

第十二签：渺渺长江一叶舟，湖中浪滚正茫然。纵然摇橹尽心力，好事终始不得明。

第十三签：夫妻配合两相宜，花烛双辉正及时。一夜姻缘天注定，绵延百世不须疑。

第十四签：凿炼崑山大石岗，费心费力费肝肠。一朝取得无瑕玉，价值千金斗斛量。

第十五签：一叶扁舟泛水边，还遭风卷浪声喧。若得中间波涛静，一炉清香拜上天。

第十六签：喜遇春时景色佳，求名求利正堪夸。禾田处处逢甘雨，枯木枝枝吐锦华。

第十七签：胸中经史焕文章，名成利就莫能量。始信黄花开晚景，太公八十遇文王。

第十八签：客地周流路渺茫，时思桑梓正难茫。鱼沉雁落无消息，泪洒西风结感伤。

第十九签：荷戈壮士气如虹，一片丹心百战功。四海名扬勋业盛，须臾随手觅三公。

第二十签：静读诗中作布衣，灯窗迟滞少年时。一朝若得风云会，万里鹏程自可期。

第二十一签：可笑螳螂用计谋，纵横绿杵捕蚕蜩。虽然觅得高枝下，黄雀潜窥在后头。

第二十二签：英雄俊秀少年郎，满腹文章锦绣裳。步入蟾宫高折桂，飘飘罗袖带天香。

第二十三签：炼得金炉九转丹，年深月久费盘桓。一朝力到功成处，可驾祥云往复还。

第二十四签：失群孤雁远飞亡，流泪声哀哭断肠。遥望故乡终不见，可怜只影落他方。

第二十五签：参天松柏树苍苍，一径堪夸作栋梁。气质昂然颜不改，冬来那怕雪和霜。

第二十六签：铁杵细磨欲作针，劳心劳力又劳神。若能磨得成针样，只恐蹉跎岁月深。

第二十七签：忽然蛇动入门庭，田宅货财一半倾。若得神明降福助，免教人口祸相侵。

第二十八签：骑马矫矫入帝畿，载驰不怕路崎岖。嘶声远送如龙走，直到凤凰池上飞。

第二十九签：诚心来到拜佛恩，要赏灯油定一斤。再奉寿香五百品，一年合家保平安。

2008年3月10日，我们就梁野山白云寺的求签活动进行了一次实地调查。调查期间，先后遇到三位来自上杭官庄的妇女前来求签。求签时，求签者先将求什么、姓名、年龄、家庭人口告诉解签者和古佛。第一位妇女求家运，求得第十三签。解签者蓝如梅先生要其按家庭人口4人许16元香钱。第二位求得第二十三签。蓝如梅先生认为该签没什么问题，事主无灾无难，便没有要求其许香钱。第三位求外出打工丈夫的财运，蓝如梅认为该妇女的丈夫 10 月以前可以外出做工，11 月、12 月则要回家，否则一年的收入就会血本无归，被他人弄走。在短短的两个小时左右，我们遇到的求签者前后达五批二三十人。我们到达梁野山白云寺的时间过了中午 12 点，也就是说已经过了来该寺求签的高峰期。可见，一天之中前来求签的人数之多。

4. 庙会。每座寺庙都有庙会，一般限于较小的范围。但作为定光古佛圣地的梁野山白云寺和岩前狮岩均庆寺的庙会，影响就不同了，许多人是怀着朝圣的心情参加的。如岩前均庆寺的正月初六庙会，当地人说是定光古佛生日，其实为定光古佛的坐化日。从正月初五开始一直热闹到正月十五元宵节。在此期间，邻近的上坊村，蕉岭县的广福村，十方的黎畲、鲜水、高梧等村，都有善男信女三五成群前来行香，前后有上千人参加。十方黎畲的善男信女习惯在每年正月初九到均庆寺行香、许愿、祈求保佑，至九月初六日到寺还愿。此外，象洞的龙灯、岩前上墩、伏虎的船灯，岩前东峰、蕉岭广福的狮灯纷纷前往表演。

不仅如此，朝拜定光古佛的活动还远播至台湾和东南亚一带。1991 年，台北淡水镇鄞山寺为定光古佛"寻根问祖"，派出胡俊彦、徐守权两位先生为代表，还三次到岩前狮岩均庆寺朝拜。第一次，在狮岩看到定光古佛来南安岩的古碑，用红漆填好字迹，拓好拓本带回台湾。第二次，胡、徐两位先生携台胞善男信女 20 余人到狮岩朝拜定光古佛。第三次，他们在厦门雕塑定光古佛佛像一座，用两部汽车运送到狮岩。同时，将定光古佛像立于狮口，定下一条规矩，要求信徒每隔 3 年，在定光古佛像前包装香灰回台。2000 年，台南大竹镇派人到均庆寺举行分香仪式，移植香火到台湾。2007 年 6 月 23 日，台湾海峡两岸合作发展基金会董事长张世良，偕同台湾宗教文化参访团一行 20 人，来到岩前狮岩均庆寺，和来自广东以及本地的 400 多名信徒一起参加定光古佛庙会，向定光古佛供奉进香。这次参访团成员主要来自台湾彰化市，他们手摸着祖上安放的定光古佛像，虔诚地把炉中香灰装入瓶罐，他们要把香灰带回台湾，以示供奉的定光佛得到承认，庇佑平安。

1996年10月，原籍广东梅州市的泰国华侨谢先生，携全家从梅州包车两部到狮岩向定光古佛还愿（过去曾许愿，若发了财，定当谢恩）。他们从梅州带来精致的花灯和上好的香烛供品以及13幅菩萨像，请来尼姑4人，念了两场经，全家顶礼膜拜，跟着尼姑走圆场。①

武平县定光古佛信仰的两大圣地，与定光古佛郑自严的修行、成道、涅槃有关，同时也依靠众多的传说、灵迹衬托，还与著名景观相互辉映，反映了宗教信仰圣地形成与发展的一般规律。

通过前面关于定光古佛圣人、圣物与圣地的论述，我们还可以得到如下几个方面的认识。

1. 定光古佛信仰是闽西客家文化的重要组成部分。定光古佛郑自严生前是人，但他苦修得道，德行高超，从而超凡入圣，获得常人所没有的异能。围绕圣人的活动、圣物的遗留、圣地的构建，形成了数以百计的故事传说、五花八门的祭祀组织、名目繁多的祭祀活动与仪式等，构成了丰富多彩的定光古佛神迹文化。这些神迹文化后来还逐渐演变成广大民众日常生活的行事和文化活动，从而成为重要的民间传统和俗文化，其影响不仅在武平县，而且遍及赣闽粤客家地区，甚至远播我国台湾地区和东南亚一带。

2. 费尔巴哈说："没有神迹，神就不成其为神。"圣人、圣物、圣地使武平县成为定光古佛的信仰中心，衍生出种种故事传说和种种信仰习俗。反过来，这些故事传说的产生、复制、放大与信仰习俗的传播，又进一步巩固其信仰中心的地位。由此，我们认为，如果没有对定光古

---

① 李坦生、林善珂：《武平县岩前庙会醮会概况》，杨彦杰主编《汀州府的宗族庙会与经济》，国际客家学会、海外华人研究社、法国远东学院，1998，第57~58页。

佛神迹的信仰，定光古佛信仰也会因此而失去引人入胜的魅力，失却广大信众的信仰。

3. 在定光古佛信仰体系中，分别存在着两个不同层级的不同系统。第一个层级的不同系统是闽西客家地区的定光古佛信仰不同于佛教上的定光佛。第二个层级的不同系统是闽西客家地区的定光古佛信仰分属两个不同的信仰中心。不同层级、不同系统的定光古佛信仰在不同寺庙、不同地区又相互交织在一起。例如，将杭州的法相寺、洛阳的白马寺与岩前的均庆寺胡乱地联系在一起，以致出现人们经常引用的"金身留浙水，宝珞镇蛟湖"等对联。又如，武平的定光古佛有两个信仰中心，一是以梁野山白云寺为代表的定光古佛信仰，同时配有定光古佛五个奇特的化身，其影响主要在梁野山周围的十三村、武北六十四村、上杭、赣南等地；一是以岩前镇均庆寺为代表的定光古佛信仰，没有五个化身，其影响主要在武南、永定、连城、广东的梅州和台湾等地。

4. 武平县的定光古佛信仰在本质上是一种民间信仰，无论其"圣人"、"圣物"、"圣地"，还是其信仰活动、祭祀仪式，体现的都是一种区域族群的保护神角色。但它又与佛教密切地联系在一起，庙宇称佛寺，名叫定光佛，并与大名鼎鼎的何仙姑进行斗法，反映了民间信仰随意随俗的特点。

5. 武平县的定光古佛信仰实证了种种普遍的宗教现象。在中国古代，"夫圣王之制祀也，法制于民则祀之，非是族也，不在祀典"[①]。列入祀典的宗教崇拜对象不仅是血缘上的祖先，而且是"法制于民"者，"以死勤事"者，"以功定国"者和"能御大灾"者，即"有历烈于民"的"圣王"。所谓"圣"者，即今日的英雄。这种英雄崇拜在我国少数民族中也普遍存在，如研究羌族原始宗教的

---

① 《国语·鲁语上》。

学者钱安靖先生说："凡有功于民者和民族英雄，皆被奉祀为神。各种工匠技艺精湛，有益生产，便利生活。功德在民，受到羌人崇拜。故羌人家中供有建筑神、石匠神、木匠神、铁匠神等等。民族英雄除暴安民、反抗官府、解除民困，受到羌人爱戴和尊敬，并形成神话传说……"① 显然，定光古佛经由"圣人"而成神明，符合英雄崇拜的一般规律。

不仅如此，在武平县定光古佛信仰中，还体现了英雄崇拜与自然崇拜相结合的一般规律。如前所述，定光古佛的两个信仰中心，无论是白云寺还是均庆寺，均与武平八景之一——梁野仙山和南安石洞联系在一起，并且均有巨石、奇岩，分别有"峰高树影从天见"、"石壁披云横素练"、"一峰狮子吼，十二子相随"之说，具有以大自然现象为依托的自然崇拜色彩。在中国古代，山石等自然崇拜是十分普遍的宗教文化现象，天子祀五岳，百姓祭本地名山。巨石突兀，人们往往视之为神，将其神化与神话；石崖、石壁，陡峭巨大，亦使人感到神奇畏惧而崇拜。因而，天台山、峨眉山、九华山等既是佛教名山，也是道教的洞天福地；云冈石窟、敦煌莫高窟也成为宗教圣地。在定光古佛信仰中，英雄崇拜与自然崇拜也是如此有机地结合在一起，共同完成了对定光古佛信仰中心的构建，由此，武平县梁野山的白云寺和岩前镇的均庆寺也就成为定光古佛信仰中名副其实的圣地。

宗教圣地在当代社会中的一个显著的特点是，一方面继续保持了以往的宗教活动功能，表现了自古以来的各种文化内容，是传统文化的一个重要组成部分；另一方面则表现在宗教圣地逐渐成为文化建设、发展旅游、搞活经济的重要支柱和第三产业的主要内容之一。融自然景观和人文景观为一体的宗教圣地是当今社会的一大旅游热

---

① 吕大吉、何耀华总主编《中国原始宗教资料丛编》，上海人民出版社，1993，第450页。

点。许多地方都充分认识到这种无烟产业带来的巨大经济效益,因此投入了大量的人力、物力,精心修缮和恢复各种"圣地",同时带动了一大批相关产业,如旅馆业、饮食业、文化产业等。这是我们今天讨论闽西客家文化,以及规划闽西客家文化旅游时应当特别加以重视的。

论定光佛弘法胜地的选择

俞如先　张雪英[*]

【摘　要】　武平狮岩是由石窟寺和地上殿宇建筑组成的禅宗圣地。狮岩的形成是盛唐时期及此后石窟寺文化影响的结果。定光大师最终决定于此开堂弘法完全是遵循禅宗胜地选择基本经验的。五代十国时期，定光禅师学法得道之后，为了光大禅宗事业，曾长时间在闽粤赣边一带遍访合适的弘法地点。笔者认为，粤赣边客家地区因已无较为理想的弘法地点等原因而未能纳入大师的视野，今天上杭、连城等县的天然洞穴虽有幸为大师所涉足，但因都有这样那样的不足，又最终被大师所放弃。唯有狮岩人和、地利条件最为优越，大师才义无反顾地选择于此长期弘法，并最终成就了一代宗师的地位。

【关键词】　弘法胜地　闽粤赣边　狮岩

作为世界客家守护神定光佛祖庭的武平狮岩均庆寺是闽粤赣边地区所不多见的禅宗石窟寺，该寺的形成是盛唐时期及此后石窟寺文化影响的结果。近年来，海内外的许多专家学者从信仰缘起、形成、特点、现实意义及与客家文化、中原文化的关系等视角，[①] 对定光古佛信仰进行了较为全面、系统的研究。但关于定光公为什么最终选择武

---

[*] 俞如先，中共龙岩市委党校副教授、法学博士；张雪英，龙岩学院思政部教授。
① 福建省武平县客家联谊会、政协福建省武平县委员会文史与学习宣传委员会编《定光古佛史传论文选集》，2010。

平狮岩作为弘法圣地依山就势营建石窟寺的问题，迄今未见相关的研究成果。笔者在理论思考的基础上，立足于相关文献资料，并结合田野调查获得的第一手资料，对这一问题进行探讨，也由此进一步有力地证明武平狮岩定光佛祖庭的地位。

一 禅宗弘法胜地选择的条件

我国佛教史上，常见禅僧跨地区从容择地弘法的情形。如对我国佛教发展起着至关重要作用的北朝时期的昙曜曾在凉州一带修禅业、弘佛法，受到北凉统治者的重视，后来辗转来到平城（今山西大同），"即为太子晃所礼重，被任为昭玄都统，即请于平城西武州山开凿石窟，镌建佛像，这就是遗留至今的著名佛教遗迹——云冈石窟"①，即著名的"昙曜五窟"，总称为灵岩寺。又如禅宗六祖慧能曾在湖北黄梅追随弘忍求法。得大师衣钵之后，南下广州法性寺落发出家。在广州，慧能禅师对何去何从的问题进行了认真的思考。"慧能开法受戒回制旨寺以后，广州龙兴寺的经藏院成了慧能的开法堂。但这时慧能却面临了一个新的问题，是长期在广州地区传扬禅法，还是另谋弘法宝地。"②大师最终选择了到韶州曹溪宝林寺弘法。

一般而言，僧人择地弘法离不开天时、地利、人和这三个条件，要逢天时、得地利、有人和，三者缺一不可。

逢天时主要是指统治阶级重视佛教、社会较为安定良好的时代环境。社会安定、统治阶级的重视和支持至关重要。如云冈石窟是昙曜首创主持开凿的，前后历时约30年，如若没有北魏统一北方创造了较为安定的政治环境，没有统治阶级的支持简直是不可想象的。统治阶

---

① 中国佛教学会编《中国佛教》，知识出版社，1980，第41页。
② 李明山：《六祖慧能与韶州曹溪结缘考略》，《韶关学院学报》2009年第10期，第2页。

级的支持极为关键。昙曜禅师就曾一语中的地指出:"世界成坏要因诸法,圣法兴毁必在帝王。"① 为了弘法,昙曜千方百计争取北魏皇帝的支持,在文成帝的协助下,昙曜开凿石窟建寺的实践活动进展顺利,"不仅实现了他'弘教护法'的愿望,而且又取得了意想不到的效果"②。南京栖霞山的无量寿佛像龛的建造也是如此,"还曾经得到了齐朝文惠太子萧长懋、豫章王萧嶷、竟陵王萧子良、始安王萧遥光的大力资助"③。

得地利包含两方面的内容。一是所选择的地方要有山有水。历史上,佛教中国化的进程中,逐步融入了道教文化的内容。如道教追求洞天福地的仙境,多以名山为主景,有山,台高则近仙,如若有天然溶洞或岩性适合开凿洞窟则更佳,别有洞天,山中有洞室通达上天;有的追求兼有山水。佛教即深受中国道教的影响。如禅宗基本上成为适合于在丛林中发展的山林文化。禅师弘法往往选择"山堪作钵、水可浮杯"④ 的佳山胜水。所以,山水胜地理所当然成为弘法择地的首选条件。如历史上昙曜选择开凿石窟的武州山一带也曾是山水俱佳的地方。"根据史料记载,修建伊始,在距离云冈石窟25米的地方曾有河道如玉带穿流而过,河边绿树成荫,美不胜收。而到了金代,古人发现水对石窟的巨大破坏力,为了保护云冈石窟,才将这条河流改道到距离石窟四五百米处,即今天云冈石窟南面已经干涸的十里河。"⑤ 而且武州山崖上的岩石为侏罗纪时期的砂岩,适合雕刻。二是地理位置恰到好处。禅宗弘法地点地理位置的要求比较讲究,既要考虑要有

---

① 转引自张淼《昙曜兴佛及其历史地位》,《五台山研究》2005年第3期,第4页。
② 张淼:《昙曜兴佛及其历史地位》,《五台山研究》2005年第3期,第3页。
③ 常青:《佛祖真容——中国古寺探秘》,四川教育出版社,1996,第177页。
④ 福建省武平县客家联谊会、政协福建省武平县委员会文史与学习宣传委员会编《定光古佛史传论文选集》,2010,第22页。
⑤ 张显峰、李艳:《云冈石窟周边环境治理工程引争议》,《科技日报》2009年8月18日第1版。

一个相对清静的环境,一般与通都大邑保持一定的距离,又要考虑到禅宗思想观照的重要对象是众多下层劳动人民,不能太远离世俗,所以,弘法地点往往选择在地处人员、商贸往来的交通要道上。如禅宗六祖慧能最终选择韶州宝林寺作为弘法地点即有地理位置优越的考量:"韶州处于南北交通要冲,是中原人南渡的必经之地之一。所以,慧能要发展禅宗事业,必然选择既不太偏僻,又远离尘嚣,不太靠近政治统治中心的地方。在韶州确立禅宗的弘法基地,进可以越过南岭,到达长江流域和中原地带;退可以据守岭南,抑或远化海外。"[1] 而且离宝林寺不远的曲江县狮子岩后山正好有一个天然山洞,为了安全起见,慧能能栖身洞中避难,"后人将此处称为招隐寺"[2]。

有人和主要是指具有一定的群众基础且得到僧俗的合力支持。封建社会,人民群众需要通过宗教表达诉求和情感,祈求大慈大悲佛祖的庇佑,人民群众情感上需要宗教,也会以做功德的形式出资资助寺院建设等,这些都为宗教的存在和发展赢得了基本的社会条件。如栖霞山齐梁古刹栖霞寺的建造以及无量寿佛像龛的开凿即得到了民间居士的鼎力支持。"关于这所大佛像龛的建立,相传在刘宋朝时,有一位平原(今浙江平湖县东)居士明僧绍,很有佛学修养,他独自一人遍览了江南的佛教圣地之后,有一天来到了栖霞山下。这里的山谷使明僧绍仿佛感到了一种神仙般的灵气,于是他就决定居住下来,安度自己的有生之年。不久,有一位法渡禅师率领徒弟们也来到栖霞山修行了,他们与明僧绍友好相处,平时也一起讨论佛教理论。一次,法渡禅师向弟子们宣讲了《无量寿经》,到了夜里,忽然看见金色的光芒照亮了黑暗的天空,金光中显现出了台馆的形象。于是,明僧绍就把自己的住宅施舍给了这些僧人,栖霞寺

---

[1] 李明山:《六祖慧能与韶州曹溪结缘考略》,《韶关学院学报》2009年第10期,第4页。
[2] 李明山:《六祖慧能与韶州曹溪结缘考略》,《韶关学院学报》2009年第10期,第2页。

就这样出现了。明僧绍曾经梦见山崖间闪耀着如来佛的光彩,他感到佛祖的灵相是会在这座山上出现的,就同法渡禅师商量开凿一所大佛像龛。公元484年,壮志未酬的明僧绍去世了。以后,担任临沂县(今南京市北金川门外)县令的明僧绍第二子仲璋,为了完成父亲的遗愿,便与法渡禅师共同设计,开凿完成了这所无量寿佛像龛。"① 又如,慧能禅师之所以选择韶州宝林寺弘法,与韶州一带广泛的僧众基础也有很大关系,慧能与社会各界都建立了良好的人脉关系,"诸如儒士刘至略,与慧能关系密切。还有他的出家为无尽藏尼的姑姑,曾和慧能一起诵谈过经义。曹侯村的魏武侯玄孙曹叔良、乐昌的智远禅师等,都与慧能有过交往,都是他的人脉关系"②。

我国佛教史上,许多禅师选择的弘法地点之所以最终成为宗教圣地,与相对有利的时代环境、山水优势、人脉关系等条件都是息息相关的。

二 闽粤赣边定光佛曾经的云游与徘徊

五代十国时期,国家分裂。闽西、赣南属南唐,粤东归南汉管辖。这一时期的南方各国重视发展经济社会事业,"各在境内还实施些有利民生的改良政策,使经济有所发展而社会日益安定"③。与此同时,由于南方各国帝王多有浓厚的宗教信仰,支持佛教事业,"所以,当时南地佛教始终在发展"④。可见,这一时期也是有利于得道僧人从容选择弘法胜地的。

---

① 常青:《佛祖真容——中国古寺探秘》,四川教育出版社,1996,第176~177页。
② 李明山:《六祖慧能与韶州曹溪结缘考略》,《韶关学院学报》2009年第10期,第3~4页。
③ 中国佛教学会编《中国佛教》,知识出版社,1980,第41页,第75页。
④ 中国佛教学会编《中国佛教》,知识出版社,1980,第41页,第75页。

公元950年，定光禅师前往庐陵（今吉安）西峰寺，跟随云豁法师学法。定光禅师苦学5年彻悟佛法之后，也面临着何去何从的问题。为了弘法，他毅然辞别西峰寺。一开始是漫无目的地云游与徘徊，"渡大和县怀仁江……又经梅州黄杨峡，渴而谒水。人曰：微之。师微笑，以杖遥指，溪源遂涸，徒流于数里外，今号干溪。乾德二年甲子之武平……"①这实际上暗示了定光禅师坐船自赣江支流的怀仁江进入赣江，然后沿江溯流而上，到达粤赣边界，再经边界南岭隘口陆路进入粤东平远县差干镇一带，再在干溪乘船拐入发源于武平的中山溪，顺利进入闽西的路线。定光禅师走的实际上是商旅跋涉出来的盐商古道。众所周知，闽粤赣边是一约定俗成的地理名称，历史上私盐贩卖长期盛行。北宋时期，汀州、虔（赣）州等地的居民就"喜贩盐且为盗"②，而且在紧挨闽西的粤赣边界一带也确实自古就存在着一条盐商古道。③ 所以，定光禅师自赣中腹地，经赣南南下进入粤东寻访弘法胜地是完全有可能的，而且也符合禅宗所要求的交通要道寻访的一般规律。但定光禅师最终没有在赣南、粤东停下寻访的脚步，很可能有赣南、粤东一带开发较早，禅宗的影响也较为兴盛，香火旺盛的大丛林林立、已无较为理想的弘法地点可供选择的缘故。当然，也与寻访途中的一些遭遇有关。如途经平远黄杨峡时，因口渴，向民众讨要水喝，结果被拒，"人曰'微之'"。禅宗弘法也很是忌讳这种民间不友善的排斥心理的。

应该指出的是，定光禅师自公元955年前后离开西峰寺至964年抵达狮岩前后历时9年。长达9年的时间里，大师不可能只在粤赣边的盐商古道沿线寻访。事实上，狮岩开堂之前，大师确实在闽

---

① 转引自闽西客家联谊会、龙岩市政协文史与学习委员会编《定光古佛与客家民间信仰》，2008，第149页。
② （宋）马端临：《文献通考》卷156《兵考》。
③ 叶仕欣：《小山村有条粤赣盐商古道》，《广州日报》2009年10月27日第A13版。

西的其他地方寻访过，"经自汀（当时连城、上杭、武平等县均未从长汀县分出）而来，一瓶一钵，掬水问香，寻胜于此地狮子岩，遂开山焉"①。从文献记载和田野调查的情况看，大师在闽西许多地方留下了弘法寻访的圣迹，或是栖息弘法，如上杭县庐丰乡东安岩，"宋定光佛常栖于此岩"②；或是驻锡弘法，如距连城县北5公里的滴水岩（在今隔川镇），"相传，定光佛驻锡于此"③；或是设道场弘法，如连城冠豸山，"又有定光道场，号曰：白云洞天"④；或是云游弘法，如连城县赖源乡上村，"汀郡定光灵迹甚多。相传曾云游至赖源村（今赖源乡上村）"⑤。定光大师寻访的地方以连城县居多，而且这些地方有一个共同的特点就是都有天然洞穴。如滴水岩，"山壁有岩洞，宽约30余平方米"⑥。冠豸山的定光道场在冠豸山主峰灵芝峰绝巘下仰止亭往雪洞方向约100米处的空旷地带，距离雪洞不过百米的距离。⑦ 赖源乡上村溪流两岸遍布着20多个大大小小的石灰岩溶洞，其中的石燕岩其实就是一个大洞，"长约35米，宽25米，高16米"⑧，据说原是水牛精的巢穴，定光大师下榻此洞弘法，遂用竹条驱赶水牛精，洞壁上至今尚留有竹条的痕迹。⑨ 这些定光大师曾经寻访的地方有山有水有洞，而且民风淳朴，如定光大师寻访赖源乡时，当地乡民连谷种都拿出来招待定光大师，令定光大师至为感动。⑩ 但是这些地方都有这样那样的不足。如东安岩虽然临近汀

---

① 福建省武平县客家联谊会、政协福建省武平县委员会文史与学习宣传委员会编《定光古佛传论文选集》，2010，第21页。
② 《闽书》第2卷《方域》。
③ 连城县地方志编纂委员会编康熙版点校本《连城县志》，方志出版社，1997，第55页。
④ （清）李绂纂《汀州府志》，方志出版社，2004，第48页。
⑤ 转引自政协连城县委文史与学习宣传委编《连城文史资料》第35辑，第310页。
⑥ 连城县地方志编纂委员会编《连城县志》，群众出版社，1993，第816页。
⑦ 据对连城县文化局退休干部谢桂犀的调查和笔者现场的考察，2011年1月27日。
⑧ 连城县地方志编纂委员会编《连城县志》，群众出版社，1993，第818页。
⑨ 据对连城县文化局退休干部谢桂犀的调查和笔者现场的考察，2011年1月27日。
⑩ 转引自政协连城县委文史与学习宣传委编《连城文史资料》第35辑，第310页。

江，但定光大师寻访的时候，汀江水运尚未发展起来，迟至宋嘉定六年（1213），"汀江水运日渐发展"①，而且山势陡峭、登临困难，山上所谓"仙人洞"洞口处"泉水源源不断地流下来"②，不仅人员进出洞窟多有不便，洞内空气也因此过于潮湿，人也无法长期于此停留。滴水岩、冠豸山两山均不处在边界的交通要道上。滴水岩山虽不高，但洞内因岩壁常年泉涌不竭，"有泉一线，出窦，溜泻岩下，深不盈尺，潴不溢，汲不竭"③，人也无法长时间在此活动。冠豸山上的雪洞实际上只是灵芝峰绝巘处一山包斜靠灵芝峰所形成的一个挡雨空间，洞内空间不过十几平方米，地面略呈倾斜状，另外一个出口下面又是悬崖峭壁，缺乏安全保障，所以，也根本不适合作为礼佛的场所。况且冠豸山一山兀立，四面悬崖峭壁，"其山四面皆石壁，崒崔巉巍……初足迹莫能容，后凿石蹬数百重，始通一道"④。冠豸山在宋元祐年间（1086~1094）被开发之前，连徒手攀登都相当困难，要搬运材料上山更是难上加难，因此也很难在山上建设与洞穴连为一体的弘法场所。赖源石燕岩虽然洞内空间较大，空气较为干燥，但因崇山峻岭的阻隔，对外交通极为不便，人烟稀少，上村元末明初才有范姓、黄姓先民于此开基⑤，洞前又为两山夹峙的溪流，无法拓展作为地上寺庙建筑的场地，实际也无发展空间。

可见，定光大师开堂狮岩之前除了粤赣边一带之外，也曾经在今上杭、连城等县寻访弘法胜地，只是所寻访的地方客观上并不适合作为长期弘法的地点，最终都被定光大师所放弃。

---

① 上杭县地方志编纂委员会编《上杭县志》，福建人民出版社，1993，第278页。
② 周继章：《走进东安岩》，2006年10月29日《闽西日报》第7版。
③ 连城县地方志编纂委员会编康熙版点校本《连城县志》，方志出版社，1997，第55页。
④ 李传耀主编《冠豸山诗文选》，福建人民出版社，1994，第105页。
⑤ 对连城县赖源乡上村吴煜民的调查，2011年3月18日。

三　武平狮岩——定光佛最终的弘法抉择

狮岩是耸立于武平县岩前镇方圆近 40 平方千米盆地中心的石灰岩山体，因酷似张口仰天怒吼的狮子而得名，一峰兀立如狮，赏心悦目、视野开阔、美不胜收。

大师之所以选择狮岩作为弘法胜地，有狮岩一带"人和"方面的有利条件。武平县也是客家民系形成的县域之一，据县内各姓族谱记载，"自唐代开始，即有大批中原汉人陆续迁入县境，成为主要居民，称为客家"[①]。五代十国末至宋初，武平一县至少有几千户人家。[②] 其中有相当部分流民是经由岩前与广东间的边界通道进入岩前避难的，"（岩前）南抵循梅，西连章贡，篁竹之乡，烟岚之地，往往为江广界上遁逃者之所据"[③]。岩前就这样成为岭南流民天然的避风港，常见短期内集中可观数量流民的情形。禅宗观照的是广大的下层群众，大量难民的涌入使大师弘法具有广泛的群众基础。这一"人和"条件也正是大师所寻访的其他地方所不及的。禅宗本质上与广大流民并无根本的利益冲突，大师甚至一直都在体恤百姓，主动为民请命，"岩寺当输布，而民岁代输之。公不忍，折简置布束中祈免"[④]。而且百姓有求，大师必应，"民有祈祷，辄书偈付与，末皆书'赠之以中'四字，无愿不从"[⑤]。这样，大师在狮岩一带弘

---

① 福建省武平县志编纂委员会编《武平县志》，中国大百科全书出版社，1993，第 735 页。
② 周雪香：《明清闽粤边客家地区的社会经济变迁》，福建人民出版社，2007，第 76 页。
③ 《永乐大典》卷 789《汀州府·风俗形势》。
④ 转引自闽西客家联谊会、龙岩市政协文史与学习委员会编《定光古佛与客家民间信仰》，2008，第 144 页。
⑤ 转引自闽西客家联谊会、龙岩市政协文史与学习委员会编《定光古佛与客家民间信仰》，2008，第 151 页。

法毫无疑问能得到广泛的接受和认同。大师生前，狮岩一带民间亲切地称其为和尚老人，"师见在，民呼曰'和尚翁'，亲之也"①。可见，经过努力，大师在狮岩一带很快就建立了较为良好的人际关系，具备了弘法的"人和"条件，在这一前提下，禅堂基本建设所需要的土地问题解决了，最早开辟狮岩的何大郎让出了狮岩地盘并施舍了许多土地，"后又将岩前所创屋宇田产永施狮岩寺院，举家再迁宁洋创基立业"②。投工投劳问题也解决了，"乡人神之，争为之畲土夷堑，刊木结庵"③。大师不仅善于处理与民间信众的关系，还善于处理同道之间的关系。如邻寺有需要，大师即挺身而出，"邻寺僧死，公不知法当告官，便自焚之"④。这样对于改善僧人之间的关系、进一步营造良好的"人和"环境也是大有裨益的。

当然，相比之下，狮岩最为优越的还是它的地利条件：一方面是狮岩具有优越的地理位置。狮岩所在的岩前不仅是武平的南大门，也是整个福建的西南大门，"汀郡毗邻江粤，为七闽藩篱；而上杭、武平直与程乡、平远接壤，则又汀郡之门户。乃最要无如岩前"⑤。而且狮岩临近历史上闽粤赣边作为盐粮贸易重镇的下坝，岩前与下坝有岩前溪相通。源于广东邻山的岩前溪流经狮岩所在的灵岩村，汇入中赤溪，再在下坝乡汇入中山河。中山河原名就叫石窟河。当年，大师正是经由中山河踏上闽西的土地。狮岩石窟是大师的象征，可见该河的起名确与大师有关。岩前溪成为通达下坝的又一通道。历史上大量的

---

① 转引自闽西客家联谊会、龙岩市政协文史与学习委员会编《定光古佛与客家民间信仰》，2008，第156页。
② 转引自政协连城县委文史与学习宣传委编《连城文史资料》第35辑。
③ 转引自闽西客家联谊会、龙岩市政协文史与学习委员会编《定光古佛与客家民间信仰》，2008，第150页。
④ 转引自闽西客家联谊会、龙岩市政协文史与学习委员会编《定光古佛与客家民间信仰》，2008，第144页。
⑤ 丘复主纂民国《武平县志》，福建省武平县志编纂委员会整理出版，1996，第428页。

流民商旅经由各种通道进入岩前。有的于此定居开发，在广大的岩前盆地逐渐形成了客家村落。狮岩正好处于村落中间的位置，便于大师与百姓接触。当然，岩前又相对远离区域政治中心，离武平城42千米，离汀州府治所在地的长汀县城则更远，"北至本府长汀县二百六十里"①，可以免却很多不必要的政治干扰；再就是狮岩有山有水且山有天然溶洞。大师初来乍到，"望见怪石奇形，心知洞天福地，见喜一峰狮子吼叫，万象尽皈依"②。再看山前，一流水清澈的小溪欢快地绕山右流向远方。③ 大师颇具山水选择阅历，从经验上看，他知道狮岩正是梦寐以求可以光大禅宗事业的胜地，"况岩之前峙而森立者，山堪作钵；流而潆绕者，水可浮杯。息外缘，日换凡骨，绍佛未坠之绪于一线上也"④。而且狮岩洞穴条件也无可挑剔。主洞高出地面约20米，从大院坪上行43级台阶就能很轻易地登临主洞。主洞洞内空间大，高约5米，最大口径达18米。有两个洞府，各深约20米。确实是清静禅修的绝妙去处。狮岩四周还有大小溶洞20余个。狮岩整体属石灰岩岩体，岩性单一，抗风化能力、自稳能力强，这样的溶洞也适合长期使用。大师再拾足走近狮岩，审视着大自然的巧夺天工，更坚定了于此长久弘法的信念，"睹南岩石壁峭峻，岩冗嵌崆，怃然叹曰：'昔我如来，犹芦穿于膝，鹊巢于顶，而后成道。今我亦愿委身此地，以度群品。若不然者，当使殒碎如微尘'"⑤。最后是狮岩所在的岩前盆地面积2906公顷，狮口前方即是块开阔的平地，为狮岩提供了足够

---

① （清）赵良生重纂康熙《武平县志》，福建省武平县志编纂委员会整理出版，1996，第5页。
② 福建省武平县客家联谊会、政协福建省武平县委员会文史与学习宣传委员会编《定光古佛史传论文选集》，2010，第22~23页。
③ 对武平县岩前镇灵岩村练福清的调查，2011年3月11日。
④ 福建省武平县客家联谊会、政协福建省武平县委员会文史与学习宣传委员会编《定光古佛史传论文选集》，2010，第22页。
⑤ 转引自闽西客家联谊会、龙岩市政协文史与学习委员会编《定光古佛与客家民间信仰》，2008，第150页。

的发展空间，可供配套营建与狮岩连为一体的殿宇、僧房、钟鼓楼等建筑。今天均庆寺的三宝殿、千佛楼均是基本保留了北宋年间初建时原貌的建筑。

在大师看来，地理条件、人和条件如此优越的地点是不多见的，甚至是绝无仅有的。大师于是很快做出抉择，义无反顾地投入了狮岩的怀抱。而且立说立行，于此弘法，"发誓已，摄衣趺坐"①。大师还为了山前刹宇的建造呕心沥血，经过几年的努力终于初现规模。历史也无可辩驳地证明大师的选择是正确的。在北宋真宗年间，大师已逐步确立了在宗教界一代宗师的地位。北宋真宗皇帝称赞大师为活菩萨，并赏赐银钱，"上乃谓师为'见世佛'，御赐周通钱一贯文，至今常如新铸"②。同样是在真宗朝，有一次真宗皇帝以素食宴请名僧，大师也在应邀之列，有一个正对着皇帝的位置，众僧都不敢坐，一定要留给定光佛祖："对御一榻无敢坐。上命进坐，僧答曰：'佛祖未至。'少顷师至，白衣衲帽，儒履擎拳，即对御就坐。"③ 足可见大师在宗教界德高望重的影响力。闽西均庆寺也因此成为闽粤赣边的禅宗大丛林。今天狮岩所在村落的名字叫灵岩村，这不是一个简简单单的地名，它昭示着历史上大师开创的均庆寺堪与北魏一代宗师昙曜主持建造的灵岩寺媲美。

综上所述，佛教禅宗弘法胜地的选择离不开天时、地利、人和的条件。五代十国时期，定光禅师学法得道之后，为了光大禅宗事业，曾长时间在闽粤赣边一带遍访合适的弘法地点。粤赣边客家地区因已无较为理想的弘法地点等原因而未能纳入大师的视野，今天上杭、连

---

① 转引自闽西客家联谊会、龙岩市政协文史与学习委员会编《定光古佛与客家民间信仰》，2008，第150页。
② 转引自闽西客家联谊会、龙岩市政协文史与学习委员会编《定光古佛与客家民间信仰》，2008，第154页。
③ 转引自闽西客家联谊会、龙岩市政协文史与学习委员会编《定光古佛与客家民间信仰》，2008，第154页。

城等县的天然洞穴有幸为大师所涉足,但因都有这样那样的不足,又最终被大师所放弃。唯有狮岩人和、地利条件最为优越,大师于是义无反顾地选择于此长期弘法。在有利的环境条件下,经过不断的弘法努力,定光禅师终于成为一体三宝的一代宗师,狮岩也成为闽粤赣边禅宗的胜地和世界客家的精神家园。

定光佛信仰在台湾社会变迁下的现况：
以彰化为例

林秀芳[*]

【摘　要】　明清时期，先人到台湾开垦，由于定光古佛在汀州影响很大，因此清代的闽西客家人把定光古佛信仰传播来台，辗转到彰化建庙供奉，使原乡的建筑、宗教、信仰精神在这块土地生根，具乡土价值、历史价值、艺术价值，也是客家先民在当地努力的最佳证明，定光佛信仰、人文艺术、文化古迹等，值得后代保存与传承。

当人们遭遇人生重大挫折或不安时，宗教信仰就是一种安定力量，给人心灵的慰藉，本文将浅探定光佛之形成和居民生活需求之关联性，居民如何从定光佛信仰中得到心灵寄托及安定，如何借祭祀活动和定光佛进行人神交流。

【关键词】　定光佛　台湾信仰　变迁

一　前言

由于唐末、宋元时期的福建造神运动，一些从北方传入的民间信仰，与福建的人文、地理相适应，产生变异而逐渐呈现本土化，至今

---

[*] 林秀芳，台湾屏东教育大学文化创意产业研究系客家文化组。

在福建有较大影响的神灵都是在唐末至两宋时期产生而发展起来的，其中定光古佛就是这个时期产生的地方神。[1]

福建移民入台，带来家乡的民间信仰，为的是能够时时祈求神明的帮助，清据初期，清廷严禁闽、粤沿海地区的人民出海移民，有意移民者必须采取偷渡的方式，加上航海技术的落后，造成海峡两岸交往的困难[2]，于是渡台与返乡都难，在这特殊的环境下，台湾移民的民间信仰逐渐强化了社会的成分，带去的神灵都是家乡崇奉的神。

本文采用笔者田野调查时的观察与彰化居民，定光佛庙的香客、信徒、庙方管理员等所言，佐以相关文献、论文与网络资料的搜集分析。

二　宗教信仰之传播

（一）信仰的背景与过程

福建和台湾隔海相望，海峡宽度仅约 200 公里，为两岸人民的联系提供了方便。对台湾人而言，福建移民最早来开发，因此台湾社会的民间信仰大多来自福建，伴随着福建移民开发而逐渐传开。[3] 开发之初期，由于移民流动性大且性别比例不平均，所以不易形成宗族组织，而是以原地祖籍为基础，建立地缘组织群体，这是早期台湾社会结构的特色[4]，其特色为结合成一个开垦的经济团体，并与其他群体相对抗，通常是共同供奉一个大陆携带来台的地方神，作为团体凝结整合的标志，建立庙宇来奉祀。汀州人的定光古佛，就是这类地缘群

---

[1] 林国平、彭文宇：《福建民间信仰》，福建人民出版社，1993，第 11 页。
[2] 简炯仁：《台湾开发与族群》，（台北）前卫出版社，1995，第 50 页。
[3] 林国平、彭文宇：《福建民间信仰》，福建人民出版社，1993，第 349 页。
[4] 李亦园：《宗教与神话论集》，（台北）立绪出版社，1998，第 216 页。

体的乡土神。到了开发的晚期，约19世纪末，地缘组织的变化，最重要的现象是信仰圈的扩大，神明超出原有祖籍群体的范围之上，成为同一区域内不同祖籍共同膜拜的神明，而形成以现居地为范围的信仰圈。①

人与神明在现实生活中透过信仰的沟通历程，产生了宗教经验，使人们对宗教象征更加认同，所谓宗教经验，就是宗教信仰者对于神圣物（神、神圣力量、神性物）的某种内心感受和精神体验。②

（二）民间信仰的意涵

民间信仰是平民百姓的信仰形态，是一种和人民日常生活非常密切的宗教信仰，宗教为什么存在？宗教可以免除人们对于死亡或未知的恐惧，人类因需求而产生宗教，宗教因信仰而存在，于是有人类就有宗教和信仰。明代以后，民间信仰不但在福建本土进入兴盛阶段，还随着移民向福建境外辐射，主要的辐射区有两个：一是东渡台湾海峡，传播到台湾省；二是跨越南洋，传到东南亚各国。③

人类是社会动物，必须集群而居，宗教信仰巩固社会规范、整合群体，借共同信仰以巩固凝聚力和社会组织力，使社群生活和谐，随着科技的发达和社会制度的完善，宗教信仰作为人类完美目标的象征，对人生、宇宙、存在与道德等终极意义困惑进行解答。④

民间信仰是一般世俗人的精神文化，是长期适应与融合在地生活的产物，是反映出人民主动性、创造性和功利性的宗教活动，可以承认各种宗教，以相互容纳的方式并存着，对信众而言，只要能符合趋吉避凶的期待，就会延续香火祭拜。

---

① 吕理政：《传统信仰与现代社会》，（台北）稻乡出版社，1992，第18页。
② 吕大吉：《宗教学通论》，（台北）恩楷出版社，2003，第301页。
③ 林国平、彭文宇：《福建民间信仰》，福建人民出版社，1993，第15页。
④ 李亦园：《宗教与神话论集》，（台北）立绪出版社，1998，第115、116页。

(三) 民间信仰的特色

由族群性社会基层人口共同信奉的"民间信仰",可说是一种传统宗教与礼俗,世界各地均有此现象,其特征是:族群性与文化性浓厚的守旧性强。[1] 神明在民间信仰中,透过广大散播,深植于信众的心中,大多数宗教崇祀的主神,都有相当完整的事迹,并且在时间的累积下,逐渐增加庄严性、神圣性,达至无可替代的地位,如道教的开山祖师老子、佛教的释迦牟尼佛、基督教的耶稣基督。[2]

佛教俗神崇拜是指以具有某些法力或灵异的僧尼为崇拜对象的民间信仰,福建民间信仰中的定光古佛属于这一类型。[3]

民间常见的盛大宗教祭典,主要有地域性公庙主神圣诞的年度祭典、中元普度及不定期的建醮等。地域性公庙的年度祭典为同一地域人群共同祭祀的定期性祭典,除宗教意义外,特别呈现地域人群的团结及整合的社会功能。[4]

三 彰化居民与定光佛的人神交流

定光古佛是闽西八县人民尊崇的神佛,是中国南方祭祀圈独有的信仰,现存较早而且比较详细记载定光佛生平信仰的是《临汀志》[5],定光古佛,俗姓郑,名自严,同安县人(古代属泉州府管辖),他去世后,百姓搜集其遗骨及舍利,塑为真像,顶礼膜拜。[6] 定光佛又称"燃灯佛",《大智度论》说他出生时,身边如点满灯光,

---

[1] 董芳苑:《探讨台湾民间信仰》,(台北)常民文化出版社,1996,第54页。
[2] 刘还月:《台湾民间信仰》,台湾"行政院新闻局",2000,第43页。
[3] 林国平、彭文宇:《福建民间信仰》,福建人民出版社,1993,第263页。
[4] 吕理政:《传统信仰与现代社会》,稻乡出版社,1993,第19页。
[5] 林国平、彭文宇:《福建民间信仰》,福建人民出版社,1993,第282页。
[6] 林国平、彭文宇:《福建民间信仰》,福建人民出版社,1993,第283页。

周身光亮，故名燃灯。①

由于定光古佛在汀州影响很大，因此清代的闽西客家人就把定光古佛信仰传播来台，建庙供奉，并把它作为汀州人祖籍认同的一个象征。②

民间信仰有不少族群的差异性存在，尤其是台湾，除了原住民外，主要是由福建、广东等地传入，虽然都是汉人，却有不少族群的文化差异，不同的族群有不同的专祀神明，台湾有一些来自祖籍地的神明能够广泛地进入整个社会脉动与历史轨迹中，累积了不少传统的信仰资本与发展潜力③，如台湾淡水、彰化的定光佛。

永定人渡往台湾至少在清朝初年就已经开始，康熙六十年（1721）朱一贵起义后，当时任闽浙总督的觉罗满保说："查台湾凤山县属之南路淡水，历有漳、泉、汀、潮四府之人，垦田居住"，其中属于汀州府的有永定、武平、上杭三县移民。

四 定光佛和在地居民的缘起

明末郑成功部将汀州人武平侯刘国轩曾驻屯彰化（又名半县，过去是平埔族的一个村落，台湾归清版图后，清廷之所以将半县改名为彰化，是取"彰显王化"的意义）④及淡水，汀州人随之移垦者聚，又为"汀州会馆"或"同乡会馆"，为信仰中心之所在，发挥过很大的互助与团结作用，汀人来台，率先居于此以待就业后即迁出，至日据以后，闽台百姓不能自由往来，会馆功能渐失。⑤

---

① 定光佛庙管理员李女士口述。
② 杨彦杰：《移民与台湾客家社会的变迁：以淡水鄞山寺为例》。
③ 郑志明：《民间信仰与仪式》，文津出版有限公司，2010，第137页。
④ 林衡道、杨鸿博：《鲲岛探源——台湾各乡区的历史与民俗》，（台北）稻田出版有限公司，1996，第405页。
⑤ 蔡相辉：《台湾的祠祀与宗教》，（台北）台原出版社，1989，第144页。

定光佛庙在明清时期传入台湾的淡水、彰化，为大陆原乡分灵来台，于乾隆、道光年间，信徒自行建庙奉祀，独立发展，彰化定光佛庙是台湾庙史上的第一座定光佛庙，又名定光庵，《彰化县志》曾记载："定光庵：'在县治内西北，乾隆二十六年永定县士民鸠金公建，道光十年贡生吕彰定等捐修'祀定光古佛。"定光庵为今之"定光佛庙"。准此，定光佛是福建省汀州府客家人所奉祀的地方神祇，彰化和淡水奉祀定光佛庙宇应该与台南、鹿港等地的寺庙是当年的汀州会馆，是收容汀州客来台的旅馆。寺庙的正殿匾额"济汀渡海"，为汀州移民精神团结之所在，至今已有250年历史，代表了汀州移民来拓垦的历史意义[①]，主要为福建汀州籍移民所崇信，为一"人群庙"，大陆的祖庙与分灵庙没有直接的隶属关系，祖庙指定光佛最初的发源地，为最初的祖神之庙，祖庙与分灵庙之间像是香火的传承关系，双方以定光佛慈悲的宗教情怀为核心，近几年来建立起互动性的联结，基于有共通的信仰认同。

（一）定光佛和在地居民的心灵互动

彰化定光佛庙位于长乐里光复路140号，主祀定光古佛，佛身为软身佛像，手脚可灵活伸展，佛身身穿袈裟，表情威严肃穆，并祀天上圣母、境主公、福德正神等，庙貌壮丽，拥有大笔地产，当初建筑规模为两进两廊带左右厢房的格局，其建筑本体保存道光年（1830年由贡生吕彰定等人捐修）的木构架原貌，历经嘉庆、道光、咸丰年间诸次修建，日据时期因"市区改正"计划辟建道路，该庙之三川殿、左右过廊及杉门遭拆除，仅留正殿、右侧堂及天井，成为今日的格局，右侧另设报功祠，祭祀捐建该庙历来有功信士，设有"汀州八邑倡议题捐绅士缘首董事禄位"之长生牌位。目前

---

① 彰化县文化局：《第三级古迹彰化定光佛庙调查研究》，1996。

寺庙内保存丰硕的古匾，台湾行政机构于 1985 年核定其为第三级古迹，夹杂于店铺林立的街坊间，香火仍然鼎盛，是闹区中的一处幽境。

定光佛庙"古匾"一览表

内　容	立匾时间	备　注
西来花雨	乾隆二十七年（1762）	指定光佛渡海来台
瀛屿光天	乾隆三十六年（1771）	含有光耀台瀛之天的意义，也就是表示定光古佛的灵光，已随着分灵庙宇而普耀海疆。
济汀渡海	乾隆三十八年（1773）	指东渡台湾，分灵海外
光被四表	乾隆四十一年（1776）	充溢四外之意
昙光普照	嘉庆十八年（1813）	意同"佛光普照"
智通无碍	道光五年（1825）	立匾人巫宜福，福建永定人

（二）融入在地信仰的现况

彰化定光佛庙是一间私人庙，庙方事务不归官方管理，列为古迹后，除了庙宇的硬体建设由政府监督维护外，其他部分由管理委员会决定，目前委员约 100 人（黄姓委员居多），采取世袭制，由当初成立时的委员下一代接任，外人是无法加入委员会的。每年最热闹的时间，就是定光古佛正月初六的诞辰（于初五晚十一点开始祝寿活动）与举办法会时候，近年来，台湾流行妈祖或神明绕境（巡境），该庙未曾办过类似活动，每年年底，由委员会推选的委员掷筊，掷出隔年年初的连续三天，为信众可参与法会与点光明灯的时间①，该法会的光明灯有别于燃放蜡烛的光明灯，采用灯泡式来绽放光明。与坊间庙宇相似，信众每年缴 500 元（至多可登记 5 名亲人姓名），祈求安太岁君、诸事平安的成分居多，数量达千个。

---

① 该法会的光明灯光佛庙管理员李女士口述。

因定光佛又为燃灯佛，元神灯是一个很大很大的油灯，造型很美，多了分古意，这个元神灯大约是道光十年的，而香座前的数百个油灯（莲花灯）是点酥油的，庙里的工作人员每天傍晚吹熄油灯（因晚间庙内无人看管，有火灾之虞），进行换灯芯的动作，隔天一早再放入新的灯芯点燃，信众每月缴500元香油钱，祈求平安或愿望达成，因灯座数量有限，这种燃灯祈求采取预约方式，不限特定时间，只要有人不继续缴点灯费，即可将燃灯座让给排队预约者[1]，此外，庙里还提供掷筊求神、问事看签诗之附加功能。

五 结论

民间信仰活动是思祖念亲的理想方式，近年来台湾人民纷纷回大陆家乡寻根问祖，民间信仰交流逐年增多，随着社会变迁及庙宇在地化[2]的演变，在祖籍认同的基础上又加上了居住地认同的含义，对于族群认同，目前的管理委员会（庙宇管理者）是否认同自己是客家人，在现有的资料中找不到答案。信徒以当地居民占多数，其他的则多来自彰化县各乡镇，外县市的信徒很少，知道定光古佛原为大陆原乡而来的客家信仰者，更是少见。在此，似乎已不复见客家族群，而管理委员会的新生代成员，隐身于福佬族群，即使还知道祖先是客家人的，却也不会说客家话了。

定光佛在台传播没有固定的章法，与其他宗教或民间教派有明显区隔，属于一种依附于在地化的民间信仰，没有佛教大师的讲经与弘教，也没有一贯道祖师与前人的开荒布教，完全仰赖与信徒的因缘而发展。

---

[1] 定光佛庙香客彰女士口述。
[2] 在地化，指融入与认同本地文化。

人们都祈求神明赐予福气，进而远离灾难，以求生活安康。人们对神明的依赖性随着生活的现实需求而增强，民间信仰更深植在人们心中。民间神明的官职虽有转变，但都脱离不了守护神的角色，也不断满足民众的社会需求，与人民的生活息息相关，在人民生活中占有极重要的地位。

轶闻传说

观音偈

张孝纯有孙。五岁不能行。或告之曰。顷淮甸间一农夫。病腿足甚久。但日持观世音名号不辍。遂感观音示现。因留四句偈曰。大智发于心。于心无所寻。成就一切义。无古亦无今。农夫诵偈满百日。故病顿愈。于是孝纯遂教其孙及乳母斋洁持诵。不两月。孙步武如常儿。后患腿足者诵之皆验。又汀州白衣定光行化偈亦云。大智发于心。于心何处寻。成就一切义。无古亦无今。凡人来问者。辄书与之。皆于后书赠以之中四字。无有不如意。了不可晓。

——洪迈《夷坚志补》卷第 1

梅州异僧

宋贶益谦，当涂人。少居村野，门外有湍溪，尝散步溪畔，遇野僧相与语，不通名字，问其所来，曰："结庵梅州有年矣！"俄举目注视曰："君他日遭逢贵人，极力成就，富贵功名，可谈笑拾取。虽中年受灾厄，然终不为祸。"因留坐款语。移时告别，曰："到梅州，幸相访，老僧亦当隐助也。"绍兴甲子以后，宋为秦丞相委用为金部右司郎官，提举赡军诸库，一岁得赏不胜多，遂与秦运转表勋库酒，每纳课息，必以精金。七八年间，至户部侍郎，兼吏部尚书枢密都承旨，知临安府，累阶正奉大夫。旋坐下小失意，谪居新安。甫再岁起，家镇江金陵。秦亡，言者论击，贬团练副使，安置梅州。追忆僧言，至即访之，彼人云："未尝有。"或曰："此邦崇事定光佛，庵舍在城外，有籤告人，极灵感。"欣然往谒。再拜起，仰瞻貌像，乃一化僧真身，与昔溪上所睹者无少异。自是日往焚香致敬。既而因母老，共恩许自便，作木像僧真，舆以归。到新安，于宅旁建庵，名曰"慈报"。昼设莲座，夜置禅床，寒暑更衣，严奉绝谨。每机凶忧疑，随祷殊应，竟尽复故官职，终敷文阁直学士，寿逾八十，赠开府仪同三司。

——洪迈《夷坚志补》卷第14

［注：洪迈（1123—1202），南宋著名文学家，字景卢，号容斋，又号野处。官至翰林院学士、资政大夫、端明殿学士，副丞相、封魏郡开国公、光禄大夫。谥"文敏"。］

岩前旧时庙会醮会概况[*]

李坦生　林善珂

福建省武平县岩前镇，地处闽粤赣三省交界处，205国道线从此镇穿过，是闽西至粤东的门户。岩前镇的中央，有一石峰耸立，犹如桂林之独秀峰。此峰有一大岩洞，高耸宽敞，岩内面积有396平方米，可容数百人，远看如雄狮昂首张口，故名狮岩。进得洞来，内有甬通，主要分东、南两洞；东洞稍狭，有石凳嵌于崖壁；南洞窈窕通明，石室天成，可容百数十人。石钟悬吊，乳柱笔立，清泉滴滴，冬暖夏凉，虽是三伏天仍凉风习习，使游人流连忘返。两洞均有出口。南洞出口可仰望蓝天，称为"通天第一洞"；洞口崖壁上刻有"人世蓬壶"四个大字，方正苍劲，系明万历年间武平县知事成敦睦题刻。连着狮岩有蜿蜒的小山岗，酷似狮身。在狮峰的肚脐位上，有一口水井，井泉清冽，是从石灰岩溶洞内流出的地下水，被称为"狮肚泡泉"。狮岩近处有天然泉水湖，名蛟湖，湖面宽广，无论久晴暴雨，湖水均保持原位，清澈可鉴，山崖倒映，秀丽如画，被称为"蛟湖涌月"。狮岩周边有十二峰，相传定光大师偈云："一峰狮子吼，十二子相随。"明代兵巡道顾元镜咏诗描绘："石壁玲珑万翠封，天然坠却绿芙蓉。云

---

[*] 原载杨彦杰主编《汀州府的宗族庙会与经济》（客家传统社会丛书），国际客家学会、海外华人研究社、法国远东学院，2012。作者李坦生：中学高级教师，中国诗词学会会员、福建省作家协会会员；林善珂：政协武平县委员会副主席、福建省作家协会会员、国际客家学会会员。

根透出虚空界，玉笋排成十二峰。藤蔓缘崖窥法座，涛声夹雨入疏钟。跻攀最有烟霞癖，乘兴还须借短筇。"（康熙《武平县志·艺文志》）正因狮岩丰姿奇特，有着迷人的景观，故被收入《中国名胜词典》。

相传宋乾德二年（964）泉州僧人郑自严曾在此设道场，宋真宗时曾封为"均庆院"。从始设道场至今已有1000余年的历史了。

为弄清岩前旧时定光古佛庙会、醮会的实况，笔者曾经多次去岩前考察狮岩，并召集了当地的10位老人座谈，还进行个别访问，他们是：曾昭煌（64岁，退休工程师）；钟福泉（66岁，退休小学高级教师），王月龙（71岁，退休中学教师），练传恩（75岁，老艺人、纸扎师傅）；曾昭清（81岁，商界文史爱好者）；练福清（79岁，狮岩管理人员）；练清华（71岁，商界人士）；邓坤元（73岁，退休职工）；练立生（66岁，退休干部）；邓集文（74岁，农民）。下面所述，是根据他们提供的情况，参考一些古籍、碑记、刊物，加以整理的。出自书刊、碑记的注明出处；出自口碑的，则恕不一一注明。错误之处，谨祈诸位高明指正。

定光古佛与均庆寺

定光大师姓郑名自严，福建泉州同安人。据《临汀志》载，他年十一出家当和尚，北宋乾德二年甲子（964）抵南安岩（即今岩前狮岩），1015年在南安岩圆寂。

关于定光古佛称呼的由来，当地民间传说是这样的：宋代某皇帝的母亲死后，皇帝很怀念她，便诏召100位高僧打国醮，赐御斋，冀和尚施法术，让太后现身与皇帝面晤。其中即有"野嘴"和尚郑自严，皇帝嫌其貌不扬，弃之。但经反复折腾，总差了一个，凑不足100之数。皇帝无奈，只好留下自严。自严以灯芯搭台，稳坐台上念咒，终于让太后现身，与皇帝见面。皇帝母子相见，大喜，遂给自严封号，连封数次，自严皆缄默。皇帝笑道："你这个和尚怎么不说话？

你呀，真是尊古佛！"郑自严随即谢恩。"定光古佛"之称即由此而来。

几百年来，民间有定光古佛与何仙姑争洞试法的传说。何仙姑，父大郎。其先本南京直隶庐州府庐江县人，迁宁化知县，遂居宁化石壁村。何大郎于后唐明宗天成元年（926）从征广东，出梅州，道经岩前，周览形胜，辟南岩狮子口，遂居焉。后晋天福二年（937），生女何仙姑。仙姑幼性清净，不饮酒，不茹荤，隐迹岩中，誓不嫁人，享寿150岁。临终空中有鼓乐声，并有祥云一朵，从卧榻直上霄汉，见者无不惊异。北宋太祖乾德二年，自严年三十一，抵岩募化，曰此宜建禅堂。仙姑时年二十有八，曰："我生于斯，长于斯，静修于斯，我岂舍岩而他往耶？"一日，仙姑出观洪水，自严辄入岩中趺坐，大蟒猛虎皆盘伏。仙姑语大郎。大郎钦其神异，遂施岩为佛殿，地三十三亩八分为均庆寺宅宇，腴田四千七百八十秤、粮米正耗三十九石三斗八合，塘四十六亩，永充供养。

民间另一种传说则云：宋乾德二年（964），时何仙姑住在狮岩。有一天，洪水成灾，仙姑出去察看灾情。自严大师乘机进入岩洞。仙姑回来，见状颇为生气，令他立即离去。大师却占座不动。仙姑心生一计，说："你若能使外面的溪水倒流，岩洞就让给你；若不能，就得马上离去。"大师暗喜，表示同意，立即施法，挥了挥手，溪水果然倒流。仙姑心中懊恼，可又无可奈何，悄悄爬上岩洞顶上撒尿。尿水滴在大师头上，大师一怒，头往上撞，把岩石撞了一个圆窝，像倒挂的大锅头。时至今日，狮岩定光古佛座位顶上仍有一个大圆窝，岩前的溪水仍然向北倒流，岩洞里仍有水珠滴落。

北宋年间，始建均庆寺于狮岩脚下。明万历元年（1573）重建。清乾隆十六年（1751）重修，迄今中梁上仍有墨写"大清乾隆十六年重修"等字。据老人们回忆，均庆寺中轴线自南向北依次为三宝殿、大院坪、千佛楼。大院坪两侧为钟楼、鼓楼。全部是土木结构。三宝殿为双檐歇山顶抬梁式，燕尾高翘，面阔9.3米，进深15米，宏伟壮观。

据当地民间传说，旧时南安岩均庆寺曾经有过300多名僧侣。寺产颇丰，登上狮岩顶上眺望，全都是寺庙田产。时禅师倚仗钱财多，飞扬跋扈，骑着白马去收租谷，而且要有黄花闺女牵马头。有一年八月初八日，距均庆寺五里的大布村建醮，请禅师去念经。禅师骑马，要秀才魏小寒的未婚妻王梅英为之牵马。魏小寒闻之，赶往大布，途中遇到王梅英为禅师牵马，勃然大怒，以书生惯用的手势，即用扇头敲打禅师头额，并叱之："死秃驴，竟敢在官家面前作威作福！"禅师遭此耻辱，怀恨报复，遂引起一场官司。禅师状告魏小寒"官打于僧"；小寒则机智地利用禅师用词不确切，说是官被僧打了，儒林子弟竟赢了这场官司。接着县知事派员到南安岩稽查寺庙田产，丈量土地。在南安岩东侧小台阶空地上摆上案桌，把寺庙的田地分给百姓。待到将要分完时，忽然岩顶巨石滚下，碰巧砸坏了案桌，废了田册。禅师恳求留点田产。经办官吏只好宣布分田产到此为止，剩下一部分寺田，留作僧侣维持生活。这场儒释之争，竟以儒胜僧败告终。从此，南安岩僧侣陆续离去。清末，当地已无和尚，则请道士念经。平常由一二个看庙人管理，称为"庙佬"。

狮岩庙内并列着三座定光古佛雕像，大小略如凡人，均穿袈裟，戴僧帽，形态相同，不易分辨。人们称中间的为"古佛"，把左、右两边的当作其分身，称其左边的为"水佛"（因佛像由洪水冲到岩前，被老百姓捞起送到狮岩，故称"水佛"。水佛自何处漂来，无从考证）；其右边的是后来雕塑的，故称"新佛"。

庙　会

每年正月初一日各家开门燃香放鞭炮后，善男信女穿戴新衣鞋帽，携香烛斋品，即往狮岩定光古佛前行香。此时，人人缄口不语，来去匆匆，与熟人亲朋相会都不打招呼，唯恐说出不吉利的话。行香者到了狮岩，严肃认真地步向佛像前摆上供品，为表示虔诚，脚站八字，运气用力踩地上三四回，然后瞻视佛像行香，意念："八尺佛陀金身放金光，坐在宝座上，我家里人心口有心炉，点心香，香云朵朵供在佛前；香云上有莲花，旁边有梅花、兰花、桂花、菊花……环绕；佛前烛光照耀，空中悬挂宫灯，开遍神奇之花，下方黄金为地，金光闪耀，一望无涯……"然后默念咒诀："年初一，早开门，喜气新，早安岩，早行香，古佛前，点蜡烛，燃香火，烧纸钱，祈保佑，享太平，佛光照，普天下，居福地，福禄寿。"接着虔诚叩首，烧纸钱，放鞭炮。行香者络绎不绝，人数上千，但肃穆宁静，无人喧哗，唯有鞭炮之声。

一年中最大的庙会要数正月初六定光古佛生日（实为定光古佛坐化日，当地老百姓把它当作生日，代代相传）。从正月初五开始，一直热闹到正月十五日元宵节。事先从岩前城里较有声望的人中推举出理事人员，一般由莫希圣（国民党军长莫希德的哥哥）为总理公，曾广增（家庭殷实、有文化、有理事能力）为副总理公，下设财务、外事、司礼、文牍、勤杂人员，随即向社会各界筹募资金，一般当地富商殷实人家（如增华店、广育堂、莫加兴、王善琪等）首先捐款，他们互相攀比，不甘人后，如甲写了一石谷子，乙却写一石二斗，因为按捐款的数量排名次出榜公布。付出的情况亦会张贴公布，一般付大于收，不敷部分由总理弥补，以示公正大度，博得众人好评。

庙会之前，各家各户都会邀请亲戚朋友来家里作客看光景。前两三天，家家打扫庭院，把街道也打扫干净。殷实人家做油炸粄（俗称煎粄），一般人家做灰水粄（得用草木灰的碱性泡水，过滤后浸大米，再磨成浆做成大块的粄，可抵粮食，又可切块送亲朋，较廉价），准备亲朋光临。庙会前一天，理事会组织人员做斋供，用面粉和芋艿做成海参、鱼、肉、鱼圆等形样，装在精致的小碗中，加上沙田柚、香蕉等水果，作为供品。禁止宰杀猪、牛、羊、鸡、鸭等禽畜。庙里也打扫得干干净净，挂上红布，摆起祭桌，贴上红纸条，布置得气象一新。

庙会期间，清代以前由寺内的和尚念经，"官僧相斗"后，僧侣逐渐离去，改由道士念经。民国时期的道士是钟寿天。钟寿天又名钟义古，当时人们诙谐地说："山石岩下钟义古，朝朝敲打钟与鼓。"（"钟义古"与"钟与鼓"谐音）

庙会期间邻近的上坊，蕉岭的广福，十方的黎畲、鲜水、高梧等地，都有善男信女三五成群前来行香，一般有上千人参加。十方黎畲的善男信女习惯在每年正月初九来均庆寺行香、许愿，祈求保佑，至九月初六日来寺还愿。在此期间，象洞的龙灯，岩前上墩、伏虎的船灯，岩前东峰、蕉岭广福的狮灯纷纷来表演，有时理事会请来上杭白砂的木偶戏，搭台吊傀儡，或请梅龙汉剧团来演汉剧。这时，人们跑东走西，一饱眼福。有的三五成群聚在一起赌博，主要是"跌三白"（用三个铜钱，背面磨成光滑，同时落地，以三个光滑面朝天为胜）、放石子摊（用若干白色围棋子，盖在倒过来的杯子下面，参赌者押上钱，放在一、二、三、四的位置上，然后揭开杯子，白子数除以四，余数即为赢者）。墟场上热闹异常，到处摆摊设点，卖香烛纸钱、爆竹、水果、玩具、日用品和各种粄子、便食。外村的人中午买小点充饥，接着又去玩，看戏看灯。

庙会结束那天中午吃荤菜，称为"开荤"，外村亲朋吃过"开荤"后，即告辞回家。

每年的"立春"前后，一般是正月初五日，均庆寺举行迎春活动。挑选一位英俊的少年扮"春官"，坐在轿子上，由四个身强力壮的汉子抬轿子。旗幡招展，锣鼓喧天，鞭炮齐鸣，吹鼓手乐奏《过江龙》八音曲。后面牵头大黄牛，尾随着男女老幼。浩浩荡荡的队伍，从均庆寺向东游行到郊外田野里，摆上香案祭品，行香迎春神。一位经过打扮的农民，牵牛在田里犁一个大"8"字，由男扮女装的"村姑"送上点心。接着表演求爱的简单舞蹈，对唱山歌。节目表演完后，燃放鞭炮，排成队伍，按原路游行返均庆寺。仪式隆重，节奏紧凑，气氛浓郁。新春伊始，春耕来临，祈求神明保佑一年风调雨顺，五谷丰登。

还有一种特殊的求雨庙会，即久旱不雨、禾苗干枯之时，临时筹备的短期庙会，一般为期一天。这天，求雨的人群烧香跪拜之后，抬起定光古佛，后面排着长长的队伍，敲锣打鼓。主持的人要披麻衫、穿反过来的衫，三步一拜向天表示罪愆。队伍中不准撑伞戴笠，大部分人头戴树叶帽，手持一炷香，也要三步一拜。须带上天后宫的"海狗"和纸扎的"海狗"，用它们到海龙王那里报信求雨。队伍游至龙潭，把天后宫的木雕"海狗"用绳子缚着反复往水中溺，称为"牵狗落潭"，并且把纸扎的"海狗"放在水中，然后返回。如果求雨后仍不下雨，则怪当地有人不诚心，偷吃了猪肉。

除均庆寺的庙会外，较大的还有天后宫的庙会。

天后宫是天上圣母亦即妈祖（当地人称"妈祖太太"）的神庙。岩前天后宫建于清代中叶，庙址在灵岩村，建筑面积约500平方米，分上、下两厅，两层，中间为天井，门前左、右各放置一石狮，上厅中央安放天上圣母的木雕镀金神像，庙堂颇庄严肃穆。

天后宫的庙会一年一次，时间是在农历三月二十三日天上圣母诞辰日。昔时，岩前各姓氏、各界善男信女热心捐资购置了一些田产，成立天上圣母会。庙会所需资金就由天上圣母会所收取的田租谷项下支付。由温、魏、钟、林、罗、练、曾七大姓轮流负责理事，周而复始。每年春天，轮到理事的人，召集较有经济实力和有办事能力的人开筹备会，商讨举办庙会活动事宜，如庙会的规模，请哪个汉剧班、鼓手班等，推定专人负责联系。演汉剧（当地叫"做大戏"）一般为期10天，即演十本。经费由岩前七大姓氏公尝会（均有一定田产作基业）各负责一本，其余三本则由当地商业大户和富裕人家自愿捐资。大戏剧台搭在天后宫的下厅，天井、上厅和楼上便可看戏。一般从农历三月十四日开演，到农历三月二十三日结束。免收门票，观众可以自由进出。每姓负责一本戏的钱，轮到那天，即由该姓点戏。常演的有《郭子仪拜寿》《大闹开封府》《百里奚认妻》《樊梨花》《三气周瑜》等。点戏的姓氏要置办丰盛的菜肴，招待该姓中有身份的父老入席喝戏酒。此外，还有不少戏迷，临时组织"友会"，凑钱办筵席喝酒。一张四方桌坐6人，空着向戏台的两个位置以便看戏。他们一边喝酒，一边看戏，一边议论，谈笑风生，别有一番情趣。一连10天，都有日场（下午）、夜场，天天如此。走亲戚的来客和外村、外地来看戏的人络绎不绝，因为此地与广东毗邻，广东蕉岭的观众也不少。天后宫周围，摆摊设点卖小食、水果、香烟的连在一起，入夜灯光连成线，直到天亮，真是热闹。

农历三月二十三日是妈祖生日，也是庙会的正日。天上圣母理事会备办了大量香、纸、蜡烛、鞭炮和供品，各商业大户、富裕人家、临时凑集的"友会"等，也备办敬品，众多的善男信女则自带香、纸、蜡烛、鞭炮，早饭后都来到天后宫里。吹鼓手吹吹打打，蜡烛明亮，香烟萦绕，鞭炮声响个不停。几百位善男信女，有本地的、外乡村的，男女老少，虔诚地行香、跪拜，口中念念有词，祈求天上圣母赐福。

中午，天上圣母会举办十几席至二十几席筵席，凡参加天上圣母会的按份数入席。各姓氏也有另设一二席凑热闹的。鼓手班、汉戏班均由天上圣母会招待入席。一时间，谈笑声、猜拳声、鼓乐声、鞭炮声汇在一起。宴席时间长达数小时，直至汉剧开场。

事后，由理事会张榜公布庙会收支明细账。至此，庙会遂告结束。

醮　会

岩前昔时有一家或兄弟叔侄几家合起来做的家醮，俗称"小醮"。有以姓氏或村庄来划分的中等醮会，一般每年一次，定期，前后2天。中、小醮会频繁，一年到头接连不断。

正月十三日　练荣华一家十几口人建家醮；

正月十五日　灵岩村练姓合族与过元宵节合在一起建醮，为姓氏醮；

正月十六日　曾有求一家十几口人建家庭醮会。

以上为春醮，较少。春耕大忙了，建醮活动就停下来。到了秋季以后，雨水较少，气候又好，农作物已收成，故建醮的次数就多了。

七月初三日　将军村醮会（因雕古佛像的樟木是从将军村深山里砍伐来的，故该村优先建醮）；

七月初九日　东峰村米箕畲自然村六七户人家建醮；

七月十四日　东峰村罗坊角自然村结合过中元节（七月半）建醮；

七月十七日和廿三日，峰贵村醮会（温、赖两姓各建醮一次）；

七月廿四日　东峰村莲塘子、田心子自然村建醮；

八月初八日　大布村醮会；

八月十三日　迳田村醮会；

八月廿六日　灵岩村曾姓醮会；

九月　岩前镇东街、南街、西街、北街分别不定期各举行醮会；

十月起　各小自然村（如灵岩村的上社、峰下、松山下、㘵上、钟屋寨子、角尾等）不定期地举行醮会。山沟里小村落建的冬醮俗称"老虎醮"，意谓通过建醮，祈神明保佑，使老虎不伤人畜，不损坏农作物。

举行这些醮会，目的是祈福、保平安、庆丰收；有的是为了还愿，先向定光古佛许愿，到适当的时候建醮还愿。

建醮时，一般的情况是迎佛不迎神，迎神不迎佛，神、佛分开，因为神（如关帝神、天上圣母、财神、土地伯公等）都以"三牲"为敬品，烧血纸钱，是吃荤的。佛（如定光古佛、观音佛母等）是吃素的，戒荤，以斋品上供。岩前建醮，以迎定光古佛为多，吃素。如正月十五日练氏家庙建醮与过元宵节合在一起，晚上则放烟花（俗称"烧花"），因此过元宵节改为吃素，客人又多，故当地有"打醮连过节，豆芽汤也吃得瘪（干干净净）"的谚语。

昔时岩前各姓氏均有一些田产、房产设立"公尝会"，每年将收到的田租、房租作为春秋扫墓、祭祠堂和建醮的开支。有了一定的固定经费，每年建醮也就有了可靠的保证。每当醮期将近，公尝会的理事们（由族中较有身份的人担任，时有轮换）便召集常担任醮会具体事务的人商讨建醮事宜，如请傀儡戏（木偶戏）、吹手班，安排他们的食宿问题；购置香烛、鞭炮、纸张；打扫整理安放定光古佛的场地（一般为各姓祠堂正厅）；搭戏台，借桌凳、碗筷；贴对联、挂大灯笼、张挂十殿阎君图（阎王惩罚在人世间作恶者的画图，劝人行善戒恶）；竖幡竹（竹梢挂黄布条，上书：阿弥陀佛保佑风调雨顺）；等等。进行具体分工，即日开始工作，由理事会供饭餐。

醮期前一二天，建醮的这姓家家户户忙着大扫除，打扫整理室内外和公共场所，洗净门窗、桌凳及家具。一般家庭都要酿米酒、做豆腐、煎粄、蒸粄，购置香、纸、蜡烛、鞭炮、茶叶等，做好各种准备工作。

醮期前一天要迎神，俗称"扛菩萨"。男女老少都要洗头、洗澡，换新衣或干净的衣服，按照规定的时间，带了香烛、鞭炮，到集中的地点，跟在锣鼓队、吹手班后面。这个队伍，人数不等，大姓多至数百人，少的几十人。他们从村里出发，吹吹打打，径往均庆寺恭迎定光古佛。大多数村庄希望能迎到中间的古佛像，也有的村子因雕塑佛像时捐款多要抬其他佛像的，如大布村多抬"新佛"，峰贵村多抬"水佛"，灵岩练姓多抬"睡像菩萨"（也是定光古佛的分身，系洪水冲来，练姓人抬起来放置在狮岩），意思是本村、本姓出钱多雕塑的佛像，自然会多多保佑。行了香，放了鞭炮，身强体壮的就抬起定光古佛，按照放鞭炮者、锣鼓队、吹手班、抬大香炉者、端小香炉者（一般是族中长辈有声望的人）、撑凉伞者、抬菩萨者、各人手中持一支点燃的香的善男信女这个顺序，放着鞭炮，敲着锣鼓、吹着唢呐、隔一段放一响土统，欢声笑语不绝，簇拥着定光古佛神像来到村里。从这时开始直至午夜，男女老少（甚至带着婴儿）络绎不绝到祠堂里菩萨面前点烛烧香，上供素品，虔诚跪拜。年长者口中念念有词，祈求保佑合家平安、诸事吉利、风调雨顺、五谷丰登、六畜兴旺、财丁兴盛。

入夜，祠堂门前一边"吊傀儡"（木偶戏），观众有本村的，有附近村庄的，多达数百人；另一边吹鼓手，悠扬的唢呐声传到远处。附近有卖水果、小食（素食）的，有开小赌场的，人来人往，笑语喧哗，很是热闹，直至午夜。

次日，是醮会的正日子，请来道士念经（以前均庆寺有和尚时则请和尚）。祠堂里正厅菩萨供桌上摆满了各种水果、糖果、糕饼、米粄，敬神的男女老少接连不断，有些外村来的客人也来行香，祈求庇佑。此时，蜡烛明亮，香烟萦绕，鞭炮声连续不断，时而土统一声闷响。有些富裕人家或者前来还愿的，还预先定制了有龙的大香烛，称为龙香、龙烛，大的一对蜡烛三四斤，一炷香也有一二斤重。祠堂外面，整天吊傀儡，吹鼓手吹奏着各种乐曲；看傀儡戏的，卖零食的，参与小赌博的，熙熙攘攘，洋溢着节庆的喜悦气氛。虽然人多而杂，但一般不会吵架闹事，因为大家都怕触怒神明。醮会安排公膳，多的二三十桌，少则几桌。按捐款多少，分配各户吃一餐、二餐或三餐以上。道士、吹鼓手、吊傀儡的和办事人员则全开膳。

这一天当家人和家庭主妇特别忙，要备办丰盛的素食：粉丝、粉干、蒸粄、煎粄、豆腐、假肉丸、假鱼丸、假海参……，中午要招待来自四面八方的亲戚、朋友，少的办几桌，大户人家要办十几桌。这里，家家好客，都有留宿客人的习惯，因此晚餐还有不少客人。有些男客、酒友，往往一天吃喝十几场次，从中午喝至深夜，直至酩酊大醉才被扶着去休息。人们习惯称为"闹醮"。

第三天上午，按照迎神时的阵容，一路放鞭炮。这些鞭炮，有的是公尝会开支的，有的是添丁、发财、升官的家庭捐献助兴的。送了菩萨，有钱人家杀鸡宰鸭，买猪肉、牛肉，吃一顿丰盛的晚餐；一般人家买点猪肉，加点菜，名曰"开荤"。

醮会结束后，由理事会张榜公布收支明细账目，按例是付稍多于收，不足部分由理事会垫付，以示公道爽直，图个神明庇祐。大家看完也都表示满意。因此各村各姓，千百年来醮会代代相传沿袭，成为风俗。后来，虽不迎神了，但到了那一天，家家户户还是要做粄子，有的亲戚还来做客，不忘这个传统日子。

除中、小醮会外，还有以地区划片几年一次的大醮会，分为上坊片和下坊片。上坊片又称上六排，含伏虎村（以钟姓为主），上墩村（以曾姓主），宁洋村（以钟、刘两姓为主），双坊村（又分林坊、李坊自然村，以魏姓、钟姓为主），还有一个龙井村（以曾姓为主，钟姓次之）。

下坊片又称下六排，含灵岩村（以曾、钟两姓人数较多，还有练、温、林、罗、莫、邓各姓），东峰村（罗姓较多，其次为刘、朱、高、曾各姓），澄邦村（魏姓为主，陈姓次之），迳田村（梁姓为主，钟、曾两姓次之），大布村（王姓为主，陈、林、吴、黄、温姓次之）。

相传宋乾德年间，郑自严大师偕师弟两人从梁野山来岩前，走到今伏虎村（距岩前约10华里）时，遇到猛虎，郑自严大师画了符咒，伏猛虎，为民除害，村民称颂。郑自严见远处有奇峰怪石（狮岩）似雄狮怒吼，万象皈依，便去狮岩建了道场。师弟叶伏虎则留在今伏虎村，化缘筹资建了伏虎庵。坐化之后，村民塑叶伏虎像，也称古佛，顶礼膜拜，念经建醮，以除煞驱邪，消灾纳福。这个村子至今仍叫伏虎村。

上坊片以叶伏虎古佛为主，要五年甚至十年才联合各村建一次大醮。后来因姓氏矛盾，不再联合建醮了。下坊片则三年或五年建一次大醮，因为家居岩前城里的曾国光、练惕生、莫希德三位当官者的老母亲都是虔诚信佛、热心建醮、乐捐巨款者，且富商云集岩前城，故经费来源较充足，建醮规模较大，醮期三日四夜，头尾共五天。

下坊片最后一次大醮会于1947年冬举行。公推热心建醮、有组织能力的曾德龙为总理公，各姓都推举出理事。大醮会务求场面大、热闹、排场，要做好充分准备。除前述的成立理事会、筹集钱物、雇请戏班和吹手班外，还要到外地请和尚，建临时醮场，搭台，定作大量的纸扎神像及供品、衣衫、小船灯等。

此次大醮会，在均庆寺西侧用大量谷笪围成大圆场作为总醮场，还有几个分醮场。总场外面竖幡竹，幡竹下面有纸扎的"山大人"（又称"山大士"，有1丈多高，用鸡蛋壳做眼珠，风一吹会转动，颇威武雄壮。帽上有一小小的观音菩萨像。据说"山大人"为观音大士的化身，是用来制服那些凶神恶煞的），旁边还有牛头、马面、戴"一见大吉"高帽和手持"你来了"牌子和锁链的阴间差役，用以锁拿恶鬼。大门两边为纸扎的两头大狮子，金光闪闪，甚是威武。进了大门，为四大金刚，十殿阎君，二十四孝。在神坛的正对面则有纸扎的韦驮神像，执金铜肃立。据老人们说，这韦驮神像还有一番讲究：金铜扛在肩上者，仅可留外来施主吃一餐；双手合十，金铜横放两手臂上者，可留外来施主宿一夜、吃三餐；金铜放下用脚面顶着、上头用手掌按着者，则可留外来施主吃、住三天。寺庙里韦驮的对面都有观音菩萨。

纸扎的韦驮对面为中心神坛，设在塑有"唤醒民众"四个大字为横额的戏台上。台中央安放定光古佛，右有"细佛"，左有"新佛"，三座佛像一字儿同摆。佛像前是供桌，上有烛台、香炉、木鱼、铜磬、供品、香茶、水果等，供桌前面为跪垫。

在旁边（中山公园内）搭一高台，为和尚坐台场所，挂满红布，纵横交错。西门田塅里为烧孤衣、施馒头的施食场地。菜市场北面的岩前溪桥下为放船接灯场所。这样就形成了一个规模宏大、颇为壮观、可容上万人活动的大醮场。

醮期的第一、二天主要是敬神，远近的善男信女扶老携幼前来行香，虔诚跪拜，一天到晚吹手班吹吹打打，鞭炮声连续不断。和尚念经，恭呈酬神祝文，祝曰：

恭惟尊神，正直聪明，恩周庶类，惠被群生。普万物之福泽，昭百世之精灵。不识不知，世尽胥安作息；相生相养，人皆共享升平。惟以此同居福地，乡属岩城。神光共昭，众志同倾。忆崇奉其有处，狮分秀毓；仰威灵于无既，莫蛟浦分波清。非无旱魃为灾，此地安居而若素；亦值昆虫滋病，我乡默化以何惊。用是谨陈酒醴，祇荐馨香牺牲。合酬恩以致虔，聊报惠以输诚。仰期庇祐无疆，同歌康阜；更俾胥安有赖，永戴生成。神其如在，鉴此微情。尚飨（此祝文和下面的对联等系岩前曾昭煌老人抄录）

到第三天，和尚坐台念经、施法。台的两边贴的对联颇多，兹录几副如下（其中有些字可能传抄有误）：

（一）

施尔食，给你衣，放胆前来，莫向寒云啼夜月；
怜他魂，招他魄，宽心且坐，还将美酒醉春风。

（二）

十八重地狱堪怜，尔曹饥饿有年，聚首坛前来一饭；
千百世神灵不寐，我本慈悲为念，现身台上度孤魂。

（三）

佛法无边，恍若甘露慈云，普渡一切，蒲团香结烟云彩；
神功浩荡，恰如镜花水月，明照三千，莲钵灯悬日月光。

（四）

给食施衣，悯余魂，皆来领去，稽首皈依，大士至今犹识面；
燃灯设筏，恤滞魄，尽渡超生，现身设法，世人从此好回头。

从上述对联可以看出，建大醮和尚坐台施法，其目的是安抚孤魂，施恩野鬼，使之各得其所，不骚扰众生，求得一方安宁，物阜民康。

另在台侧抄贴清代都院丁公（疑是丁日昌，清光绪年间曾任福建巡抚）所作"五十四不"，劝人行善。

天不可欺。地不可亵。君不可欺。亲不可逆。师不可慢。神不可瞒。官不可犯。敬不可弛。史不可侮。弟不可罚。妻不可殴。妾不可众。子不可骄。女不可纵。友不可泛。邻不可伤。族不可疏。身不可惰。心不可昧。言不可耍。行不可短。书不可抛。礼不可丢。恩不可忘。义不可背。信不可爽。势不可使。富不可夸。贵不可恃。贫不可怨。贱不可骄。儒不可轻。僧不可毁。道不可谤。事不可必。产不可谋。财不可强。气不可逞。穿不可奢。食不可贪。席不可宜。讼不可健。人不可赌。人不可害。人不可嫖。

人不可料。善不可失。

和尚坐台之后，便去烧孤衣、施食，后面吹吹打打，跟着一长串的队伍。到了西门田墩里，行香念经之后，将纸做的衣服、被、帐、鞋袜及茶壶、烟筒等日常用具付之一炬，并施食——撒"斋子"（用米粉做成肉丸一样大小，蒸熟，有的还用色素染成红色）。

接着，到岩前溪桥下放小船灯一只。小船灯里端坐精致的送子观音。传说如果能争得送子观音船，将会大吉大利添丁生男孩。但是，理事们会作出规定，船行多少距离、到了某地时才可争抢，否则要受到谴责甚至处罚。1947年这次却出了意外。当时国民党军长莫希德的二姨太欧女士没有生男孩，为了保佑生贵子，她用钱雇用钟加彬提前抢夺送子观音船。按规定小船灯要100米以外才可捞起来，钟加彬不到10米就捷足先登。瞬间，众人起哄，群情激愤，险些引起殴斗。最后，不得不向天鸣枪才把事态压下去，但众人不欢而散，扫兴而归，骂声不绝。

醮会结束后，开荤、公布账目，均如前述，不赘。有的地方迎神时热热闹闹，兴高采烈，醮会一结束，男劳动力都忙着下田、做工去了，往往送佛时连抬菩萨的人也找不到，停锣息鼓，冷冷清清，真是"迎佛容易送佛难"。

清代闽台客家的交往

——以彰化定光佛庙为例*

杨彦杰

一 彰化定光佛庙的兴建与重修

有关彰化定光佛庙的历史沿革，最早见于道光《彰化县志》。该书卷五《祀典志》记载："乾隆二十六年永定县士民鸠金公建，道光十年贡生吕彰定等捐修，祀定光古佛。"但后来出现了一些不尽相同的记载；连横《台湾通史》记载："乾隆二十七年，北路营副将张世英建，祀定光佛。"这导致后人在记述彰化定光佛庙的兴建时亦采取模棱两可的办法。如《重修台湾省通志》、杨仁江《台闽地区第三级古迹档案图说》等，干脆把前后两条资料都抄录糅合在一起，但未置可否。

其实在连横著《台湾通史》之前，日本人在台做寺庙调查时就已经有了张世英建彰化定光佛庙的说法。笔者查阅彰化定光佛庙的《台帐》，记载："乾隆二十年，月日不详，张世英发起，永定县民醵金建立。"日本人的寺庙调查始于1915年，至1918年已经完成，因此这份彰化定光佛庙《台帐》的填写当在这个时间段内。而当时连横正在撰写《台湾通史》，就住在台中、台南，因而他完全有可能到访过定光

---

* 原载《环球客家》2014年总第十一期。作者杨彦杰系福建省闽台缘博物馆馆长、研究员。

佛庙，并且从管庙人那里得到了张世英发起建庙的说法。

不过，连横并没有完全照抄寺庙《台帐》的记述，彰化定光佛庙至今仍存有一块当年张世英敬立的匾额，题为"西来花雨"，上下落款是"乾隆贰拾柒年岁次壬午阳月穀旦""协镇北路副总兵官带军功纪录二次张世英敬立"。因此，连横将这座庙宇的建立时间定为"乾隆二十七年"，并且说是"北路营副将张世英建"。

问题是连横的这一记述是否准确仍有疑问。北路营副将张世英并不是汀州人，据《彰化县志》载："张世英，贵州南笼人，行伍。乾隆二十四年十一月任（北路营副将）。"张世英当时是彰化县内级别最高的武官，《彰化县志》对他的出身、籍贯、事迹多有记载。如果说，张世英作为贵州南笼人发起兴建定光佛庙，那么《彰化县志》就一定会有记录的。因为在这本《彰化县志》里已经记载了他重修邑治北门内天后圣母庙的事迹，而对于同期发起兴建定光佛庙这样的大事就不可能只字不提。

《彰化县志》是最早记录彰化定光佛庙的志书，从史料来源看更靠近源头，应以此为准，即彰化定光佛庙的缘起是乾隆二十六年由永定士民鸠金公建的。建庙以后的第二年，张世英就敬献了匾额。这块牌匾与其说是张世英建庙的"证据"，还不如说是建庙的"永定士民"为了提高庙宇身份与官方互动的结果。再者从另一个角度看，张世英敬献匾额是在乾隆二十七年阳月即五月，此时张氏正受到兵丁群殴事件的困扰，因此他的这一举动也不排除希望能得到神明庇佑以期度过危机的心理。

彰化定光佛庙建起来以后，至嘉庆十八年（1813）还有一次重修。有庙内一块当年题为"昙光普照"的"重修立"匾额为证。而前引《彰化县志》说："定光庵，在县治内西北……道光十年贡生吕彰定等捐修。"这是第二次重修。不过，此次重修距离上次即嘉庆十八年的那次仅间隔17年，为何时间这么短又要重修一次，原因不明。根据前引《彰化县志》的记载，我们倒是可以知道，直至道光十年即1830年，这座庙宇仍被称作"定光庵"而不是"定光佛庙"，显示当时的规模还不大。

至道光二十八年（1848），由于地震破坏，庙宇又经历了一次修建。据日据时期的定光佛庙《台帐》记载："道光二十八年震灾破坏，信徒张连喜等发起，由原有信徒募集捐款，改建为现在的庙宇。"此次地震的破坏力极大。《云林县采访册》记载："道光二十八年地震；适重修受天宫，匠人多从屋上坠下。"云林县与彰化县比邻，地震的威力由此可见一斑。由于强烈地震造成了庙宇的破坏，所以此次修建规模显然是比较大的，甚至可以说是重建或扩建，从而奠定了现在称作"定光佛庙"的基础。

经过重修扩建以后的定光佛庙占地约1亩：整座建筑分三川门、天井、两侧走廊、拜亭、大殿和左、右厢房，右边还有一间侧堂及侧堂的拜亭。后来经过日据时期街道扩建，前面的三川门、天井、走廊被拆除，只留下拜亭正对着街道，一进去就是大殿和右边的侧堂，规模缩小了不少。

日前我们到那里调查，只见大殿正中供奉定光古佛，左侧神龛供奉妈祖，右侧供奉土地（福德正神），并配有一些附祀神，基本上与日据时期的调查相同。而在右边的侧堂内则是一座清代设立的神龛，里面供奉"汀郡八邑倡义题捐绅士缘首董事禄位"，共143个人，涉及江、黄、苏、吕、卢、曾、谢、张、徐、余、魏、简、胡、林、王、游、熊、陈、巫、翁、刘、詹、李、杨、吴、周、郑、赖、董29个姓氏，其中有一些受祀者是台湾客家人在大陆的祖先，如"苏九三郎公"是永定苏氏始祖、"简会益公"是闽西简氏始祖等，显示这座庙宇与汀州府所辖八县——宁化、清流、归化、长汀、连城、上杭、武平、永定——的客家移民有十分密切的关系，是当时闽西客家人在台湾的祖籍神庙宇。

定光佛庙还拥有一些土地作为庙产。据日据时期的《台帐》记载，在西屯庄马龙潭、神冈新庄子共拥有土地5笔，其中西屯庄马龙潭3笔、0.591甲，神冈新庄子2笔、1.6285甲，合计约2.22甲，年收租谷26石。

彰化定光佛庙建起来以后，成为闽西客家人前往台湾中部的落脚点和联络的中心，因此亦被称为汀州会馆。庙内的左、右厢房都是可以供客人暂时休息的地方。许多闽西客家人来往于大陆和彰化各地，往往就要到定光佛庙暂住或者寻求帮助。定光佛庙不仅是台湾中部闽西客家移民的信仰中心，同时也是闽台两地客家乡亲联络情感、共同祭祀祖先、相互扶持和关照的集结地和中转站，在台湾中部闽西客家移民的拓垦、经商、谋生等各种活动中发挥着不可替代的作用。

二 彰化定光佛庙与闽台客家的交注

由于彰化定光佛庙兴建的时间较早，又处在彰化平原闽南人的聚居区，因此这座庙宇的生存和发展充满着挑战。如今，我们到庙里调查，仍能见到许多清代以至日据时期留下的匾额楹联，时间之早，古匾之多，是淡水鄞山寺不可比拟的。

在彰化定光佛的匾联中，有4项是日据时期的，其余8项均属清代。而清代的匾联又有一半是属于乾隆时期的。清代乾隆年间的匾额遗存之多，弥足珍贵。

在乾隆年间存下的4块古匾中，除了前面谈到的张世英那块之外，还有三块，即乾隆三十六年（1771）诸罗县儒学训导兼教谕钟灵耀敬献的"瀛屿光天"、乾隆三十八年（1773）己丑科进士沈鸿儒敬立的"济汀渡海"，以及乾隆四十一年（1776）北协右营守备黄正蕃敬题的"光被四表"。这些匾额都立于定光佛庙兴建以后15年之内，献匾或题匾人都是有名望的文人，或者在台湾任职的地方官员。

沈鸿儒的身份很值得注意。他在匾额下方题写的落款是"己丑科进士龙冈沈鸿儒敬立"。己丑即乾隆三十四年（1769），此年沈鸿儒中进士。"龙冈"，有学者认为在江西，其实是在永定，更确切地说就在今天的永定县城关，道光《永定县志》亦有他的传略。

沈鸿儒到台湾任府学教授是在乾隆五十五年（1790）五月。次年（1791），他还为重修台湾府文庙捐银10元。可见，这是庙宇管理者很乐意见到的好事。因此，他们把这些匾联很珍惜地保留下来，悬挂于最显赫的位置，不仅彰显了这座庙宇的历史地位及其价值，而且也从一个侧面在述说着当年移往台湾中部的闽西客家人是如何生存和发展的，与闽台客家人的互动关系历史息息相关。

如今，我们到实地考察，很容易就会意识到彰化定光佛庙与淡水鄞山寺是两种不同的风格。鄞山寺也留有很多清代的楹联和匾额，但绝大部分是信徒捐献的，来自官方显赫人物的很少。而彰化定光佛庙恰恰相反，与官方尤其是祖籍地客家名人的互动色彩特别明显。这两种不同风格的出现并非偶然。彰化定光佛庙创建时间最早，时代不同、所处社会环境不同，在不同的历史条件下带来了不同的经营策略和历史文化积淀。因此，它反映了闽西客家人在台湾移垦发展的历史轨迹和时代特色。

另一点特别值得注意，彰化定光佛庙不仅悬挂着很多早期客家名人的匾联，而且还供有一块"汀郡八邑"缘首董事禄位，表明这座庙宇在当年是作为台湾闽西客家移民的"总庙"而存在的，是集体团结的象征，在台湾中部发挥着联络同乡、维系闽台客家亲情的重要作用。对彰化定光佛庙的研究，不仅可以了解闽西客家移民在台湾的拓垦及其神明信仰的发展历程，而且对于深入了解闽台关系，进一步发掘历史资源，促进两岸客家文化经济交流的向前发展亦有着不可忽视的意义，值得重视。

自严禅师初临南安岩

清 亲

公元 964 年夏秋之交，自严禅师来到武平南安岩。

其时的南安岩一带，人烟稀少，丛林莽莽，虎豹出没，蚊蛇横行。自严在临近狮岩的一个不知名的小村搭草庵而居，并在周边开始传道弘法。由于佛教当时在这个地方尚未流行，老百姓甚至不知佛教为何物，也对这个搭草庵而居的外来法师半信半疑。由于这个小山村长期以来深罹虎患，近年来被老虎叼走牛羊无数，村中长老便来到草庵中请教自严禅师除虎患的办法。禅师告诉他们不妨事，明天早上他们就会看到这只作恶多端的老虎死在庵旁。为了弘法传教，也为了救当地百姓于水火，自严禅师动用了神通，书偈于一木牌上插于庵旁，第二天，果然一只重几百斤的老虎死于木牌旁。此事轰动周边百姓，他们深信禅师法力无边，长老们还建议禅师在此十里许的狮岩之下、蛟湖之滨结庵，并纷纷许愿贡献田地银两襄助筹建之费。自此，这个不知名的山村就取名"伏虎村"，原草庵重建并命名"伏虎庵"。半年多后，自严法师在一个晴朗的上午借化缘之名来到狮岩山下察看建庙地址，他先绕着狮岩走了一圈，觉得空气中飘逸着桂花的芳香，眼前这座雄伟奇特的小山，分明就是一头长吼的狮子。在狮子岩的前方，有一条小溪，小溪的前面有天然泉水湖，名为"蛟湖"，湖面宽广，清澈可鉴，山岩倒映，秀丽如画，显得格外的娇美。自严禅师来到湖边，放下背包，取出钵盂，坐在绿草地上，舀一钵清水畅饮，水质清冽甘甜，他有些陶醉：眼前的景象，正是自己多次梦见的场景啊，除了没有寺院，其他景物和自己梦境中的竟然一模一样！自严在湖边坐了大约一刻钟，任凭思绪飞翔，心境安乐，身体也很舒适，偶尔抬头望天空，看到头顶上空一片浑圆形、黄褐色的云层，把太阳围在正中央，难怪正午时分感觉不到炎热呢！

自严起身向狮岩方向走去，路边一座整洁的庭院大门口，一位慈祥的老人微笑着向自严问候："法师好，请到我家接受供养吧。"自严这才有了饥饿感，加上初来乍到需要了解一些当地现状，就愉快地答应了。

进了大门，他们就坐在桂花树下的藤椅上，老人的儿子递给自严禅师一杯菊花茶，老人介绍说："今天正巧是重阳节，我们有喝菊花茶的习惯，等下还要吃重阳糕呢。"彼此简单介绍之后，自严得知老人叫何大郎，后梁进士，曾任宁化知县，居宁化石壁村，祖籍庐州府庐江县，公元926年曾出征广东梅州等地，道经南安岩时，看见巧夺天工的狮岩及周围的环境后十分欢喜，后来去官之后就长途跋涉来到这里开辟狮岩及周边的荒地，建房居住下来，算来已经整整37个年头了。

不多久，一桌丰盛的斋饭就做好了，大郎老人和他的五个儿子陪禅师同桌用餐。饭后，老人问自严下一步想到哪里，自严告知自己也喜欢这里的环境，很想住下来静心修行，有可能的话尽量做些弘法利生的事情。大郎老人听后异常高兴，想到自己这一生对佛教的虔诚，却很少有请教、交流的机会，在30多年前出征广东梅州时，曾特地到离城40多里、位于阴那山麓的灵光寺朝拜，赋闲在家后还特意去过几次，如果法师真能留在这里开辟佛教道场，那真是求之不得的大好事啊，对当地百姓和后代子孙也一定会大有益处。一想到这些，大郎老人不胜欢喜，难以抑制激动的心情，顺口吟诵起李白的重阳诗："昨日登高罢，今朝再举觞。菊花何太苦，遭此两重阳。"

大郎老人还告诉自严禅师，自己的女儿仙姑不喜欢世俗烦琐，从小就立志修炼身心，大多时间在狮子口静修。老人家的院子大、房子多，他希望法师暂时先住在自己家的客房，等住地落实好了再搬过去；今天是重阳节日，人员集中，希望法师晚上能一起用餐并给大家作开示。自严禅师顺应老人的安排。

下午，在老人的儿子何五郎、何八郎的引领下，自严禅师登上了狮岩。他们首先来到狮子口，正在静坐的仙姑看到哥哥、弟弟带着一个僧人过来，连忙站起身施礼，自严向她点头回礼。狮子口有内外洞，外洞高耸宽敞，可容数百人，远看如雄狮昂首张口；内洞窈窕通明，石室天成，可容数十人。两洞甬道纵横，清泉滴滴，乳柱直立，石钟悬吊，显得神气美观。两洞均有出口，洞内有天窗可仰望蓝天，称为"通天第一洞"。除了狮子口，周围还有十几个大小不等的天然洞穴。盘旋而上，来到最高处的狮子头顶，看到近处清澈的湖泊、静谧的溪流、丰收在望的农田菜地，远处峰峦奇秀，神态各异，清风徐徐，桂香四溢，自严禅师再次感受到大自然的美妙。他们从山顶下来，又仔细参观了狮颈、狮身、狮尾，更加惊叹大自然的鬼斧神工！

夕阳西下，彩霞染红了天际。自严一行下山回到大郎老人的家，院子里已摆了五桌宴席，除了老人的家人，里图之长、宗族长老也来聚会，一起聆听法师的开示。

此后，他们与自严禅师成了莫逆之交。

乌石庵供奉的定光古佛

宋 客

石马寺位于龙岩中心城市南环路石粉岭，背依天马山，面对小溪河。这里建有乌石庵和观音阁两座建筑。观音阁里供奉观音菩萨，乌石庵里正中大厅从左到右依次供奉五谷神、定光古佛、妈祖娘娘及陈贞祖师等地方神明。其中定光古佛摆放在大厅正中位置，厅里擎起的四根石柱上分别刻有"定六根且听我佛谈经论道；光九州还看汝辈继往开来""庙堂高矣，德荫四方百姓；江湖远兮，心系千里乡亲"等对联，其中里柱一联抬头嵌入"定光"两字，再次表明定光古佛信仰在龙岩当地百姓心中的分量。

笔者在庙堂里随机采访正在上香的香客，这名妇女姓林，石粉村人，她说，这乌石庵早在民国二十九年（1940）就有了，供奉的妈祖是从长汀分香过来的，定光古佛是从武平县岩前镇狮岩山定光庙分香火过来的。民俗活动负责人倪德龙带笔者来到碑刻处指认，说这乌石庵早就有了，只是前几年因台风强降雨，造成庙宇坍塌，于是村人集资，信众捐款，于2008年重建开光。

定光古佛是客家人的保护神。其民间信仰形成于宋初。客家地区流传许多定光古佛的故事，除了法力无边外，还有许多诸如替人修陂作圳，为民除害，试验人间诚信，点石成金或点石成物，劫富济贫，与八仙和平共处，助人繁衍子孙等神迹。近年，有专家学者考证，位于龙岩江山镇的石佛公就是定光古佛。龙岩曹溪镇石粉村天马山东麓的乌石庵亦供奉定光古佛，说明定光古佛佛法无边，救苦救难，从一个侧面反映了客家文化与龙岩本土文化在历史上的联系、交流是十分密切的，多神崇拜的民间信仰是和谐的。

（原载《龙岩文史资料》第四十二辑）

自严大师与梅州玉甲墓

邓一笑

广东省梅州市梅江区城北东厢百祖岗有两座形状相同、并排排列着的宋代千年古墓。一座是五代时的进士朝议大夫杨云岫之墓，即"杨氏始祖墓"；另一座是"宋敕封定光古佛玉甲墓"，它们是粤东地区仅存的有记载的两座千年古墓，也是梅州境内完好保留的千年文物古迹之一，属省重点文物保护单位。

关于这两座墓的来历，有一段神奇的传说。

话说朝廷官员杨云岫逝后，运柩还乡时途经福建汀州武平南岩（今福建省武平县岩前镇），是晚停柩歇宿在"狮子岩"内，谁知次日起运棺柩时，却见群蚁衔泥掩埋，此乃天作之合。儿孙族戚感羡曰：此系牛眠吉穴，福缘善庆之致。即竖碑安葬其间。

北宋初年，郑自严云游至福建武平南岩时，看到有一处叫"狮子摆尾"的风水宝地，水绕峰环，风景清幽，别开天地，便想在此地建造庵场。而那里停葬着朝廷官员杨云岫的棺柩，他便与杨的家属商量，答应为杨另觅一块更好的风水宝地下葬。杨氏家族同意后，遂跟大师至梅州之城北，见一螃蟹样"天虹灌水"屠刀形风水宝地，自严大师曰："此系万载佳城，富贵双全之地，堪为杨姓葬焉。"至安葬杨氏祖时，定光大师执锡杖大喝："气势归。"封葬毕，自严大师即登坟大呼曰："正龙葬了傍龙发，傍龙葬了正龙休；五百年间又重修，儿孙盛赛嘉应州。"葬毕，自严大师在墓碑右下角刻上"自严大师主葬"字样。为示隆情高谊，永留纪念之情，自严大师将左手中指甲附葬于杨氏祖坟左侧墓中。后有碑刻"宋敕封定光古佛玉甲墓"。故杨氏祖在族谱中有载，众裔孙祭拜云岫公时，应先参拜定光古佛玉甲墓。云岫公墓场"百祖岗"地名为定光古佛所赐，乃"百世不迁"之含义也。

张芝田《梅州竹枝词》咏此云："盘纡云登不称劳，都道山僧眼力高；点得龙眼遗一指，果然成佛放屠刀。"

古往今来凡有识明师皆颂自严大师所选杨云岫公墓场为梅州"十大名坟"之首，自公后，有状元及第2人，进士74人；近代至现代更是人才辈出，文能安邦，武能定国，为民族和国家振兴作出许多贡献。

墓场面前有一口大水塘，历经十个多世纪地形变迁，气候变化，即使是大旱之年，也不会干枯，真可谓是"天虹灌水"。自古以来，许多民众前往墓地前"求水"治病。墓前两侧竖立两根圆柱形花岗岩华表，今依然屹立，各时期屡遭受人为所毁皆未遂，而动手毁者每次失手都会损伤自身。墓地几经修整，墓碑经数百年风雨，仍清亮无损，碑文字字可读。

在过去，潮州开元寺的和尚出家受戒，都要先行到定光古佛玉甲墓前顶礼膜拜。正如当地民众所言，杨公大地（墓）经千年天地之灵气，受日月之精华，怪不得会有许多神奇的传说。

虽经朝代变迁、战乱、灾荒的历史洗礼，"佛赐吉穴，千年不迁"之古墓，仍然完好无损，墓前大水塘千年不涸，成为城区的人文景观，为广大民众所瞻仰。

而今，杨云岫裔孙如雨后春笋，世代繁衍，遍布国内20多省市区及港、澳、台和海外各洲埠，星罗棋布，宗枝昌盛，儿孙盛赛梅州，此乃自严大师佛口应验也！

后来，自严大师却不知所向，只在福建武平的岩前留下了一座"定光古佛寺"，即今"岩前均庆寺"是也。

定光古佛勇斗李傩公

刘永泰

武溪源阳民河畔森林密布,翠竹青青,格外神奇秀美,素有"十里翠竹十里岩"的美称。阳民河中轻舟点点,排筏蛇阵,渔歌互唱,真令人梦牵神往!在阳民村曾家围水口,有五颗大小不一、形态各异、五颜六色的奇石蹲坐河中,宛若茫茫大海中的五个岛屿。抬头仰望,阳民村后还有一个摇摇欲坠的巨石危悬山巅,稍不小心,好像就要滚落下来,令人惊讶万分。碧河奇景,民间流传着定光佛与李傩公斗法的传奇故事。

李傩公,是巫家骗棍,家住阳民河下游。他借做傩为名,不择手段地搜刮民财,因此人送外号"李刮皮"。昔时,巫文化盛行,闽粤赣边不少地方都有打醮做傩、驱魔逐疫的习俗。"做傩",这是客家话,古今称为"傩"者,《论语·乡党》中有"乡人傩"之语,《吕氏春秋·季冬》里也有"命有司大傩"的句子,至今某些少数民族中仍有傩舞的表演。"做傩",实则是客家先民每年腊月驱疫魔、祈平安的一种民间活动。

话说某年腊月,李傩公到南武城区打醮做傩。双方谈定李每做一场傩,东家装满一锡角的稻谷以酬。这本是公平交易、无可厚非的。然而,李傩公却不是一盏省油的灯。他每做完一场傩,用锡角装谷,锡角口往禾仓里装谷,锡角笃(底部)剜一个口直通船舱。李施法术,人们无论怎样往锡角装谷,锡角都装不满,只有等船舱装满了,锡角才会满。李做了六次的傩，就装满了六船的谷。目睹装得满满当当的六艘大谷船，李刮皮高兴极了，便心满意足地叫船工扯起帆，鼓起风，乘风破浪往家运。这船队由平川启运驶入阳民河段，李傩公得意忘形地唱起了客家山歌："阳民河水清又清，暖风送爽回门庭，六场做傩六船谷，敢笑佛仙不如巫。"

定光佛是客家人保护神。他闻其歌，察其心，出于保境佑民的善心，认为必须惩戒傩公一番。待谷船行至武所阳民曾家围水口时，他手持法杖前往阻止："你这六船稻谷，粒粒都凝聚着客家农夫的辛苦血汗，而你却施巫术巧取豪夺，于心何安？劝你退还给百姓，如何？""阿弥陀佛。"李傩公想蒙混过关，说时迟那时快，六条船变成了六条金鱼向下游游去。定光佛手持佛杖，口念偈语，袈裟一拂，立即变成了一副拦江网，拦住了鱼路，随即又把草鞋丢进河中，变成了鸬鹚追捕，鱼无法通过。瞬间，李又把船变成鸟，欲从空中飞过。定光佛法杖往空中一指，拦江网由河升空，挡住了鸟路，草鞋又变成老鹰穷追猛赶，鸟无法通过。这时，李傩公法尽计穷，无可奈何，只好将六条船现为原形。定光佛乘势从山上抓起万钧巨石，掷向谷船。一石击沉一船，他先后掷了五颗巨石，随着当当声响，接连就击沉了五艘谷船。说也奇怪，巨石似乎尽知人意，支持正义行动，最后一颗巨石亦从山坳里自动滚到临河山巅，等待定光佛抓起去击沉第六艘谷船。定光佛寻思，仅剩一船谷，本应是李辛苦做傩所得，就让他运回去供养父母妻小吧！于是，那颗巨石至今仍留在山头上，危危欲坠。河中击船的五颗巨石，当地人叫它为旦石，意为教育人们要坦诚处世之石。

被击沉的五船谷，经定光佛点化，变成了洁白晶莹的大米，年年月月在梁野山"出米岩"汩汩流出，聊作诚心拜佛、游景览胜的四面八方游客的餐粮，来多少客，出多少米，恰好够吃管饱。至于后来贪心和尚凿大出米岩口，以中饱私囊，导致绝米，那是定光佛治贪除欲的又一善举。

为感恩定光佛治巫济民的功德,当地人在阳民水口靠河岸一块平坦的巨石上,建起了远近闻名的"旦石亭",祀定光佛,并由明朝"训导"舒清题辞,曰"平明社亭"。每年元初一清早,村民们争先恐后地前往旦石亭烧香点烛,祈定光佛保佑,尔后燃放鞭炮,男丁1000响,女丁500响,这是约定俗成的事。河中旦石成了镇住全村风水的神石。

自严法师赴京城打醮

郑自严法师听说京城打大醮，便一路北上去京城赴醮会。

打大醮时，皇帝为给母亲祈福，下旨要请一百个和尚做佛事，负责醮会的总理早早就派人到各处请和尚，但只请到九十九个，还差一个，只好再派人去请，派出去请和尚的人走到这条街一看是个"野嘴和尚"，未请；走到另一条街碰见的还是这个"野嘴和尚"，找来找去，总凑不上一百个和尚。为了凑数，只好请这个"野嘴和尚"郑自严凑数。

打醮正日晚上要坐台，主事和尚提前三天叫郑自严搭坐台，郑自严却迟迟未动，到了正日的头一天，才叫人一道上街买灯芯搭台，消息传开后，议论纷纷，灯芯搭的台人能坐吗？本来坐台是主事和尚的事，他却叫"野嘴和尚"去坐台。自严法师按主事和尚的交代，正日晚上稳稳当当坐上了灯芯搭的坐台，惊动了醮会全场，这一消息立即传到皇帝那里，皇帝马上来看，果然是坐在灯芯搭的台上，皇帝爱才心切，天冷怕冻着他，便将身上的黄袍披在郑自严的身上，叫他下来，郑自严右手握拳枕着头，假装睡着了没有下来，皇帝说："你这个人像古佛"。郑自严听后立即跳下坐台，叩谢皇帝赐封为"古佛"，并从此穿上了黄袍。

(洪军　收集整理)

范振喜炸石遇险佛急救

练康豪

1986年在武平城关养路段退休的老工人范振喜，现年85岁。虽已年高，但仍耳聪目明。提起往事，他激动地说："若不是古佛老爷急救，我早没命了。"

1958年，武平县公路段开山班，拟为"武会路"开一段约两公里长的公路。此路原是山崖，尽是顽石。全班九人都跟范振喜肩负凿石眼炸石工作，每天能凿1至2个炮眼。范振喜为人耿直，工作尽责，任劳任怨，事事带头。大家推荐他当班长，可他斗大的字不识一升，因此坚决地拒绝了。

当时，正是六月天，天气炎热，人人热得累得汗流浃背。范振喜独自带着钢钎铁锤，爬上五米高的石壁上打炮眼。近午时，好不容易凿好一个炮眼，塞进了炸药。范振喜提高嗓门："点炮了，大家躲开！""轰"一声巨响，一块80多立方米的石块，裂开了约1厘米的裂缝，他高兴极了。"现在好办了，只要我用铁撬，依缝插进，用力一撬，定可以把这石块撬开。"老范想。他毫不犹豫地操起钢钎，凿进裂缝，竭力撬石块；突然，巨石松动，倏间"轰隆"一声巨响，巨石翻滚在山路下。工人们见状吓得目瞪口呆，但见老范却跌坐在石壁边沿，大有与石同时滚下公路的危险。此刻，老范两眼朦胧，似乎看到前面半空中飞来一巨人，他脸方耳长，大腿如桶，用双手轻轻地托着老范的胸部，免除了他和巨石同时滚下公路的危险。巨石滚下去以后，范振喜稳坐在石沿，呆若木鸡，十几分钟后方清醒过来。工友们急急上前问："老范，你怎么在发呆，没事吧，可把我们吓坏了。"老范破天荒地在朦胧中看到空中飞来巨人救他的命，感动得不知所措。

夕阳西下，鸟归山林。傍晚，范振喜回到住地高培下。这里住着数户农家。一位年逾古稀的老妪，为人热情随和，颇识世情，亦善谈吐。老范带着疑问，找到这老太婆。"我上午炮石时险些与一块像房屋般大的石块同时滚下，想不到得到空中飞来的菩萨抢救，保住了命，不知是啥菩萨？"老范说："这真是天大的奇事……"

老阿婆根据老范描述菩萨的形象后脱口而出："一定是古佛老爷救了你的命，古佛老爷专门为我们救急难，造福田。梁野山白云寺的定光古佛很灵验，山下好几个村，每年争着抬去打醮，祈祷平安。"

老范听罢老人讲述，一拍大腿："对了，一定是定光古佛救了我的命。"他续说："我老家在上杭庐丰乡。新中国成立前，我15岁时常常和70多岁的老祖母到距家二公里许的燕子岩庙烧香拜佛。祖母每次烧香总要许愿。许愿时总要庙主写上我范振喜的名字，保佑我平安吉利。由于庙中求签求愿灵验，吸引很多人前去烧香，远路的还常在庙中吃住。为此，庙脚下开了数亩地莳禾，每年能收十五六石谷子。我十分记得，那时我和祖母经常赶着家中黄牛，背上犁耙，为庙田犁田耙田。我年纪小身子矮，要用双臂才能挽起耙转弯。犁耙完田，我们就回去。庙主要给我们钱，祖母总是婉言谢绝，说能为古佛老爷做事是难得之事，我们绝对不能收钱。但庙主一定要留我们吃午餐，我们就留下和善男信女们共吃素餐，十分有味。大家你一言我一语，称赞我婆孙俩为庙田犁耙田不收钱，做好事，将来必定有好报。"

说到此，范振喜颇有感触地说："我祖母多年求古佛保佑我平安吉利,又常免费为庙田犁耙田,定光古佛也一定看在眼里、记在心间的。所以,我在炸石遇难之时,是古佛老爷救了我的命啊!"

嗣后,此事在群众中传开,成为人们茶余饭后的美谈,久传不衰。

自严禅师缚住水牛精

罗炳星

远古时期,岩前一带是一片汪洋大海。后来由于地壳变动,海水逐渐退去,露出了大片陆地和由海洋衍生的石灰石和石灰石溶洞。这些石灰石溶洞,一方面为古人类提供了栖居之地,另一方面也为禽兽提供了藏身之处。

话说当年海水逐渐退去之时,许多海洋生物随着海水迁徙到海洋里去了。但其中有一头蛟,因贪食、贪玩、贪色,未赶上退去的潮汛而滞留在了陆地上。

这头蛟,形如水牛,但头小小的,眼睛大大的,颈上长满白瘿,体长丈余,浑身长满有毒的鳞甲,四条粗腿,能在陆地上行走,更擅长在水里游弋,当地人叫它为"水牛精"。平日里,水牛精蛰伏在岩洞里修炼、练功。时间不觉过了千年,水牛精自以为修炼了千年,有了非凡的功力,便在岩石洞里钻来钻去,欺负、赶杀弱小动物,把石洞撞成一个个曲曲折折、大小连通的石洞。后来人们把这些石洞称为"龙穿洞"。

有一年,正值夏秋之交,"水牛精"闲着没事,便钻出岩洞,看见岩洞不远处有一宽大的湖泊,碧波如镜,水清鱼肥,成为当地人们捕鱼谋生的好地方。湖泊旁边,花红柳绿,莺歌燕舞,宛若人间仙境。水牛精看到这块风水宝地,馋得直流口水,一心想占为己有。它凭着自己已修炼千年的功力,用四脚尽力一蹬,原来水平如镜的湖水顿时变成波涛汹涌的洪水，咆哮着冲向四边，吓得当地百姓扶老携幼，纷纷向高处逃跑，顷刻间，此湖成为水牛精的囊中之物。后来人们就把这湖称作"蛟湖"。

水牛精独霸了蛟湖之后仍不满足，稍不顺心，便兽性大作，在水里兴风作浪，毁坏堤岸，冲毁陂圳，淹没民房。有一次，水牛精又阴谋打开湖堤，制造洪水，却被云游的郑自严禅师看到了，他苦口婆心地规劝水牛精诸恶莫作，改恶从善。"水牛精"一看，仅是一介和尚，根本不放在眼里，便凶相毕露，张牙舞爪，向自严扑去，企图一口吞噬。自严见水牛精不愿改恶从善，死心塌地与民争利，便作法让身上的袈裟很快把蛟湖水吸干，水牛精无水失去了功力，就用身上的剧毒鳞甲向自严身上射去，自严马上摘下身上的腰带，口念几声符咒，腰带顷刻变成一条长长的铁链，将水牛精牢牢拴住；然后又摘下佛帽上的一粒珠子，变成一口大铁钟，把水牛精牢牢罩住；接着又挖出耳中的一块耳垢，变成一个土墩，压在铁钟上面，并在墩上种上柳树、芙蓉花，植上青草。这个土墩后人叫作"芙蓉映日"，它连同蛟湖，成了岩前的两处自然景观。后人为纪念郑自严缚住水牛精，为民除害的功绩，特在狮岩洞郑自严大师座殿大门的楹联下联写上"宝络镇蛟湖"。

"三千罗陂"与自严大师

练康豪

在闽粤赣三省交界处的岩前有一座闻名的"三千罗陂",人们称它是武平的"都江堰"。它的规模虽不可和2000多年前李冰父子所筑的"都江堰"相比,但却有与"都江堰"异曲同工之妙。

"三千罗陂"座落在岩前溪的下游,即岩前镇双坊村,距国道205线约200米,以前,它是岩前溪中最大的水利工程。相传有千年历史,灌溉千亩良田,受益千户民众,故称"三千罗陂"。

据民国三十年(1941)《武平县志》记载:"罗陂面十余丈,灌田千余亩,工程浩大。"当年筑坝艰辛,如今当地还流传着自严大师(俗称古佛老爷),助筑罗陂坝的神奇传说。

话说自严大师经常为民众解救急难。某年的一天,他听到在岩前双坊村筑罗陂坝艰难,便起了相助之心。他了解到乌石崟有众多石头,大小不等,便施展法术,让一群石头变成一母猪带着猪仔群,他右手举鞭,口出号令,把这群"猪"赶往岩前。当赶到岩前三河村时,遇着一位怀孕妇女,虽然她腆着肚子行走不便,貌不堪入目,可却口出狂言:"癫痢头,你敢有功夫,把大群猪像赶石头一样,赶得碌碌直转干什么啊?"

定光大师闻言大惊失色,知是法术被识破,石群难以赶动,它们全躺卧在那里不动,大师只好径直到筑罗陂处去。如今这群石头仍留在岩前三河村，人们称此地为"乱石葡里"。

定光大师赶到筑罗陂处时，村民们正在紧张地筑坝。他们看到大师来到就叹曰："大师你为何不早来帮我们？"大师答："我一定帮助，就把我的一份筑坝事留在那里吧！"

众人留下一段偌大缺口，接着回去午餐了。众人离去后大师就施展法术，眨眼间就把缺口堵住，把整个坝筑得又牢又固。下午，乡人以为坝未筑好，又来筑坝，但见全坝筑得牢牢的，一个个目瞪口呆，纷纷赞说自严大师法术高明。从此，大师神奇筑坝的故事不胫而走。

民间传说

※平和龙归堂来历

明朝年间，平和县有个小商贩专做贩鸽子生意，一直不顺，快要失去信心时，来到附近的定光佛庙求签问卜，签意说有转机，果然后来每次赶集都赚了钱，他就参照岩前均庆院定光古佛像重塑一尊带回家乡供奉，取名"龙归堂"，一直到现在。在平和、诏安等地也有不少客家人，龙归堂就是均庆院分灵，在当地香火很旺。

※叫得应的定光古佛

说是旧时均庆院有个规矩，分香出去的分身定期要回到祖庙续香，永平昭信田心寺主持依约把分灵塑像抬到岩前均庆院。仪式结束后，祖庙住持反悔，想把分灵留下来，不让抬回。田心寺住持心有不甘，说我庙的信众肯定不同意，一定要抬回庙。由于祖庙金身与各地分灵雕刻得一模一样，又放在一起，所以无法辨认，这可如何是好？祖庙住持说，你说田心寺定光古佛分灵在这里，你指给我看，有什么依据？他也说不出来，没想到祖庙住持会来这一手。一个坚持抬回，一个坚持留下，相持不下。最后，祖庙住持被他的执著打动，松口说，你说这里有一尊定光古佛分灵是你们的，你叫得应，就让你抬回；叫不应，则对不起，请回。田心寺住持一听就说好，然后鞠了三个躬，说田心寺定光古佛，您如果愿意跟我们回去，您就往前挪一步；不愿意要留下，就不动。说时迟，那时快，果然其中一尊往前挪一步，祖庙住持见状，就不好再说什么了。从此，在田心寺信众中，定光古佛叫得应的神奇故事就传开了。

（一粟　收集整理）

民间故事

※除蛟伏虎

后周显德年间（954~959），郑自严大师云游天下，路过江西太和县怀仁江时，江水突然暴涨，浊浪翻滚，当地百姓说是蛟龙经常在江中兴风作浪，危害百姓。自严大师听到后，手写佛偈一首，投入江中，江水骤退，变成一片沙洲，当地人称之为"龙洲"。后来，自严大师云游汀州时，听到汀洲城南的龙潭中有孽龙危害百姓，大师投偈潭中，孽龙遂销声匿迹。又传自严大师在岩前设道场时，"大蟒前蟠，猛虎傍睨，良久，皆俯伏而去"。北宋淳化间（990-994），乡民家中的牛被老虎伤害，大师闻讯后，直奔牧场，在牛被老虎咬死的地方立一木牌，写上偈语，第二天天亮，猛虎便死于路中。后人为纪念郑自严为民除害的功德，争相构庵奉祀郑自严大师，此庵称为"伏虎庵"，并把这个地方称为"伏虎"。

※去桩活泉

相传北宋景德初（1004），自严大师应邀到江西南康盘古山弘法，途中经过某一条江河时，江中布满槎桩，船只常常触桩而沉没。自严大师用手抚摸着槎桩，说道："去，去，莫为害！"当天晚上，天未下雨而江水暴涨，槎桩均被江水冲走。到了盘古山后，发现井水枯干，禅院缺水，自严大师用禅杖敲井沿三下，说道："快出，快出！"到了晚上，落泉溅崖之声便不绝于耳。天明，井水涌出满溢。后人遂定名为"灞涌岩"，后成为当地一个著名景观——"灞涌金莲"。

※祈晴祷雨

北宋大中祥符四年（1011），汀州久雨不晴，洪水泛滥成灾，许多老百姓的房屋被冲毁，人畜被淹死，溪河航运受阻。郡守赵遂良只好请郑自严大师搭台祈晴。翌日，即阳光灿烂，洪水退去，百姓拍手称奇。但不久，汀州附近又发生旱灾，不但田里庄稼缺水，连人畜饮水也极困难，百姓叫苦连天。时郡守胡咸秩遣使到南安岩请自严大师祈雨，自严写一偈语给来使带回汀州。来使刚进入境内，倾盆大雨就从天而降，旱情解除，老百姓额手称庆，是年喜获丰收。

※神通广大

相传宋真宗时，有一次在京都宴请全国高僧，在皇帝面前无人敢就坐。郑自严姗姗来迟，进殿后就大大方方地坐在皇帝的对面，宋真宗感到惊讶，问道："大师从何处来？几时起行？"自严答道："今天早上从汀州来。"真宗不相信，又问："汀州太守是谁？"答道："是胡咸秩。"宴毕，真宗故意叫郑自严带一些斋饭赐给胡咸秩。结果斋饭带到汀州时还有余温，胡咸秩惊诧万分，上表谢恩。真宗接到胡咸秩的表文后，才相信郑自严非等闲之辈，称之为"现世佛"。又传北宋大中祥符初年（1008），广东惠州有一艘运载砖瓦的巨船搁浅于河源县沙州，僧侣来到南安岩请求郑自严大师帮忙。郑自严书写一首偈语给来僧，来僧持偈到搁浅的船上，船只莫名其妙地拔动，顺利航行。

※立古母石

相传自严大师某日到武平县梁野山下的萝斗坑一带化缘，某富翁不但不理睬他，而且连借锅煮饭也不给柴火，自严说："我只好用腿当作柴火了。"说罢，竟将双腿伸入灶膛，哗哗啪啪烧了起来。须臾饭熟，餐毕，自严大师扬长而去。富人发现自严大师双腿完好，而家中的饭桌、板凳腿悉被烧光，遂持打狗棍追了上来。自严行走如飞，来到水口，背起一块大石头放在梁野山顶，让石头悬空而立，危危欲坠，以示惩戒，使为富不仁的富翁担心巨石从山上滚下来而惶惶不可终日。现这块巨石成了梁野山的一大景观。

※赐嗣送子

武平县的许多地名也来自定光佛的神话传说，如"寄子岭"的传说至今仍为当地百姓津津乐道。

相传宁化余某，曾向定光佛祈求子嗣，不久，妻子果真怀孕，生下一子。余某夫妇感恩不尽，积极筹措盘缠。孩子周岁以后，带着儿子一齐到南安岩均庆寺叩谢，想不到在离南安岩20里处时，小儿子全身抽搐，脸色发紫，不久突然死去。余某夫妇强忍悲痛，自怨命薄，只好把儿子暂且安放在荒岭上的一座墓塘里，并盖上披风，继续前往南安岩均庆寺进香还愿。拜毕，回到荒岭，却看到儿子死而复活，正坐在墓塘里吃馒头。余某夫妇转悲为喜，回家后把家中所有能变卖的财物全部卖出，把钱捐给均庆寺。后世人称此岭为"寄子岭"。

※为民请命

北宋咸平六年（1003），郑自严大师在传经布道时，听见官府向寺院征收布匹，并由当地百姓代交。自严大师于心不忍，写了一封要求免征布匹的信夹在上交的布匹中。官府发现后，十分恼怒，马上拘捕郑自严询问，自严大师认为该说的都说了，便缄默不语，郡卒张晔愈怒，令人用狗血、蒜辛淋之并焚烧衲帽，可是火烧尽了，衲帽却越来越白，官府无可奈何，只好把他放了。

※预测人生

相传自严大师有一次变成一个老和尚,从沙县南离地腾空而渡,正好被贬谪于兴国寺的李纲遇见,李纲见此情形后,知这老和尚非凡人,就上前叩问姓名、住址,并要拜他为师。定光佛拒收他为徒后,李纲又以前程卜问。定光佛写一偈语送他,偈语曰:"青着立,米去皮,那时节,再光辉。"最初,李纲不知道偈语的含义。到了北宋靖康元年(1126),金兵包围开封时,李纲应诏入朝,出任尚书右丞,翌年出任宰相,偈语的预言("青着立"三字寓"靖"字,"米去皮"三字寓"康"字)得以验证。

※赐药治病

宋代,有一山东人名叫黄藻,到清流县城出任知县。黄藻是一位孝子,将母亲带到身边赴任清流。由于母亲水土不服,终日沉疴于病榻,寻遍郎中,服尽草药,终无好转。无可奈何之际,他想到乡民竞相传说的定光古佛之灵验,公暇之余,便信步上山,欲向古佛求药。黄藻走进金莲寺,在寺院后的石床下榻,竟做了一个梦,梦中古佛为他母亲之病点出几种药;醒来,梦中之药仍在脑海浮映,黄藻却是疑信参半,但怀着碰碰运气的心理,仍去药店按梦中的药方买了回家,小心煎熬,让母亲连服几天,奇迹出现,母亲终于从病魔中获得解脱。黄藻知县万分感激,不仅上山还愿,还特地赋就一副对联:"古刹保千年,清泉仿佛山中雨;神灵通万里,佛像依稀梦里身。"至今那副对联仍留遗金莲古寺,成为永恒的佳话。

※奇梦应验

明朝吏部尚书裴应章进京赴考前上山祈梦,预卜前程。几天前就虔诚地更衣沐浴,洗净浑身尘垢,清清爽爽地上山,在神龛前摆上供品，焚香点烛，燃放花炮，拱手作揖，祈求一个好梦。那夜，他黯然地躺卧在床，未几，即沉沉睡去，酣睡之间，梦见漫山成熟的红柿被风吹落，一个个落入屎窖（厕所）。半夜醒来，郁闷不乐，哀叹不已，觉得这回的功名无望，睡意全消。次日大早起来，穿好衣衫，顾不上洗刷，满脸忧郁去敲开住持的门。住持闻声打开房门，双手合十，一眼瞥见应章忧郁的眼神，迎头便问："做了梦吗？"应章苦笑地点头，便将梦告知。住持仔细地端详他，尔后哂笑地问："你不是姓裴？"不等应章回答，住持连连夸赞："好梦呀，好梦，祝你高中！"应章大惑不解："明明是噩梦一场，怎是高中？"住持真诚地释疑解惑："柿（屎）落裴（肥）窖（厕所）（当地将大便叫作'肥'），不是昭示中了进士？"但应章未能拨开心头迷雾，仍沉溺在不详的梦中，寂然地进京赴考，后果然中了进士，应验了梦。之后，裴应章荣归故里，重访古寺，赋就一副联题："泉声夜夜三春雨；山气时时五色云。"此联至今仍悬挂金莲寺，故事在当地山乡广泛流传。

（原载江天德、魏建坤编著《定光古佛传奇》，中国文化出版社，2012。入选时有所改动）

祖庙当代奇闻三则

本文所记述的仅是现代及最近几年笔者的亲历、亲闻和在田野采风或从民间耆宿的口中所得知的定光古佛灵验传说，不揣浅薄，如实记录下来，以飨读者。

1. 1938年6月25日，抗日战争期间日寇派出9架飞机轰炸武平县城和岩前城，投弹40余枚，在武平县城炸死17人，炸伤13人，炸毁民房193间。但落在岩前城的6枚炸弹，仅在荒无人烟的"问子岗"（今镇政府所在地）的一枚炸弹爆炸，其余5枚分别落在定光佛祖庙附近的"四角墩""大阳洞""通广街""灵岩中学"等一带人来人往、人口密集的地方，但均未爆炸，无一人员伤亡，无一房舍受损。当地百姓说："这是定光古佛保佑啊"！

2. 2011年6月11日，在岩前均庆院广场举办第一届定光佛文化节。市、县的气象预报均测出此日岩前一带有中到大雨，气温达21～30℃。可是日期早已决定，来宾已如期到达。大会后勤处只好四处求购雨衣。上午9时，一万多人齐聚广场，大会如期开始。此时，与岩前近在咫尺的广东广福镇叶田村、东与灵岩村接壤距离约1.5千米的东峰村罗坊角、北距灵岩仅6.5千米的三河村均下起了滂沱大雨，唯独均庆院广场上空浓云密布，还吹来阵阵凉风。直至下午14时，定光古佛巡游结束回殿后，滂沱大雨才在灵岩一带骤然降落，令与会的海内外来宾无不啧啧称奇。

3. 2013年5月19日，一场特大洪水几乎浸漫了整座岩前城，最深处达1.7米，许多老房子倒塌，当地居民的家具、电器被淹，许多日常生活用品被水冲走。此次洪灾倒塌房子近百间，紧急转移群众近千人，但无一人员伤亡。当洪水浸漫到定光古佛广场的均庆院地板上时，广场上洪水澎湃，浊浪滚滚，但始终未溢到均庆院菩萨的基座上。群众都说，这次特大洪水，是由于当地党政的坚强领导、指挥得当、抢险及时，但也是定光古佛显灵保佑啊！

罗炳星　收集整理

影像印记

中共龙岩市市委书记梁建勇在中共武平县县委书记王建生陪同下视察岩前定光古佛文化园

神态各异的定光古佛塑像

岩前均庆寺各式定光古佛塑像

梁野山寺定光古佛塑像

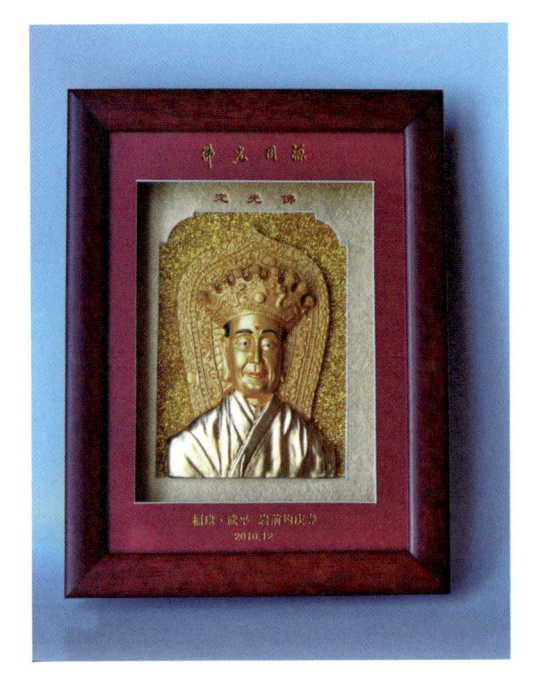

岩前均庆寺监制漆线雕定光古佛塑像

东留凤凰庵定光古佛像

下坝归庆庵定光古佛像

中赤神华山定光古佛像

中山南山寺定光古佛像（中）

　　据当地人士说，此庙供奉的定光古佛乃古元朝雕塑，与当今其他寺庙的定光古佛像大同小异。20世纪"文革"中，信众把它抬到山上藏起来。改革开放后，宗教政策落实，信众又把它从山上抬下来。由于寒来暑往、风雨剥蚀，雕像受到影响，后来信众进行修补，真像得以呈现。　　　　　　　（申遗办　提供）

梅县杨氏族谱的定光古佛画像

武平县客家河滨文化公园定光古佛塑像

武平县文博园历史馆定光古佛塑像

铜钵岩寺定光石佛像（左一为定光石佛像，中为观音，右一黑脸者为清水祖师）

据石碑记载，此地1205年就有弟子毛士作同妻陈五娘雕造观音、定光、昭应三尊石佛像，此时，距郑自严大师圆寂190年，是现存最古老的定光古佛石像。

上杭官庄镇龙寺定光佛像

此定光佛像是一块石头，传说此石为定光古佛化身

长汀定光禅院定光古佛像

长汀定光寺定光古佛像

清流县灵台山定光古佛塑像

沙县淘金山定光卧佛塑像

平和县龙归堂定光古佛像

浙江丽水市遂昌县大洞源村复兴寺定光古佛像

(洪炳东 提供)

台湾淡水鄞山寺赠送均庆院的定光古佛像

台湾淡水鄞山寺定光佛像

台湾彰化定光古佛庙定光古佛像

台湾彰化市定光佛古佛像旗

其他寺庙中比较典型的定光古佛像

其他寺庙中比较典型的定光古佛像

播衍各地的定光古佛庙宇

武平岩前狮岩洞定光古佛座殿

武平岩前定光古佛祖庙——均庆院

定光佛曾经修炼过的梁野山寺

梁野山寺及周边阴阳湖

梁野山寺旁的和尚灵骨塔

平川镇西厢村定光古佛庙——西来庵

供祀定光古佛的下坝乡归庆庵

东留乡石径岭供奉定光古佛的云梯山寺

十方镇定光古佛寺——西湖寺

桃溪镇亭头村平武山定光古佛庙

东留乡石径岭定光古佛庙门

供祀定光古佛的中赤乡灵光寺

中山镇聚仙岩内供祀定光古佛的庙宇

中堡镇观狮山定光古佛庙

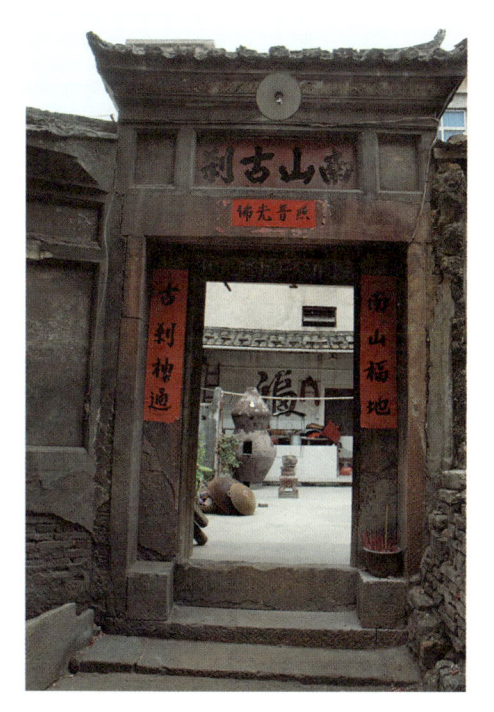

供祀定光古佛的平川南山堂

龙岩新罗区灵远宫定光古佛（石佛公）寺

长汀县重建的定光寺

长汀县重建的定光庙

长汀县城关汀州定光寺

永定县金砂定光佛古寺——金谷寺

平和县大溪镇定光古佛庙——龙归堂

沙县淘金山定光古佛庙

定光古佛曾修炼过的江西盘古山寺（遗址）

梅州市定光古佛玉甲墓

台湾彰化市定光古佛庙外景

彰化定光佛庙

台湾淡水鄞山寺

供奉定光佛的台湾淡水鄞山寺

台湾淡水鄞山寺外景

台湾苗粟供祀定光佛的义民庙

扎根民间的定光古佛信俗

各地善男信女来狮岩祖庙朝圣

各地信众和本地居士在定光佛祖庙前虔诚祈祷

在众多信士的簇拥下，由住持向定光古佛像上供贡品

住持带领信众在定光古佛像前颂读经文

在定光古佛座前举行隆重的祭拜仪式

归庆庵定光古佛巡游到广东平远差干镇，广大信众在大桥上
争先恐后点燃香烛向定光古佛座像祈福

下坝信众抬着归庆庵的定光古佛座像,在锣鼓和鞭炮声中巡游,祈祷五谷丰登,平安幸福

定光古佛巡游时,受到当地百姓的膜拜

在定光古佛信仰地区，每年除有固定的醮会日期外，还会举行专题的
临时醮会，如求雨祈晴、祈除疫病等

定光古佛出巡前的仪式之一

定光古佛出巡前的仪式之二

"洗井"习俗中的临时醮会

为保证当地居民饮水的卫生、健康，下坝大成村等村庄还有定期"洗井"的习俗（把井水抽干，清除井壁和井底的杂物、污泥等）。洗井时，举行临时醮会，祈求定光古佛保佑村民平安、健康。

长汀定光寺周边信众在诵读经文

当地定光佛信士和信众,在每月的固定日期,赴定光佛庙里诵读经文。

醮会结束后的"放灯"仪式

在武平下坝、东留、岩前一些地方,当定光佛醮会结束时,先倒掉"幡竹",然后在当地溪流里放灯。意喻灾难已随水流漂走。

2011 年定光佛文化旅游节期间各地参访团来祖庙朝拜

2012 年岩前定光佛巡游台湾彰化一带时的场景

影像印记 337

台湾知名人士饶颖奇一行在古佛殿进香

中山长安岽出米岩周边信众向定光古佛座像进贡时的情景

佛像前诵念经文之一

佛像前诵念经文之二

和尚带领信众在定光古佛座像前拜谒

下坝归庆庵祭拜仪式

台湾彰化定光佛庙祭拜仪式

台湾苗栗义民庙周边信众向定光古佛像敬献供品

台湾苗栗义民庙上供盛况

2013年世界客属第25届恳亲大会前夕,清流县政协主席李增祥一行十几人,前来岩前狮岩定光古佛祖庙迎取香火火种

2013年世界客属第25届恳亲大会定光古佛圣火采集仪式

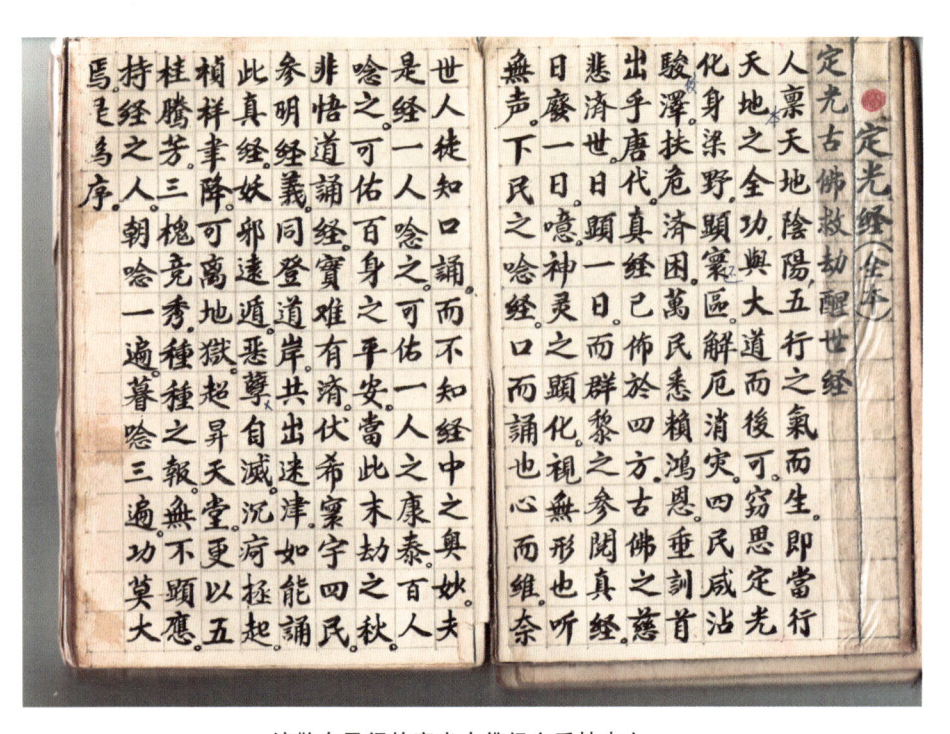

流散在民间的定光古佛经文手抄本之一

流散在民间的定光古佛经文手抄本之二

流散在民间的定光古佛经文手抄本之三

岩前祖庙阡文雕版之一（武平昭信田心寺提供）

两岸关注的定光古佛信仰

时任中共武平县县委书记陈盛仪向中国国民党荣誉主席吴伯雄、台湾知名人士饶颖奇赠送"佛光缘"条幅

全国人大常委会委员、中华全国台湾同胞联谊会会长梁国扬（中）参观均庆院

台湾知名人士饶颖奇（中），在中共武平县县委书记王建生（右）陪同下参加第二届海峡两岸定光文化旅游节

原中共武平县县委副书记陈厦生向国民党荣誉主席吴伯雄赠送定光古佛像

影像印记 347

中共武平县县委书记王建生陪同福建省政协副主席李川
在岩前狮岩定光佛祖庙调研

福建省政协副主席叶家松（中）在时任中共龙岩市市委书记、现任福建省人大副主任张健（左二），
时任武平县人民政府县长、现任中共武平县县委书记王建生（右一）陪同下视察岩前均庆院

福建省旅游局副局长陈奕辉在中共武平县县委书记王建生陪同下参加海峡两岸第四届定光文化旅游节

武平县人民政府县长廖卓文先生与台湾置连江县原县长陈雪生先生亲切交流定光古佛文化两岸交流事宜

台湾亲民党主席宋楚瑜为岩前均庆院题词

时任中国国民党中常委、台湾地区台东县议会议长饶庆铃
在首届定光佛文化旅游节开幕式上致辞

时任中共武平县县委书记陈盛仪向彰化定光佛庙赠送"佛光同源"条幅

台湾彰化八卦山大佛寺管理委员会文化委员、彰化八卦山大佛风景
协会董事长张世良在首届海峡两岸定光佛文化学术研讨会上发言

武平县政协副主席林善珂在首届海峡两岸定光佛文化学术研讨会上发言

时任武平县人民政府副县长刘洋在定光佛像前颂读祝文

上海佛学院总务处主任释开庆法师在首届海峡两岸定光佛文化学术研讨会上发言

2011年6月11日，在武平紫金大酒店举行海峡两岸定光佛文化学术研讨会

2011年6月12日，在武平召开海峡两岸定光佛文化论文评审会

2011年6月13日，海峡两岸定光佛文化研讨会与会者合影留念

2012年10月,《定光古佛文化研究》一书由社会科学文献出版社正式出版,并举行了首发式。

台湾知名人士张世良一行在均庆院朝拜

台湾彰化定光佛庙人员参拜岩前均庆寺古佛

定光佛巡游香港

福建神明佑香江祈福和平大法会现场

首届定光佛文化节期间，海峡两岸法师率广大信众在定光佛祖庙前祈祷

2011年6月定光佛文化节期间，各地参访团来岩前狮岩定光佛祖庙朝拜

《古佛缘·客家风》在台北演出

2010年10月，在武平县县城中凯国际大酒店举行电影故事片《定光缘》剧本研讨会

20世纪80年代以来，有关定光佛文化研究的文论汇编（部分）

编后记

北宋初年，时属泉州府同安县人士郑自严，幼年时便离开了官宦之家，抛弃了锦衣玉食的生活，来到了当地有名的寺院，在高僧的指引下，鱼板梵钟，经过一番艰难曲折的修炼，终成一名高僧。后云游八方，最终选择岩前狮岩作为自己的卓锡驻地，弘扬佛道，实践"今我亦愿委身此地，以度群品。若不然者，当使殒碎如微尘"的宏愿，在儒、佛、道等民间信仰的结合方面作了不懈的探索，最终实现了自己不曾想的由佛徒身份向民间信仰神明的转变，成为闽、粤、赣等地广大民众共同的保护神。

"万里朝宗联血脉，八方祈福结因缘。"长期以来，郑自严高僧受到客家和非客家各界人士的普遍认可和尊崇，是海峡两岸文化认同、族群认同的精神纽带。为了弘扬定光古佛行善积德、为民祛灾祈福的精神，推动本土文化研究，凝聚正能量，共建美好家园，应广大信众和许多文史工作研究者的需求，编辑一本具有较高学术性、权威性、综合性、可读性，并雅俗共赏的合集，成为我们的一桩夙愿。

为了完成这一心愿，在县里已有论文、图片基础上，编委会积极发动有关人士，深入本县和兄弟县（市）图书馆、博物馆、档案室、资料室和县内外主要寺庙，搜觅有关资料；继续深入县内一些区域，特别是在定光佛信众中召开座谈会，开展田野调查，收集散佚在民间的有关定光佛的传说、楹匾、诗文、碑记等。在编辑过程中，编委会坚持以史书记载为经，以专家学者的研究成果为纬，以申"非遗"和三届定光佛文化旅游节为节点，采取审慎的态度，反复核对，考证轶闻传说并补充完善，力求窥一斑而知全豹、见一叶而知秋之效。几易其稿，终成此书。

由于年代久远，许多寺庙屡遭兵燹战火和人为的破坏，其法具、经书、文物被荡涤殆尽，侥幸遗存的一些文献资料又有不同的版本和不同的观点，我们本着"百花齐放，求同存异"的精神，充分尊重原文作者（资料提供者）的观点，不加修饰，保留原貌。但由于时间仓促，水平有限，加之资料来源庞杂，原始资料匮乏，我们虽尽力多方探究、考证，但仍无法去掉其中的瑕疵和不足，在一些内容的把握方面仍存欠缺，有待今后继续深化和完善。能奉上一份虔诚，使读者有所收获，就是我们的初衷。我们在深感欣慰的同时，更心怀谢忱，感谢各位专家、学者和热心定光佛文化研究的仁人志士的鼎力支持，殷切期望有关专家、学者和广大读者不吝赐教。

编　者

2014 年 10 月

图书在版编目(CIP)数据

千年定光古佛/邓穗明主编.—北京:社会科学文献出版社,2014.12
ISBN 978-7-5097-6808-2

Ⅰ.①千… Ⅱ.①邓… Ⅲ.①郑自严(934~1015)-人物研究 Ⅳ.①B949.92

中国版本图书馆 CIP 数据核字(2014)第 274375 号

千年定光古佛

主　　编 / 邓穗明
执行主编 / 林善珂

出 版 人 / 谢寿光
项目统筹 / 谢　炜　张倩郢
责任编辑 / 张倩郢

出　　版 / 社会科学文献出版社·人文分社 (010) 59367215
　　　　　 地址:北京市北三环中路甲 29 号院华龙大厦　邮编:100029
　　　　　 网址:www.ssap.com.cn
发　　行 / 市场营销中心 (010) 59367081　59367090
　　　　　 读者服务中心 (010) 59367028
印　　装 / 北京盛通印刷股份有限公司

规　　格 / 开　本:787mm×1092mm　1/16
　　　　　 印　张:23.75　插　页:5　字　数:315 千字
版　　次 / 2014 年 12 月第 1 版　2014 年 12 月第 1 次印刷
书　　号 / ISBN 978-7-5097-6808-2
定　　价 / 198.00 元

本书如有破损、缺页、装订错误,请与本社读者服务中心联系更换

▲ 版权所有 翻印必究